上野修三の仕事

うすくち醤油で仕立てる

浪速割烹204品

はじめに

「春苦み、夏は酢の物、秋辛み、冬は油と合点して食え」という教えがおます。自然を尊び、旬を大切にする日本料理には、食材の持ち味を生かした塩梅が求められますわな。そう考えると、味付けは塩のみに越したことはない。味の原点は水にあり、これに次ぐのが塩やと言われまっさかいネ。

でも、それでは料理として成り立ちまへん。食材の持ち味を一段深める工夫をして、初めて料理になるんやと私ゃ思いますねん。そこで、和食の料理人が頼りにしたのが淡口《うすくち》醤油。食材の色を損なわず、持ち味を引き立てる名脇役でっせ。

そんな淡口醤油を使って大阪流の料理提案を、という『あまから手帖』の連載をお受けした二〇〇六年、私ゃ、『天神坂 上野』に幕を閉じ、庖丁をペンに持ち替え始めた頃でしてネ。料理だけや無《の》うて、文章も書いてほしいというご依頼に、大いにやり甲斐《がい》を感じましてん。

17年間、苦しみながら、楽しみながら作り、綴り重ねた２０４品。思い出がいっぱい詰まった一冊でおます。私の齢《よわい》はすでに八十路《やそじ》を越して、卒寿の年に踏み入りますが、新たにエッセイも書き下ろしました。皆様のお役に立つことを願って、お届けさせてもらいます。

上野修三

昭和10年、大阪府南河内《かわち》郡高向《たこう》村字滝畑（現・河内長野市滝畑）に、備長炭職人の長男として生まれる。16歳で大阪市中央区の仕出し料理店『川喜』に入り、料理修業を始める。20歳で『照井会館』の料理長に就任。婚礼料理や宴会料理を手掛けた後、『川喜』に戻り、料理長として3年務めて独立。昭和40年、『季節料理 㐂川《きがわ》』を創業。昭和52年、法善寺横丁に移り、『浪速割烹 㐂川』を開店。現在、人気割烹を営む多くの料理人を育てる。平成7年、長男・修氏に店を譲り、60歳で『天神坂 上野』を開店。なにわの伝統野菜を発掘するなど、大阪らしい料理を追求し、伝説の割烹として名を馳せたが、平成15年に惜しまれながら閉店。69歳にして、なにわの食文化を綴る随筆家としての道を歩み始める。『創味 なにわ旬菜』春夏編・秋冬編、『なにわ旬膳 美味の秘密』（共に柴田書店）、『浪速のご馳走帖』（世界文化社）、『なにわ野菜 割烹指南』（クリエテ関西）など著書は多数。近著に『浪速割烹 㐂川のおいしい野菜図鑑』春夏編・秋冬編（共に西日本出版社）がある。

淡口醤油に学んだ17年

振り返れば、料理修業を始めた昭和の中期、大阪の会席料理の献立は、突出しは別として、「吸い物」とした清汁《すまし》椀から始めることが主流だした。うちの店はこんな贅沢なだしを使《つこ》うてますねん！という、見せ所やったんでしょうな。

その塩梅といえば、塩と少しのヒガシマル。そう、淡口醤油で陰を差し、「一口や二口では物足りへんけど、吸い終えると、あ、美味《うま》い！」という淡味に仕立てるもんだした。

しかして、私の頭に焼き付いた淡口醤油の料《はか》り方を自ら打ち破って、17年間、様々な料理を作りましたなぁ。昔ながらの仕事には深い意味があって、守り伝えることも大事やけど、そこに甘んじて、創意工夫を怠《おこた》るのはよろしゅうない。そう自分を鼓舞してネ。造り醤油に使ってみたり、それでドレッシングを作って魚介をサラダ仕立てにしてみたり。本来、味噌や濃い方の醤油を使う煮物・焼物も、淡口醤油でやってみると、食材の色や風味が引き立って、新しい一品が生まれる。そんな発見の連続だした。

淡口醤油を相棒に、切磋琢磨した17年間は、今の私の財産だす。仰山《ぎょうさん》の学びをいただきました。ヒガシマルはん、有難うさんでおます。

上野修三の仕事

うすくち醤油で仕立てる浪速割烹204品

目次

2 はじめに
4 淡口醤油に学んだ17年
10 上野修三流 淡口醤油の料《はか》り方

14 【第一章】2006年 醤《ひしお》の憶え書き
1月／祝い盛
2月／はりはり椀
3月／目張《めばる》の爽煮《さわに》
4月／筍あげ煮
5月／紗羅陀《サラダ》造り
6月／鱧《はも》の泉州《せんしゅう》椀
7月／あい塩の蓼《たで》酢油
8月／葛煮ひや瓜《うり》
9月／白洲《しらさ》のぼりぼり
10月／真魚鰹《まながつお》の祐庵《ゆうあん》焼
11月／天恵楽菜
12月／藻隠《もがくれ》れ蟹《がに》

32 【第二章】2007年
十二カ月の醤づゆ 淡口楽菜

34 上野修三流「十二カ月の醤づゆ」
1月／青箭魚《さごし》の醤柚鱠《しょうゆなます》―柚子ポン酢
2月／鰻と葱《ねぎ》の吸い鍋―淡口八方地
3月／赤貝と飯蛸《いいだこ》の酢の物―松前萬酢《まつまえよろず》
4月／鯛の琥珀《こはく》づけご飯―琥珀づけ醤
5月／豚玉焼き―龍野《たつの》炒りだれ
6月／縮み蛸酢―胡麻酢ひしお
7月／酒びき鱠―蕩《とろ》炒り梅
8月／鱸《すずき》の温サラダ―柑酸《かんず》ドレッシング
9月／焙《あぶ》り豆腐―鰯陰《いわしかげ》
10月／山海蒸し―美味《うま》だし
11月／浸し三種―浸し地
12月／河豚《ふぐ》の吸露《すいつゆ》蒸し―吸露素地《もとじ》

48 【第三章】2008年
大阪のおかず 淡口指南
1月／鰻のこん巻
2月／かやく信田《しのだ》巻
3月／蕪菜《かぶらな》炒り煮
4月／綴《と》じ巻き豌豆《えんどう》
5月／鰯から煮浸し
6月／海老茄子浸し
7月／はりはり南瓜《なんきん》
8月／お贅《ぜい》冷麺
9月／鴨茄子の鎧《よろい》焼き
10月／秋味 茸《たけ》くらべ
11月／はす餅揚げ出し
12月／鰤《ぶり》大根

68 【第四章】2009年
なにわの味ごはん
1月／鯛七草ごはん 蓮根霙《みぞれ》汁
2月／五色鶏飯《ごしきけいはん》 甘鯛酒ダレ焼
3月／蜆《しじみ》ごはん 針烏賊《いか》胡麻酢かけ
4月／筍ごはん 鯛の若布《わかめ》汁
5月／碓井餡《うすいあん》かけごはん 油目《あぶらめ》木の芽焼き
6月／城守《しろも》りごはん 茄子浸し
7月／冷やし蕩々《とろとろ》粥
茄子と瓜の淡口浸し漬け
8月／はもまむし あんぺの吸物
9月／石川子芋の孝行飯《まんま》
烏賊と芋茎《ずいき》の胡麻酢醤油
10月／山の幸ごはん 船場汁《せんばじる》
11月／おほねめし
太刀魚柚香《たちうおゆこう》焼 蕪のアチャラ添え
12月／鴨難《かもなん》雑炊 大根の大阪漬

82 【第五章】２０１０年
和魂洋才《わこんようさい》なにわ流
1月／崩《くず》し蟹 乾酪《チーズ》焼
2月／軍鶏《しゃも》のパリ焼
3月／佐良妥《サラダ》なます
4月／鯛甲《たいこう》焼き
5月／皐月《さつき》豆の綴《つづ》り焼き
6月／御田植生醋《おたうえなます》
7月／越瓜《しろうり》海老酢物 トビアラ惣須《ソース》
8月／穴子と鳥飼《とりがい》茄子の炊合せ冷菜
9月／海老じゃが握り焼き
10月／秋鱧洋粥焦がし
11月／甘鯛錦山《きんざん》焼き
12月／鴨蓮根の加里《カレー》碗
96 エッセイ「浪速の喰《く》い味」ってどんな味？
98 【第六章】２０１１年
ご存知、なにわ野菜
淡口風味だす
1月／天王寺蕪《てんのうじかぶら》の巻≫蕪餅の加富良《かぶら》汁
2月／河内《かわち》蓮根の巻≫立春 多喜《たき》合わせ
3月／八尾牛蒡《ごぼう》の巻≫揚げだし牛蒡
4月／木積《こつみ》筍の巻≫筍の春香《しゅんこう》煮
5月／泉州玉葱《たまねぎ》の巻≫鱧たま吸い鍋
6月／河内一寸《いっすん》の巻≫河内の空豆直煮《じかに》
7月／毛馬胡瓜《けまきゅうり》の巻≫はりはり浸し
8月／鳥飼茄子の巻≫茄子浸し萩見立て
9月／勝間《こつま》南瓜の巻≫南瓜の葛煮麺《にゅうめん》
10月／赤芋茎の巻≫干芋茎の炊合せ
11月／板持《いたもち》海老芋の巻≫海老芋の焼き焦がし
12月／田辺大根の巻≫盛衰《せいすい》鰤大根
114 【第七章】２０１２年
捨てない贅 淡口醤油で、無駄なく
1月／喰い尽くし蟹《かんに》んごはん
2月／イカした和多《わた》詰煮
3月／独活《うど》の独菜《どくさい》盛
4月／筍の絹皮お贄つくね
5月／鮎魚女《あいなめ》の和魂漢才《わこんかんさい》あん
6月／多幸《たこ》の酒浴《さけあ》みサラダ
7月／鱧の魂染《コンソメ》碗
8月／白洲蝦《えび》の重ね揚げ
9月／魚是《うおぜ》の加役《かやく》焼き
10月／鯛の和加良《おから》煮
11月／鯧《まながつお》の崩し、喰い尽くし
12月／白菊かぶらの白煮《はくに》
128 エッセイ 好きな言葉、三つ
130 【第八章】２０１３年
重ねだし おかず麺
1月／鴨難波《なんば》うどん
2月／菱ガニの米麺
3月／難波貝《なにわかいよ》寄せ麺
4月／鯛の桜揚げ饂飩《うどん》
5月／若竹うどん
6月／はかりめ蕎麦
7月／煮凝《にここ》り海老冷や麺
8月／茶切り鱧平《はむぺい》蕎麦
9月／鮎《あい》の子宝冷や麺
10月／茸鶏《たけとり》うどん
11月／ぐじとろ蕎麦
12月／乾菜《かんさい》麺
146 【第九章】２０１４年
惣菜椀 心尽くしの淡口風味
1月／鱈《たら》の雲子《くもこ》重ね椀
2月／神鳥さわ煮椀
3月／夫婦の操《みさお》、雛《ひな》の椀
4月／鯛と若牛蒡の白子とじ椀
5月／目張の昆布蒸汁仕立
6月／干し鮎の清汁《すまし》椀
7月／鰻羹《うなかん》の龍野仕立
8月／精進澄汁《すまし》
9月／魚是名月椀
10月／鱧菊見立て 冬瓜摺流《とうがんすり》し
11月／惜秋椀
12月／幸運嘉喜《かき》寄せ椀
160 【第十章】２０１５年
惣菜碗 心で支える淡口風味
1月／宝の入船碗
2月／早春詩思《しし》碗

3月／鮃《ひらめ》の山吹き煮
4月／鯛の春色茶碗
5月／朝掘り筍の直煮《じかに》
6月／紫陽花《あじさい》帆立の餡被《あんか》け
7月／茄子と蝦《えび》の冷し煮麺《にゅうめん》
8月／精霊今生《しょうりょうこんじょう》の睦《むつみ》碗
9月／長命言祝《ちょうめいことほぎ》碗
10月／山海之幸淡口碗
11月／忘れ傘・鶉《うずら》碗
12月／年繋ぎ蕎麦

174
【第十一章】２０１６年
季を映す 淡口三菜
1月／初日之出
2月／春淡し
3月／貝寄風《かいよせ》
4月／惜春賦《せきしゅんふ》
5月／夏来たる
6月／さみだれ
7月／涼み酒
8月／生御魂《いきみたま》の盆
9月／待宵《まつよい》酒
10月／秋山香《かぐわ》し
11月／惜秋の宴
12月／一陽来福

200
【第十二章】２０１７年
うすくち醤油の煮炊き今様 古今烹肴《ここんほうこう》
1月／具足《ぐそく》煮▼伊勢海老琥珀《こはく》煮
2月／含め煮▼山芋白魚巻富久梅《ふくうめ》煮
3月／磯辺煮▼蛤《はまぐり》の鳴門《なると》煮・海布《めえ》の浅利《あさり》煮
芽芋の焼海苔煮
4月／吉野煮▼吉野山花霞《はながすみ》仕立
5月／有馬煮・早煮▼若鮎朝倉煮 鳥貝の速煮《はやに》
6月／時雨《しぐれ》煮・桜煮・土佐煮▼菖蒲鯒《しょうぶごち》の五月雨《さみだれ》煮
蛸《たこ》の卯《う》の花煮 空木牛蒡《うつぎごぼう》
7月／鮑大船《あわびたいせん》煮▼鮑お、豆煮
8月／鳴戸《なると》煮▼穴子の鳴戸煮凝《にこご》り
9月／いとこ煮▼従姉妹《いとこ》煮
10月／沢煮▼甘鯛と茸《きのこ》の爽煮《さわに》椀
11月／小倉《おぐら》煮▼烏賊《いか》飯鹿ノ子《かのこ》煮
12月／鼈《すっぽん》煮▼虎魚《おこぜ》の丸仕立て

216
【第十三章】２０１８年
淡口仕立て 果実割烹
1月／鶉《うずら》の橙《だいだい》煮
2月／龍野《たつの》揚げ 林檎《りんご》酢
3月／蕃茄生醋《ばんかなます》三様
4月／菱蟹《ひしがに》の文旦鮓《ぶんたんずし》
5月／枇杷《びわ》の海老射込み 黄味衣揚げ
6月／早桃と酒煎鮑の桃酢あん被け
7月／李《すもも》と夏鴨の煮込み
8月／無花果《いちじく》と青唐辛子 笹身射込み揚げ
9月／鰐梨《わになし》の花蛸造り
10月／銀寄栗《ぎんよせぐり》の八方煮 萩餡かけ 栗饅頭抹茶揚
11月／蟹と針烏賊の富有柿膾《ふゆうがきなます》
12月／車海老と鯛の柚子釜割鮮《かっせん》

230
エッセイ 食は人の天なり

232
【第十四章】２０１９年
淡ゆえに真味際立つ 淡口割鮮

234
上野流・造り醤油38種
1月／伊勢海老の共湯洗い【蝦和多《わた》醤油】
烏賊青海造り【切り胡麻醤油】
皮剥魚《かわはぎ》湯引き【柚子ポン酢】
2月／白甘鯛牡丹《ぼたん》造り【柚子霙《みぞれ》酢醤油】
鮪《まぐろ》長芋博多【納豆昆布醤油】
牡蛎松前湯引き【牡蛎だし醤油】
3月／菱蟹の淹汁《だし》洗い 蟹子寄せ【淡口八朔《はっさく》酢】
目板鰈《めいたがれい》洗い【煮切り梅酒醤油】
蛤の酒煎り【煎り蛤醤油】
4月／朝掘筍と若布《わかめ》の笹造り【共だし土佐醤油】
鯛の白子挟み
鮎並《あいなめ》焼霜薄切り重ね【漉し梅醤油】
5月／鯉《こい》の山椒真理寧《マリネ》 山女魚《やまめ》いくら
鱵《さより》の水玉造り【胡麻酢ひしお】
車海老湯引き造り【蕃茄醤油】
6月／鮎の淡口蓼《たで》酢鱠
洗い蛸の共子まぶし【淡口煎り酒】
鯒《こち》の洗い【昆布醤油梅肉落とし】
7月／鮑の水貝造り【若布醤油】
鱧《はも》白子まぶし 鱧笛輪切り【漉し蓼酢醤油】
鯵《あじ》の納豆叩き【辛子醤油】
8月／湯葉と豆乳豆腐 胡麻風味【青唐《ししとう》醤油】
石川子芋の石垣締め【長芋とろみ醤油】
蒸し芋納豆 黄白《おうびゃく》そうめん【吉野酢醤油】

9月／鯛の皮霜搔《か》き身巻【松ノ実醤油】
跳荒蝦《とびあら》の洗い オクラ和え【蝦ミソ醤油】
鱧と菊の昆布〆【共だし胡麻酢】
10月／鱚《きす》の昆布〆 柿酢醤油被け
鯧《まながつお》柚香《ゆこう》漬造り【柚子胡椒醤油】
隈《くま》海老太白油通し【共わた昆布醤油】
11月／紅葉鯛八重《やえ》造り【紅蓼酢醤油】
虎魚錦山《きんざん》造り【香母醋《かぼす》ポン酢】
針烏賊白滝造り げそ海苔和え
【胡桃《くるみ》醤油】
12月／鮃《ひらめ》の肝巻造り【淡口橙ぽん酢】
鰆《さわら》の雪持《ゆきもち》造り【寺納豆醤油】
赤貝肝とろ包み【苺《いちご》入り酢醤油】

【第十五章】 2020年
淡口のタレに新味あり 焼肴盛《やきざかなもり》
250
1月／栄螺《さざえ》つぼ焼 黄鯛淡口柚庵《ゆうあん》漬 苔生《こけむ》し焼
2月／菱蟹甲羅焼 鰆の糀《こうじ》漬炙《あぶ》り
3月／貝寄奉書舟《かいよせほうしょぶね》
帆立貝松ノ実焼、海松《みる》貝淡口タレ焼、
平貝《たいらぎ》碓井《うすい》焼、浅利の絡み焼
蛤の桃源焼
4月／筍の蝦練り焼 空豆淡垂《あわだれ》焼
鯛夫婦《めおと》焼
5月／目板鰈の蓼干 呆寧煎餅《ほねせんべい》
根曲茸《ねまがりだけ》の油焼 蛸の梅垂《たれ》汁焼
6月／合鴨菜汁漬 蒸焼き造り
蝦茄子山椒焼
7月／鮑の貝焼 燻豚《ベーコン》風味 煎り和多添え
岩魚《いわな》朝倉干し
8月／鱸《すずき》の和多汁焼 柚子胡椒風味
白洲《しらさ》蝦鬼殻《おにがら》焼
9月／隈海老青豆焼 太刀魚《たちうお》重ね焼
10月／秋鱧巻繊《けんちん》焼 卵の津々美《つつみ》焼
11月／鯛鎌《かま》山椒焼 鯛頭《かぶと》の延《の》べ焼
12月／帆立貝黄韮《きにら》焼 海老芋津蟹焼

【第十六章】 淡乃菜《たんのさい》 2021年
270
1月／海老芋と巻昆布の含め煮
2月／花豆の梅形絞り 蕗《ふき》の薹《とう》煮〆
湯葉と抹茶とろろの博多押し
3月／雛乃日《ひなのひ》ちらし寿司
4月／独活桜花造り 若布巻
蕨《わらび》の湯葉巻 湯取り牛尾菜《しおで》
5月／巻繊湯葉巻 根曲竹の山椒煮
薇《ぜんまい》の信田《しのだ》巻煮 山独活五月《さつき》煮
陸《おか》ひじき白木耳《きくらげ》 荏胡麻《えごま》餡
6月／泉州玉葱《せんしゅうたまねぎ》の佐良妥《サラダ》
7月／ひと口冷や麺
8月／落子《おちこ》の共寄せ 微塵粉《みじんこ》揚げ
糸巻蓮根と穂じその白染《はくせん》揚げ
甘長唐辛子素揚げ
9月／菊花百合根梅蜜煮
菱菊南瓜《なんきん》 赤菊の葛煮 菊の葉揚煮
10月／山ノ幸鍋
11月／精進造り
12月／蓮根の胡麻豆腐 蛇篭《じゃかご》仕立て
粟麩和蘭陀《オランダ》煮

淡乃菜 2022年
286
1月／精進葛汁
2月／生湯葉山芋の観世《かんぜ》造り
3月／三色《さんしき》雛揚げ 淡口天露《てんつゆ》
4月／櫛《くし》形筍と若布寄せ 淡口昆布醤油
桜川独活 桜香《おうか》酢醤油
5月／水蕗《みずふき》煮浸し 紫蘇香煎《しそこうせん》
蚕豆《そらまめ》共寄せ 和蘭陀煮
粟麩うま煮
6月／新じゃが青唐《あおとう》の松の実揚
甘長唐辛子 松の実詰め白染揚
梅酢薑《はじかみ》 白染揚
7月／新百合根豆腐
8月／水茄子茗荷飯 湯葉青海苔飯
芋茎《ずいき》紫蘇飯 越瓜《しろうり》昆布押切胡麻飯
干芋茎旨煮柚子飯 大徳寺麩三ツ葉飯
胡瓜《きゅうり》蓮根巻き茗荷飯
9月／重陽物相《ちょうようもっそう》飯
10月／木ノ子美味《うま》だし蒸
11月／秋の精進吹き寄せ
12月／天王寺蕪《てんのうじかぶら》釜 絹揚げ豆腐

「ヒガシマル醤油」の淡口醤油 300

おわりに 302

上野修三流 淡口醤油の料《はか》り方

30年前から割鮮《かっせん》には淡口醤油

透き通った白身の造り身を濃い醤油色に染めたら、なんやもったいない気がしまへんか？ そこで30年ほど前、ちょうど『天神坂 上野』を開店してすぐの頃、淡口醤油を造りの醤油に使うことを思い付きましたんや。

造り身をちょんと付けた姿も美しいし、鱠《なます》にしても素材の色を生かして仕上げられますわな。づけにすると、淡い琥珀《こはく》色になって、これまたよろし。醤油の風味が前に出ることなく、魚介の持ち味が生かされて、一石二鳥でしたな。

「淡口割鮮」の項では、38種の造り醤油を紹介していますが、淡口醤油はすべてヒガシマル醤油の「超特選丸大豆うすくち 吟旬芳醇《ぎんしゅんほうじゅん》」。二〇一三年に誕生したこの1本は、上品な香りで、味はまろやか。奥行きのある旨みで、まさに造り醤油向きでおます。

造り醤油に魚介の旨みを重ねて

割鮮というても、生の魚介ばかりを主役にするワケやおまへんわな。ハマグリやったら酒煎り、牡蛎やったら酒蒸し。その煎り汁や蒸し汁を使って割り醤油にすると旨いんでっせ。主役素材との一体感もぐっと増しまっしゃろ。

海老やカニやったら、殻やガラを昆布だしで煮出して淡口醤油と合わせ、づけや鱠のタレにしておくれやす。コレ、割り醤油にしても美味やね。ミソを蒸して溶き入れると、さらに味わいが深まりますな。

いずれも、ベースは淡口醤油が基本でおます。魚介の持ち味を引き立たせる陰の立役者。柑橘に梅肉、大葉や木の芽、蓼《たで》などを合わせたら、バリエーションは無限に広がりますな。

本書に掲載した料理は、全204品。「大阪らしく創意工夫をもって、良質の食材を無駄なく使い切り、喰《く》い味に仕立てる」という上野流には、淡口醤油が欠かせません。その料り方の要所をご紹介します。

吸い地は多彩なだしに〝薄陰を差す〟

大阪のだしは真昆布と鰹節《かつお》が基本ですわな。椀種はいろいろ工夫するのに、すべて同じだしでええのん？　そこで私ゃ、魚のアラや海老の頭からだしをとるようにしましてん。焼いて煮出すと香ばしさが加わって、これもまたよろしでェ。

鯛や鱧《はも》のお椀を、そのだしで仕立てると美味《うま》いのは、ご存知ですよね？　同じように、椀種になる主役素材が鱈《たら》や金目鯛、甘鯛、ウオゼやったら、そのアラを使ってだしをとると一体感が生まれまっしゃろ。ええネタを仕入れたら、余すことなく使い切る。コレ、大阪流ですわ。

そうそう、野菜も同じ。若竹汁やったら、筍の絹皮や切れ端を昆布だしで茹でてネ。ここに鰹節をたっぷり加えてだしをとるって寸法だす。

味付けは淡口醤油をぽとり、で決まりだす。醤油は「陰」と言うけれど、この場合は「薄陰を差す」って塩梅で、多彩なだしの風味に寄り添ってくれまっせ。

淡口仕立ての煮物に「重ねだし」

昔ながらの煮物には、濃い方の醤油をよぉ使いまっしゃろ。こっくり深い味わいの味噌煮ってのもおますな。味はそれぞれに美味いですけどネ。割烹の一品に仕立てるには、一つ難点がありますわな。そう、色ですねん。

素材の風味だけでなく、その色を生かすには、淡口醤油に勝るものなし。そこで、本来、濃口醤油やたまり醤油、味噌を使った煮物を、淡口醤油でやってみると…。あら、不思議。色鮮やかに煮上がるだけでなく、味わいが洗練されますねんで。

淡口仕立ての煮物は、素材の味わいこそが主役でっさかいネ。持ち味を深める工夫も必要だす。吸い地と同様に主役の魚介のアラや殻を煮出しただしを使ったり、野菜なら茹で汁を底味に利かせたり。干し海老に干し貝柱、干し野菜などの乾物でだしをとって、鰹節と昆布のだしに重ねるってやり方も、味わいが複雑になって奥行きが出ますわなぁ。

かけ焼きにも、つけ焼きにも

料理屋でお出しする焼物は、色艶が大事でおます。となれば、タレ焼きが主流になるワケやけど、ここで活躍するのが淡口醤油。素材の持ち味はもちろん、持ち色も生かしてくれまっせ。

私や、蒲焼きにも幽庵《ゆうあん》焼きにも淡口醤油ですねん。鱧《はも》や穴子、白身魚も品よく仕上がりますねんで。そこに、もう一工夫。魚を捌《さば》けば骨が残りまっしゃろ。香ばしゅう焼いてタレに使《つこ》てみなはれ。魚の持ち味が一層際立ちまっせ。

ワタを使うってのも一手だすな。酒煎りして裏漉しし、タレに溶き入れる。帆立貝にスズキ、もちろん鯛。そや、鯛というたら、腸《はらわた》を使って魚醤を作ると、焼物のタレにはもってこい。イカやイワシの魚醤も自家製するとよろしいで。とはいえ、塩漬けにしたらえらい時間がかかりますわなぁ。そこで淡口醤油の出番だす。イワシなら1カ月、鯛の腸でも3カ月で、旨い魚醤ができまっせ。

野菜の茹で汁で持ち味を深める

なにわの伝統野菜と出合って以来、素材の味を生かす塩梅とは?と、常に自問自答してきましてん。あれは、大阪長茄子の試食会でのことだした。それは美しく煮上げた一品を口にした生産者が開口一番、「こないな炊き方したら茄子の味がおまへんがな!」。

大阪府内の産地を訪ね、多くの作り手と交流を持つようになると、その野菜を料《はか》る時、お顔が浮かぶんだす。持ち味をさらに深めるような料理を心掛けなかったら申し訳が立たん。味だけでなくて、自然の色もネ。蕪《かぶら》や大根はより白く、葉物は緑を損なわず仕立てようと思ったら、塩梅は淡口醤油ってことになりますわな。

丹精込めて育てはった野菜でっさかい、皮もヘタも、豆の莢《さや》も捨《は》かすワケにはいきまへん。根菜の皮や豆の莢は昆布だしで茹で、その茹で汁に鰹《かつお》節を加えてだしをとるとよろしいな。切れ端が出たら、ピューレにしたり、真薯《しんじょ》や飛竜頭《ひろうす》の生地に混ぜ込んだり。葉付きの根菜は、その葉も使い切りまひょ。淡口醤油やったら、お浸しでも和え物でも、ご飯ものでも、野菜の色はそのままに、季節の彩りに仕上がりますわなぁ。

精進だし＋淡口醤油のススメ

お盆の頃は、精進だしでお椀を仕立てるってのもええもんだす。干し椎茸に干瓢《かんぴょう》、煎り大豆…と、乾物に目を向けたら、だし素材はいくらでもおます。

この本では私流の精進だしを様々にご紹介してますねん。煮物に蒸し物、焼物のタレにも、天つゆにも重宝しますねんで。精進だしと淡口醤油は無類の相性でおます。だしの存在感を引き立ててくれまっさかいネ。

地球温暖化で真昆布が採れんようになっていると聞くけれど、私ら和食の料理人は、昔ながらの鰹節と昆布のだしに頼りすぎていたのかもしれまへんな。こんな時代やからこそ、ぜひ、精進だしを見直してほしいというのが、私の願いだす。根菜や柿の皮、キャベツの外葉など、何気なく捨《ほ》るとこも干せばええだし素材になるもんが、仰山《ぎょうさん》おますねんで。

洋の風味をさりげなく和の趣きに

「和魂洋才」って言葉は、【第五章】のタイトルにも使《つこ》てますけどネ。私の解釈は、和食の料理人らしく、洋風を取り入れるってことですねん。

合鴨は大阪の名産ですけどネ。ロース煮が定番で、和食にはバリエーションがそれほどおまへん。そこで西洋のお知恵を拝借…と思ったら、かの地では味付けは塩が主でっしゃろ。淡口醤油は塩分がちょっと高いのと、色が淡いので、塩の代わりに用いるには最適ですねん。すると、洋風の真似ごとから新しい和食が生まれましてネ。例えば、鴨のオレンジソースを我が国固有のスモモでやって、淡口醤油で味を付けるって寸法だす。

今や、世界中から食材が届き、それを和食にも取り入れる時代。食べ手も各国料理に舌が慣れてますわな。何をもって和食とするのか？　単に淡口醤油を使えばええって話やおまへん。そこに必要なんは、和の魂。花鳥風月や節句、行事ごとなどを料理に映して、日本の季を表現する。その心をもって、各国の食材や技を取り入れることでっせ。できれば、野菜でもその他の食材でも、我が国の生産者が育てたものを選んで使てほしいもんだす。

《 上野修三流・カツオ昆布だし 》

山の水（大阪北部の天然水）1ℓに昆布20gを一晩浸けておく。沸騰させないよう弱火で30分かけて煮出す。昆布を引き上げたら、一度、沸騰させ、昆布の匂いを飛ばす。火を止め、カツオ節50gを加えて5分ほどおいてから漉す。これが「一番だし」。昆布やカツオ節にはまだ旨みが残っているため、これを水から30分以上煮出す。たっぷりと追いガツオして漉し、「二番だし」をとる。

※煮物椀（吸い物）など、だしを直接味わう料理は「一番だし」を用いること。

《 昆布たて塩 》

たて塩とは、3％くらいの塩分濃度の塩水のこと。ここに昆布を2時間ほど浸しておく。

《 吸い地 》

一番だし600mℓに対し、淡口醤油5mℓ・塩少々を合わせたもの。

【第一章】２００６年

醤《ひしお》の憶え書き

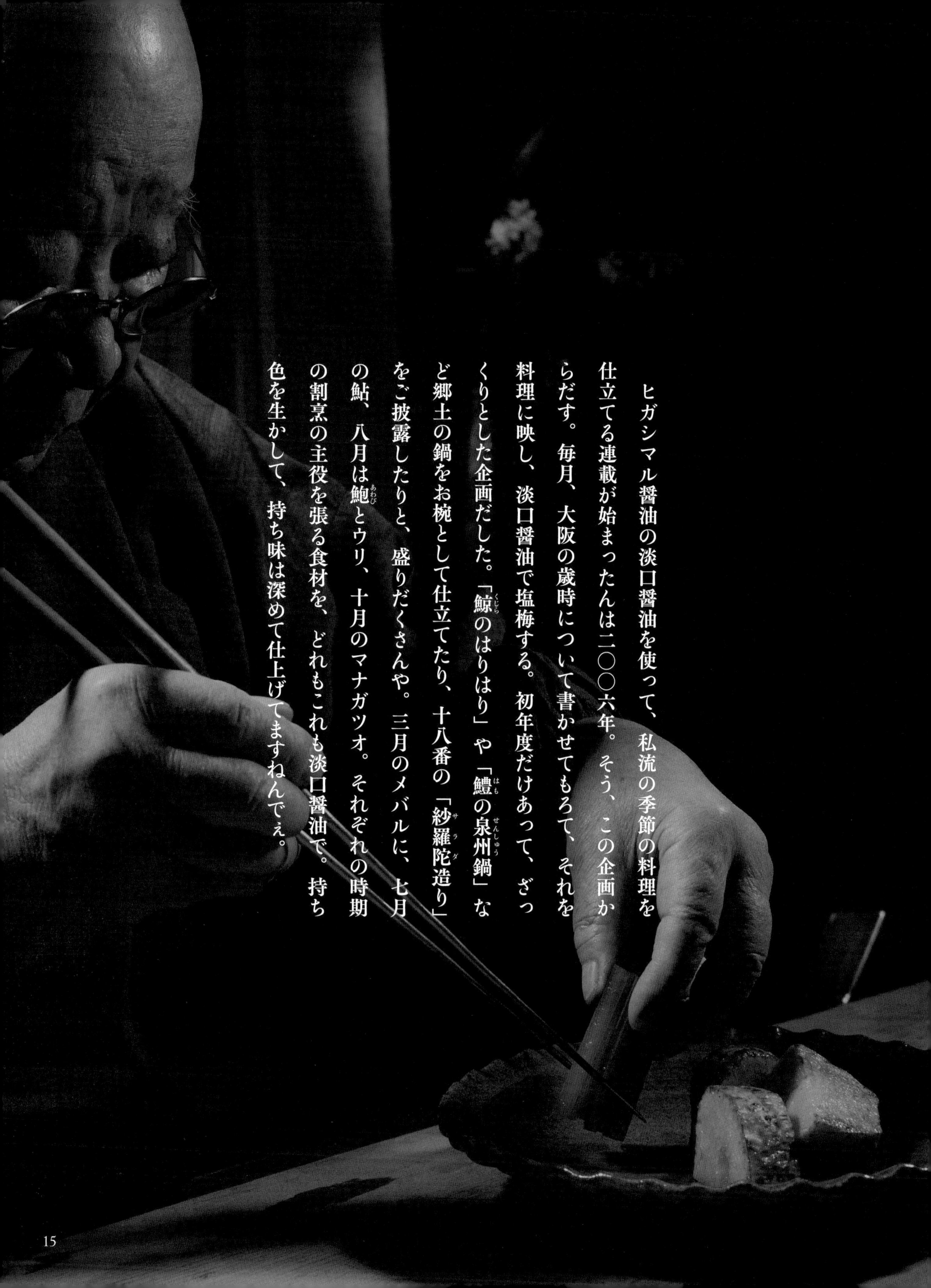

ヒガシマル醤油の淡口醤油を使って、私流の季節の料理を仕立てる連載が始まったんは二〇〇六年。そう、この企画からだす。毎月、大阪の歳時について書かせてもろて、それを料理に映し、淡口醤油で塩梅する。初年度だけあって、ざっくりとした企画だした。「鯨《くじら》のはりはり」や「鱧《はも》の泉州《せんしゅう》鍋」など郷土の鍋をお椀として仕立てたり、十八番の「紗羅陀《サラダ》造り」をご披露したりと、盛りだくさんや。三月のメバルに、七月の鮎、八月は鮑《あわび》とウリ、十月のマナガツオ。それぞれの時期の割烹の主役を張る食材を、どれもこれも淡口醤油で。持ち色を生かして、持ち味は深めて仕上げてますねんでぇ。

1月 祝い盛

松毬《まつかさ》椎茸　笹蒿苣薹《ちしやとう》　梅花人参《にんじん》
白髪伊勢海老を海老芋にのせて
射込み牛蒡《ごぼう》　芽つき慈姑《くわい》　結び柚子

お正月の食べもんのことを「おせち」って言いますな。「御節《おせち》」とは「御節料理」の略で、季節の変わり目の節日に神に供える「節供《せちく》(供御《くご》)」を按《あん》配《ばい》して、神やご先祖さんへの感謝と共にいただくという意義深いお料理で、何もお正月だけのもんやなかった。今や神仏の祭壇の無い家も多いけど、それでも心の中の祭壇に掌を合わせまひょ！ その気持ちになるだけで何とのう幸せやおまへんか。

ところで、お煮〆。材料は、もちろん地産のもんですわなぁ。子宝に恵まれるようにと子芋、豊作を願うゴボウ。ええ芽が出るように芽つきの吹田《すいた》慈姑は、特に角と呼ぶその芽の方から食べるもんですわな。原木で昔ながらに作った干し椎茸を炊いて、松毬(まつぼっくりとも言いますな)に、余所《よそ》産のもんやけど萵苣薹は笹形に切って、数少ない大阪ニンジンで紅梅を表し、これで「松竹梅」。腰が曲がって白髪が生えるまでと長寿を祈る白髪海老。家族円満で、千代に睦《むつ》まじく…と柚子皮の千代結び。睦びを結びにかけた香りですな。

こんなうまい具合に揃わいでもええけど、ちょうど正月も二日の大阪は澄汁《すまし》雑煮やさかい、おだしは引いてある。そこで提案だす。お煮〆は甘口のもんは除《の》けて温めて、おだしに淡口醤油をポトンポトンと落として、塩梅する。古語では「陰を差す」とあるけど、淡口醤油は陰なき陰や。食べ飽きたお煮〆も、おかげであったかぁい羹《あつもん》に変身しまっせ。

常日頃《つねひごろ》から贅沢三昧《ぜいたくざんまい》の貴方《あん》さん！ お澄汁の椀子《わんこ》も水菜と望《もち》にかけた餅だけでも充分旨いでっせ。

「酔《え》ひ覚《ざ》めの　水のうまさや　下戸《げこ》知らず」。古川柳にもあるように、淡泊な中に美味あり。その上、食材の持ち味を引き立ててくれるのが、淡口醤油ですわなぁ。

笹を模した萵苣薹、ニンジンの梅花、白髪にした伊勢エビをのせた海老芋、鶏真薯（しんじょ）を射込んだゴボウ、芽つきのクワイ。すべて淡口醤油で炊いたもの。卵黄入りのすり身を包んだ椎茸のみ濃口醤油を使いましたけどな。今回は金箔の大盃に盛って、お目出度（めでた）さを表したけど、煮物椀に仕立てたら「寿（ことほ）ぎ椀」となりますな。

2月 はりはり椀

寒水菜
鯨《くじら》のさえずりと尾ノ身
針柚子

ここは北摂の山里。積もった雪と葉の濃い緑の間に、残り柚子の実の黄色が鮮やかに見える。視線を引いたら、白い畑の畝《うね》が凸凹《でこぼこ》に並んで、やはり緑が見えますな。どうやら水菜らしいですわ。株が張って背が低い。これは旨そやなぁ。この寒い山村の露地で、霜や雪を受けて育った水菜は、葉先が焼けた様に茶色になるけど、持ち味が濃い。ああ、ハリハリ鍋が食べとうなった。

ハリハリといえば、叱られた事もあったなぁ。今では懐かしい思い出ですけどネ。あの頃はまだ、鯨の尾ノ身は今みたいに高価やなかったけど、修業の者の賄《まかな》いにはコロ（煎殻《いりがら》）がせいぜいだした。それを濃口醤油で炊いてしもうた。

「阿呆《あほ》う！ ハリハリっちゅうのは汁たっぷり、味付けはヒガシマルに味醂をちょっとでええんじゃ！」。

先輩にこっぴどく叱られましたわ。今思うと恥ずかしいな。

尾ノ身を使ったハリハリ食べたんはえらい後のことやったなぁ。鯨は火を通すけど、水菜は箸で持って煮汁の中でぐるりと一廻りさせるぐらい。ちょうど「の」の字を書くようにさっと炊いて…。そやそや、「これなァ、のの字喰《ぐ》いっちゅうねん」と、ある鯨料理屋の先代が言うてはったな。パリパリッという水菜のあの語音が優しゅうなったんがハリハリの語源やさかい。鍋を囲んで各々の箸で炊き食いするので、「水菜のタキタキ」って言うお人もおますな。水菜にはしっかり味が染み込まへんから、たっぷりの煮汁と一緒に啜《すす》るように食べるのが流儀だす。これはもう、色も持ち味も逃がさん淡口醤油ならではの味でっせ。

煮汁は、カツオ昆布だしに淡口醤油とみりんで軽く味付けしたもの。まずはクジラのサエズリと尾ノ身を炊いて、旨みが染み出たところで水菜をさっと潜らせる。クジラは高嶺の花になってしもたさかい、合鴨でもええですわな。

3月

目張《めばる》の爽煮《さわに》

大葉百合根
春菊煮浸し
梅干し 針生姜《しょうが》

梅は二月の花とされてますけど、これはどうも旧暦のことのようで、新暦ではたいがい三月に咲きますなぁ。ところで大阪市に此花区《このはな》がありますけど、その区名は梅の花に由来しているとか。仁徳天皇が即位された時に、百済《くだら》から渡来し、後に帰化した王仁《わに》博士がお祝いに贈ったという有名な歌がありますなぁ。

「難波津《なにわづ》に 咲くやこの花 冬ごもり今を春べと 咲くやこの花」。

この花が梅の花だったことから、梅は浪速の名物になった。難波津、つまり大阪港に面してる区やからかな、この歌にちなんで此花区と名付けられたそうですわ。

さて、御馳走《ごっつぉう》のお話では、花やのうて実、つまり漬け梅を使《つこ》うた「梅煮」でおます。ちょうどこの頃に旨くなる磯魚のメバルやガシラをサラッと……早いハナシが煮魚ですけどね。「爽煮」いうのは「沢煮」と同じで、淡泊に味付けしたたっぷりの煮汁でサラッと炊いた煮物という意味ですわ。今回は、梅の酸味が爽やかやからネ、この字を当てておますねん。

下拵《ごしら》えは、メバルを淡い塩水にちょっと漬けといてネ。煮汁は水と酒に味醂を少々、それと旨ぁい淡口醤油。中火でさっと炊いたら、漬け梅を入れて、ほんのり酸味を付けるんだす。添える野菜は独活《うど》か長芋、百合根なんかもよろしおまっせ。

この煮魚はネ。春は鯛、夏は鱧《はも》、秋の太刀魚《たちうお》に冬はヒラメと、白身の魚によう合いますねん。ご飯のおかずならちょっと濃いめ、酒の肴やったら薄味にして、煮汁を付けながら食べる。炊きすぎはあきまへん。梅の風味で魚の旨みを生かす。それには淡口醤油がよろしおますな。味が引き立ちまっせ。

切り身やのうて一尾丸ごと使った方が旨いでっせ。アラからええだしが出るから、だしは使わず水と酒・みりん・淡口醤油で炊き、仕上げに洗った梅干しを入れて、ほのかな酸味を付けるんですわ。

4月　筍あげ煮

木積《こつみ》筍
笹《ささ》掻《が》き独活《うど》
泉州水蕗《せんしゅうみずふき》
木の芽

南海本線の貝塚駅から分かれて走る水間《みずま》鉄道。その行きつく先が水間観音駅。ここには水間寺がおます。作家でもあった今東光《こんとうこう》師が、貫主を務められたこともあるそうや。

貝塚の木積は、昔から筍の産地として知られてますな。丘の上に仰山《ぎょうさん》の竹林。いや、林と言うより、山と言うべきかな？　曲がりくねった細い道を上ると、ふわっとした赤土の竹山に着く。いつやったか、「こんなやわらかい土で、山が崩《くず》れへんとはねェ」と感心してたら、「竹の根が下に張っとるがの」と山主が言うてはったな。なるほど、あの柔《や》らこうて甘い白子《しろこ》の筍は、この土の中で育ったもんやったのか。

この時季の私の日課といえば、筍の下処理。朝まだ暗いうちに掘った筍を、担《かつ》ぎ屋が外気に触れんようドンゴロスに包んで、それはそれは大切に八百屋に持ち込む。それを待ち構えて、イの一番に我が手で開くんだす。ワクワクしまっせェ。

持ち帰ったら、何を置いても皮を剥《む》き、切りくずや絹皮を前日から浸してあった昆布水で茹でる。絹皮は別に使うとして、茹で汁に鰹《かつお》節を入れてだしをとり、筍を直煮《じかに》（茹でずに炊く）するんだす。酒少々を加え、味はもちろん淡口醤油だけ。甘みの淡い筍なら、味醂を少し加えてもええけどネ。

木積の朝掘り筍は淡口醤油をほんのちこっと落とすだけで煮汁ごと吸うたら旨いけど、今回は素揚げにしましてん。熱湯かけて油抜きした後、筍の煮汁で独活のささがきをさっと煮る。淡口八方地浸しにした泉州水蕗と、ざんぐり盛り込んだ揚げ出し風やけど、そのだしも吸い加減に仕立てまひょ！　コレ、我ながら秀作やと思いまっせ。

筍は淡口八方地で直煮してから、さっと揚げ、油抜きしてから叩き木の芽をたっぷりとかける。ささがきにしたウドをこの筍の煮汁で煮て、泉州水蕗の淡口八方地浸しと盛り合わせる。天に木の芽をのせて。

姿が似てるとは言えんし、味も鮎なみと思えんのに、なんでか「鮎並」。互いに嘗《な》め合うわけでもあるまいに「相嘗」と書いたり、鮎魚女、愛魚女なんてのも辞書におましたな。これ、すべてアイナメのことでっせ。

関西と東北ではアブラメと呼んで、「油目」「油女」とこんな風に書くけど、淡泊な中に深い味のあるこの魚には不相応な当て字ですな。肌はお世辞にも美しいとは言えんけど、女性の柳腰にも似た嫋《たお》やかな動きをする。味は抜群によろしさかい、上手に水洗いして少々の磯の匂いを流したら、春の食材として上級魚でっせ。

さて、今回お目にかけますのは「サラダ造り」。なあに洋風に聞こえても日本料理。ヨコ文字の材料はオリーブ油だけ。淡口醤油・酢橘《すだち》と合わせて、ドレッシングでいただく趣向だす。

まず、活けのアイナメを三枚に卸《おろ》して小骨を抜き取り、淡い淡い振り塩をあてる。昔は和紙をあてて塩を振ったもので、「紙塩」という技法として今も残っておますなぁ。それを調理用脱水シートで包んで3時間ほどおく。余分な水分が抜けたら金串を打ち、皮だけ強い直火《じかび》で焼くんだす。

あしらいの貝塚早生とは、この時期に出始める泉州《せんしゅう》の生食用玉ネギですな。これをスライスして水にさらす。葉っぱだけを食べるよう栽培した天王寺蕪《てんのうじかぶら》の蕪菜も今が旬。軽く茹でて歯触りを残し、そのほろ苦さを楽しみまひょ。

残った骨と頭はネ、霜降りして細かいウロコを丁寧に取ってから、酒と水でじっくり炊く。仕上げに淡口醤油とちょっぴりの味醂で濃いめの吸い物にするんだす。冷まして味を馴染ませたら、食べる時に煮汁だけ吸い加減に直す。生姜《しょうが》汁をぽとり。これも旨い!

5月 紗《サ》羅《ラ》陀《ダ》造り

鮎並《あいなめ》焦がし造り
貝塚早生《わせ》薄造り
蕪菜《かぶらな》湯どり 春蘭《しゅんらん》の花
淡口ドレッシング

アイナメは皮目をさっと炙（あぶ）って焼き霜にし、皮の旨みも楽しませる。心地いい弾力が味わえるよう、3㎜幅と薄めのそぎ切りに。淡口醤油のドレッシングはポン酢に似た馴染み深い味。

泉州玉葱《たまねぎ》って貴方《あん》さん、ご存知やろか？　どんなんでも泉州で作ったら泉州玉葱やって、そりゃ聞こえまへんデ。

　泉州玉葱を広めたんは今井伊《い》太《た》郎《ろう》ってお人。どこよりも早《はよ》う出荷して、貝塚市の名産品にしようと「早生」栽培に力を入れはったそうだす。これが「貝塚早生」の始まり。さらに、泉州玉葱の始めは今井はんでっせ！　とばかりに「今井早生」の栽培も広めようと尽力しはった。明治の頃の話だす。今では、この二種を総じて泉州玉葱って言いまんねんデ。

　今井早生はすっかり希少になったけど、味は上々やったなぁ。葉軸を切り取ったら、扁平で背が低く、独楽《こま》の様な形をしとる。姿はええとは言えんけど、柔《や》らこうてシャリシャリッ！　生食にもよろしおますな。

　泉州の新玉ネギと、その前の海でやっと味が乗り始めた新鱧が出合って生まれた郷土のおかずが、泉州鍋でおます。吸いだしよりちょっと濃いめの味を淡口醤油で付けて、まずは玉ネギをどさっと炊く。骨切りした鱧を入れ、火が通ったら寸時に煮汁と共にハフハフと啜《すす》るようにいただくんだす。初夏の羹《あつもの》ってとこかな？

6月　鱧《はも》の泉州《せんしゅう》椀

鱧油焼
貝塚早生
貝割れ菜

これが思いのほか美味でしてネ。いっぺん料理屋風に椀物にしてみたって訳だす。

　椀物の場合は、吸いだしが肝心でおます。ちょっと早めから昆布を水に浸しておいて、ゆっくり煮出したら焼いた鱧骨を入れ、さらに煮出して漉しますねん。玉ネギは細うきれいに切って少量の湯で茹でておく。その茹で汁を先ほどの鱧だしにちょいと入れて、仕上げは淡口醤油。ひと塩した鱧は金串を打って七分焼きにし、椀に入れる。熱い吸いだしを注ぐことで、鱧に火が通るって寸法ですな。黒胡椒の香りでどないだす！

鱧の身は骨切りしてひと塩しておき、金串を打って強火の直火で焼く。途中でサラダ油を塗って、中までは火を通さん七分焼きに。吸いだしは、泉州玉葱の甘みが出てるから、みりんは少々、淡口醤油で味を決めるんだす。

7月 あい塩の蓼《たで》酢油

鮎塩焼き
小繊独活《こせんうど》
ラディッシュ

鮎はアイで、鰻はオナギ。鮎の塩焼きは略してアイシヨと訛《なま》る大阪人て、ほんまケッタイな人種やな。塩を振った鮎を笹で包み、薪の灰に突っ込んで焼く「鮎の笹焼き」は「愛のささやき」やなんて洒落も聞いたなァ。それにしても熱いささやきや。

その「あい塩」。鱧《はも》ちりや鱧てりに次いで商家の祭客への、特に天神祭には欠かせん御馳走《ごっつぉう》やったとか。大阪で鮎の話なんて阿呆《あほ》なことやって？まぁ無理もおまへんな。今や大阪で鮎が釣れる川なんて聞かんしなぁ。でもまんざら阿呆な話でもないようでっせ。昔の和歌に淀川の鮎や鯉《こい》のことを詠《うと》うたのがおますし、その名残《ごり》か大阪には鮎好きのお人が多い。

前にお客さんに聞いた話やけどネ。昔は毛馬《けま》の閘門《こうもん》（新旧の淀川の水量を調整するための堰《せき》）で鮎が釣れたそうで、そんな淀川の鮎を売りに来る人もあったらしい。ほんまかいな。ほな現在《いま》はどないやろ？と数年前に行ってみたら何と釣れてましたがな。魚籠《びく》を覗いて「よう釣れたはりますねぇ、美味《うま》いんでっか？」と聞くと、「いやぁ食べる気ィしまへんなぁ」。ま、本音やろうネ。

さて、何と言うても鮎は、塩焼きと蓼酢の相性が一番。蓼酢は蓼の摺《す》ったんに生酢が定番だすな。鮎の香味を生かすには素朴なんがよろしけど、その上に少し味を加えられんもんかと、酢橘《すだち》果汁と淡口醤油で作ったポン酢醤油を足してみたんだす。淡口醤油は塩分が強いから控えめに、煮切り酒でほんのり甘みを加えてでけた蓼酢ドレッシング仕立て。醤油の香りが淡い分だけ鮎の香味を引き立てるし、味が深《ふこ》うなる。これぞ浪速好みの味やと、ちょっと鼻が高い気分ですわ。

若鮎は骨ごと食べてもらうように、炭火で特に頭を焦がして、じっくりと塩焼きで。ドレッシングは、蓼酢にスダチ果汁・淡口醤油・煮切り酒・オリーブ油とサラダ油を加えたもんだす。

8月 葛煮ひや瓜《うり》

玉造黒門越瓜《たまつくりくろもんしろうり》
薄切り鮑《あわび》 河内一寸《かわちいっすん》
忍び生姜《しょうが》

夏の煮物いうたら、熱うても冷やしてもいける「瓜のあんかけ」。小さい頃は苦手で、特に熱いんは「お腹《なか》にええから」と言われても嫌やった。それがこの頃は妙に旨い。齢のせいかな？ 家庭では冬瓜《とうがん》を使うけど、料理屋は越瓜で品よく仕上げることが多いようだすな。

越瓜といえば大阪ではこの二つ。淡緑白地に白い縞《しま》の服部《はっとり》越瓜は、高《たか》槻《つき》市で作られ、酒粕で漬けた富田漬《とんだづけ》で知られてますな。玉造黒門越瓜は、緑地に濃緑の縞。大阪城の玉造門が黒塗りだったことから、名産の越瓜にこの名が付いたんだす。しかし越瓜と書くんは何でやろ？ どうやら中国の浙江《せっこう》省を「越《えつ》」と呼んだ時代に日本へ伝わったのが理由らしい。大阪では江戸前期から主に西成《にしなり》郡で作られ、木津村や今宮村が促成栽培の元祖やそうでっせ。

ほな玉造黒門越瓜の「瓜のあんかけ」やってみまひょ！ 瓜は厚めに切って中を抜き、筒形にする。昆布だしに酒・味醂と淡口醤油で味を付けたら、筒の瓜を刳《く》り抜いた中身や切りくずと一緒に炊くんだす。煮汁が減ったら鶏ガラスープを熱くして加え、柔《や》らこう炊いて筒の瓜だけを冷水にとって緑色を残す。味が抜けてしまうから、長《なご》う浸けたらあきまへんで。残った煮汁に追い鰹《がつお》して漉し、切りくずも裏漉しして加える。この越瓜の旨みたっぷりの煮汁で鮑の薄切りを軽く炊きまひょ！ 水溶きの葛粉でとろみを付けて、鮑や越瓜と合わせてキンと冷やす。

すべての味が凝縮された煮汁の、地味の中の滋味をしみじみ味わえるんは齢のせいだけやろか。いやいや、昔から醤油で味加減することを「陰を差す」と言いまっしゃろ。在るか無しかの醤油味、まさに淡口醤油のお陰でっせ。

玉造黒門越瓜は緑色が残るよう薄く皮をむき、中を抜き型で抜く。その中身と筒形の両方を昆布だし・淡口醤油で炊き、その煮汁でアワビや河内一寸（空豆）を軽く炊く。全部の味が入ったこの煮汁が陰の主役だす。

9月

白洲《しらさ》のぼりぼり

花茗荷《みょうが》酢漬

所変われば呼び名も変わるという譬《たと》えに、「難波《なにわ》の葦《あし》は伊勢の浜荻《はまおぎ》」って諺《ことわざ》がおます。この葦にちなんだ食べもんといえば、シラサ海老。関東の通り名は「スエビ」、標準和名では「ヨシエビ」ですけどネ。ヨシは「葦」のことで、他に蘆、葭の字も当てますな。アシと読むべきところを「悪《あ》し」に繋がるからヨシ（良し）と読んだとは面白い話だす。

この海老はその名の通り、葦のある浅瀬で孵化《ふか》するらしい。これで納得できるし、味も良しの「葦海老」。ならば関東の呼び名のスは「洲」の意味？シラサ海老とは「白洲」と言うべきを訛《なま》ったのか？それとも「鞘巻」と書いてサイマキと呼ぶように、シラサ海老には文様が無いから刀の白鞘《しろさや》に見立ててシラサと略したのか？なんてこと考えるのが私ゃ好きでしてね。

シラサ海老は殻が柔《や》らこいから、今回は姿のまんまつけ焼きにしまひょ！まずは背開きにして殻をこんがり焼く。淡口醤油に酒と味醂で加減したタレをひと刷毛サッと塗って炙《あぶ》る。香ばしく、パリッと仕上げるのがコツでっせェ。白い身の方にもひと刷毛塗って、先のタレに擂《す》り潰した蓼《たで》と卵黄を合わせたもんをシュッシュッ。塗りすぎたら殻の香ばしさが無《の》うなりまっせ。淡口醤油は色は淡くても味はしっかり。自己主張しすぎず素材の持ち味をチャンと引き出してくれまっさかい、余計に塗らいでも充分美味や。つけ焼きにはもってこいだすな。

ところで、殻付きで焼くのを「鬼殻焼」と呼びますが、あれは栗の皮を鬼皮というように、荒っぽい、硬いというニュアンスを表してる。シラサ海老では鬼には程遠い。姫焼きとでも言いたいところやけど、む、む、む。大阪的に「白洲のぼりぼり」。これでどないだ！

シラサエビは頭を付けたまま背開きにして、金串を打つ。ベースのタレは淡口醤油５に対してみりん４、酒４の割合。残暑の頃に似合うよう、タデの風味をピリッと利かせて仕上げまひょ。

10月 真魚鰹《まながつお》の祐庵《ゆうあん》焼

銀ぴら蓮根
酢どり防風《ぼうふう》

マナガツオとは、まるで鰹の仲間みたいな呼び方ですな。けど、サバ科に属す鰹と違《ちご》て、マナガツオ科の魚として本家本元。それに赤身やのうて、れっきとした白身でっせ。

「西海に鮭なく、東海に真魚鰹なし」と言われるように、漁場は九州から紀州まで。鮭とは伊勢や名古屋を境にして、互いに陣地を荒らさんのが紳士やないですか。旬は秋から冬やけど、梅雨の頃、産卵のために内海へ入ってくる。その二週間ほどの味のよさは知る人ぞ知るってとこですな。大阪はなんでかこの魚が好きで、小さいのをチョウチョウ、大きいのは単にマナと略して呼ぶ。味噌漬の王様でしてネ、江戸時代の旅人は「大坂の味噌漬と烏賊《いか》刺しは食べて帰るように」と教えられたそうだす。

味噌漬と並んで有名なのは、「祐庵漬」。祐庵とは、滋賀県の茶人で、豪農でもあった北村祐庵から取ったもの。江戸時代、明石でもらった鯛を醤油漬にして竹筒に仕込み、持ち帰ったことに始まるらしい。それに柚子や生姜《しょうが》で香《かざ》を付けたり、酒や味醂で塩梅したりと、長年の間に工夫が重ねられたようだすな。本来は濃口醤油を使うものやけど、私はこの上品な白身の魚を黒う仕上げとうない。そこで淡口醤油に頼ってみたんだす。

正解でしたナ。香りは醤油漬の実山椒。これを摺《す》り潰し、酒4に対して淡口醤油が1、味醂は4分の1、酢は感じる程度に。この漬け地に切り身を一夜浸して焼くんだす。漬け地はさっと沸かし、漉してから仕上げにちょっとかけまひょ。

せん切りの蓮根は淡口醤油と味醂を同割にして、さっと絡めるように炒める。きんぴらみたいなもんやけど、こちらは色白やからね。銀ぴらってとこですかな？

山椒小粒でピリリと辛い。この辛味と香りがマナガツオにはピッタリだすな。シャキシャキの「銀ぴら蓮根」とマナガツオを交互に食べてほしいから、新たな実山椒も添えとくんなはれ。

11月 天恵楽菜

干大根信田《しのだ》巻　練芋《ねりいも》の干瓢《かんぴょう》巻
天上昆布の今風
河内《かわち》蓮根の浅煮
甘藷茎《かんしょづる》八方地浸し

世に塩梅って言葉がおます。「味良《あんじょ》う」と同じく味を調えるって意味やけど、昔は塩と梅で調味したことを表してますな。日本料理は「割主烹従《かっしゅほうじゅう》」、つまり生食が一番と言われてきた。「煮るは焼くにしかず、焼くは生にしかず」とは、煮炊きの技法が発達していなかった大昔のことやから鵜呑《うの》みにはできへん。確かにそうやけど、昔のもんを見直すことも大事でっせ。

日本は四季があって、食材も仰山《ぎょうさん》揃う。お天道《てんと》さんは我が国を特別扱いしてはるんかなと思うこと度々だす。そんな天恵をより長くいただこうと考えたんが乾物ですな。干すことは、太陽の恵みを受けて異なった味を生むことやから、これも天恵。ひょっとしたら「割主烹従」も見直すべき？ 考えてもみなはれ。煮炊きに不可欠なだしは、昆布と鰹《かつお》節でっせ。やっぱり乾物を軽視したらあかん。

乾物は地味やからと随分お見かけしなくなった。私ゃこれが悲しい。古い料理と思うなら、今風に変えたらよろし。例えば「天上昆布」は、たまり醤油で炊くものと習ったけど、淡口醤油の方が仕上がりが美しいし、味も現代好みで凛としてますな。幅広の厚い昆布を二十枚ほど重ね、細い紐《ひも》でゆるゆるに縛って、水と酒でゆっくり戻す。金串がすっと通るくらいになったら、淡口醤油と味醂で喰《く》い味付けて気長に炊きまひょ！ 熱いうちに板に挟んで重石をのせておく。庖丁を入れるとこの切り口。きれいでっしゃろ？

乾物は濃口醤油で炊くもんとされてるけど、私ゃヒガシマル派。干し大根も椎茸も高野豆腐も淡口醤油で炊いたら白いもんは白く仕上がるし、味も深い。この乾物の炊合せ、コースの合間にひょいと出したりしましたな。年配の人は懐かしく、若もんにも案外人気ありましたデ。

「干大根信田巻」は、薄揚げにひろうす生地をぬり、干し大根を巻いて蒸す。「練芋の干瓢巻」は、とろろとニンジンにカンピョウを巻き、酒・淡口醤油・みりんで炊く。レンコンは歯ごたえを残して八方煮、甘藷茎（芋の蔓）は八方地浸しに。

12月

藻隠れ蟹《もがくれがに》

渡り蟹若布《わかめ》蒸 百合根 木耳《きくらげ》
とさか海苔 岩海苔 山葵《わさび》 葛餡《あん》

大阪人にとって阿呆《あほ》は悪口やないですわな。ちょっと上品に「月夜の蟹」などと言うて阿呆を楽しんでる。「月夜の蟹」とは、甲羅ばかりで身が無いってこと。あれは月光に映し出された己の影の醜《みにく》さに気を落として痩《や》せてしもたんや。いやいや脱皮の時期に太ってたら甲羅が脱ぎにくいからダイエットしてるんやと、ホンマに大阪人は阿呆なことばかり言うなぁ。でも、脱皮というたらカニにとっては人生最大の大仕事や。天敵のタコに見つからんよう、海藻に隠れてそっと衣替え…。そんな苦労の後、晩秋ともなると体力が回復し、いよいよ食べ頃でおます。

大阪でカニというたら、渡りガニ、通称ワタリですわな。五本目の足が水掻《みずか》きになっていて、水面を泳ぎ渡ることからこの名が付いたと言われるけど、ホンマかいな。標準和名はガザミ。菱ガニとも呼ぶけど、ヒシガニ科とは別種ですな。昔は泉州《せんしゅう》の海で仰山《ぎょうさん》獲れたそうで、おやつに食べたなんて話も聞きますな。今じゃ高級品ですけどネ。いや、大阪の料理屋では古くから「ワタリの味は上品じゃ!」とされてたな。

甲羅ごとぶつ切りにし、具足煮《ぐそくに》風に炊くのも旨いけど、なんせ食べにくい。そこはプロでっさかい工夫しまひょ! ワタリは塩蒸しし、丁寧に身をほぐす。蒸して裏漉しした百合根にキクラゲや卵白を混ぜ込み、カニミソを包んで敷き昆布で七分通り蒸す。海藻をメレンゲで繋いで被《かぶ》せ、蒸し上げたら、ガラでとっただしの葛あんをたっぷりかけて…。「藻隠れ蟹」ってのはどないだす? あの月夜の大仕事を再現したって訳ですな。隠しても白い肌がチラリ。赤《あこ》うなった手足も見えてまっせ。ワタリの色白さと上品な甘みを際立たせるのが淡口醤油。海藻の潮の香りもきっちりと引き出してくれますな。

百合根を蒸して裏漉しし、ワタリガニのほぐし身やキクラゲ・卵白を混ぜ込んで、カニミソを包んで甲羅に詰め、七割がた蒸す。岩海苔や細切りワカメを混ぜたメレンゲをのせて蒸し上げる。カニガラを煮出しただしに淡口醤油とみりんを少し。この葛あんが味の決め手でっせ!

【第二章】2007年

十二カ月の醤《ひしお》づゆ

淡口楽菜

お造りの合わせ醤油からポン酢、ドレッシング、焼物のタレに、煮物の八方地まで。汎用性の高い淡口醤油ベースの〝醤づゆ〟を12種類、考えてみましてん。ご家庭で和食をもっとお作りいただきたいと、それぞれに私流の使い方をあれやこれやとご指南させていただきました。せっかくなので、〝醤づゆ〟を使った季節の一品のレシピもご紹介してますねんで。割烹の一品というよりは、おかずですわな。淡口醤油を楽しんで使ってネ、という想いを込めて、タイトルは「淡口楽菜」。九月の「鰯陰《いわしがげ》」は淡口醤油を使った「いしる」だす。これはぜひ、プロの方にもご活用いただけたらと思てますねん。

上野修三流「十二カ月の醤づゆ」

1月　柚子ポン酢

柚子果汁…300mℓ
淡口醤油…200mℓ
煮切りみりん…150mℓ
米酢・煮切り酒…各100mℓ
干し椎茸…3枚
昆布・柚子輪切り…各適宜

●煮切り酒で干し椎茸を戻す。その戻し汁と他の材料を合わせ、一晩おく。柚子の種は必ず取ること。そのまま3～4日寝かせるとより旨い。

2月　淡口八方地

カツオ昆布だし…500mℓ
淡口醤油…70mℓ
みりん…25mℓ
塩…小さじ1強

●カツオ昆布だしと調味料を合わせ、ひと煮立ちさせる。冷蔵庫で1週間、冷凍で2カ月保存できる。

3月　松前《まつまえ》萬酢《よろず》

米酢…200mℓ
淡口醤油…100mℓ
煮切り酒…100mℓ
煮切りみりん…50mℓ
昆布…適宜

●調味料を合わせ、昆布を一晩浸けて旨みを出す。昆布を引き上げたら、冷蔵庫で1カ月保存できる。

4月　琥珀《こはく》づけ醤《ひしお》

淡口醤油…120mℓ
煮切り酒…100mℓ
煮切りみりん…20mℓ
昆布…適宜

●密閉できる瓶に調味料を合わせて入れ、昆布を一晩浸す。昆布を引き上げたら、そのまま冷蔵庫で1カ月保存できる。

※写真は鯛のづけ。鯛の切り身を並べた上に昆布をのせ、琥珀づけ醤をひたひたに注ぎ入れ、冷蔵庫で一晩漬ける。

5月　龍野《たつの》炒りだれ

酒…200mℓ
淡口醤油…150mℓ
みりん…100mℓ

●鍋に調味料合わせ、ひと煮立ちさせる。瓶などに入れ、冷蔵庫で2カ月保存できる。

6月　胡麻酢ひしお

米酢…50mℓ
練りゴマ…40mℓ
淡口醤油…30mℓ
煮切りみりん…20mℓ

●材料を混ぜ合わせる。

10月 美《う》味《ま》だし

カツオ昆布だし…1ℓ
淡口醤油…100mℓ
みりん…50mℓ
酒…50mℓ

●カツオ昆布だしと調味料を合わせて、ひと煮立ちさせる。冷蔵庫で1週間、冷凍で2カ月保存できる。

11月 浸し地

カツオ昆布だし…350mℓ
淡口醤油…50mℓ
煮切りみりん…15mℓ

●材料を混ぜ合わせる。7：1：0.3の割合と覚えておくとよい。

※写真はホウレン草のお浸し。さっと塩茹でしたホウレン草を、浸し地に1時間ほど浸す。

12月 吸《すい》露《つゆ》素《もと》地《じ》

カツオ昆布だし…700mℓ
淡口醤油…40mℓ

●カツオ昆布だしに淡口醤油を加え、ひと煮立ちさせる。冷蔵庫で1週間、冷凍で2カ月保存できる。

7月 蕩《とろ》炒り梅

酒…600mℓ
梅干し…5個
爪昆布…1枚
淡口醤油…少々

●鍋に酒・梅干し・爪昆布を入れ、半量になるまで弱火で煮詰める。爪昆布を取り出し、梅干しは裏漉しして鍋に戻す。粗熱を取り、淡口醤油で味を調える。冷蔵庫で3カ月保存できる。

8月 柑酸《かんず》ドレッシング

スダチ果汁…200mℓ
淡口醤油…150mℓ
オリーブ油…150mℓ
煮切り酒…120mℓ
煮切りみりん…100mℓ

●ボウルで材料を合わせ、泡立て器でしっかり攪拌する。

9月 鰯《いわし》陰《かげ》

淡口醤油…360mℓ
酒…360mℓ
みりん…45mℓ
イワシの骨…適量
塩…適量
昆布…適量

●イワシの骨をよく洗い、まんべんなく塩をあてて一晩おき、しっかりと塩を回す。余分な脂や臭みを取るためによく洗い、残りの材料と共に密閉容器に入れ、冷蔵庫で1カ月おいて発酵させる。

1月　青箭魚《さごし》の醤柚鱠《しょうゆなます》

——柚子ポン酢

素材の自然な色や味、香りを生かした料理が食べたい。こんな気ィにさせるのは四季のある日本だけやろか？ 私ゃ浪速の喰《く》い味というのんは、野菜にしても魚介にしても、持ち味を生かしつつ、淡く深い味を含めることやと思てますねん。そやから大阪人は、融合というか、だしと調味料の合わせ方が上手ですわな。

関西で調味料というたら、一番に淡口醤油でっせ。淡口と書いてウスクチ。けど味はちょっと濃いさかいに、ほんの少しでまろやかな風味が付くし、素材の色も邪魔せえへん。私ら料理屋には手放せへんもんやけど、家庭でもなかなか重宝しますねんで。

私ゃネ、お造りでも白身や貝類ならコレ！ 柚子の風味を付けたらもう一つ上品になりますな。大阪には箕《みの》面《お》市の止々呂美《とどろみ》地区にええ香《かざ》の柚子がおますのでネ。旨い果汁を使ったポン酢はどないだす？ 少し手間やけど、ひと冬は持ちまっせ。鍋料理はもちろん、だしで薄めて菊菜やホウレン草の酢浸し、味醂も加えたらカニを食べるのにもってこい。マヨネーズや練り胡麻と合わせて、白身の塩焼きや豚しゃぶを食べてみなはれ！ まったりとええ味になりまっせ。色が淡いから、オリーブ油を混ぜてドレッシングにするのも手ですわな。淡泊な魚の薄造り、マグロの赤身や貝類に野菜をたっぷり添えてサラダ風なんてのも洒落てまっしゃろ。

一月は正月がおまっさかい、お節に付きもんのサゴシ（鰆《さわら》の幼魚）を「柚子ポン酢」で〆た生鮓《きずし》をご紹介。切り口を見ておくれやす。柚子酢は中まで入れずに酒と淡口醤油だけを浸透させるから、身はこの通り、透明感があるんだす。口に含んだ時、ぷっと柚子が香って、噛むと脂の旨みがぐっと広がりまっせ。ちなみにこの魚、狭腰とも書くけど、女性の柳腰を思わせますなぁ。

① サゴシを三枚におろして薄塩をし、1時間おく。軽く洗い、水気をふき取る。

② 柚子ポン酢に半量の白湯（さゆ）を合わせ、①を1日浸す。

③ さらしと脱水シートで②を包んで5〜6時間おき、サゴシのきずしを作る。

④ カブとニンジンを薄切りし、しんなりするまで塩水に浸す。

⑤ 柚子ポン酢・米酢・煮切り酒・白湯を3：3：2：2の割合で合わせた浸し地に④を1日浸す。

⑥ ⑤のカブとニンジンを重ねて押し、ひと口大に切る。

⑦ ③を食べやすい大きさに切り、⑥と盛り合わせる。ハマボウフウと針柚子を飾り、柚子ポン酢をかける。

2月

鰻と葱《ねぎ》の吸い鍋

― 淡口八方地

鰹節《かつお》やイリコなどを煮出してとった汁を煮出し汁、略してだしと言いますな。定番は鰹節と昆布ですけどネ。料理屋では、鰹節をさっと煮出した香りのええ上品なだしを「一番だし」として、主に吸い物に使いますねん。漉した後の昆布と鰹節にはまだ味が残ってまっさかい、たっぷりと追い鰹して強火で煮出すと「二番だし」。「生《き》だし」とも呼んでネ、これを煮物用に調味したものが八方地でおます。どんな煮炊きもんにも合うように塩梅されているから、八方と名が付いてるんですな。

関西では淡口醤油を主に塩梅しまっさかい、私ゃ「淡口八方地」と呼んでますねん。私流は甘み控えめで、ちょっと濃いめの吸い加減やから、おだしを啜《すす》るようにいただく「吸い鍋」でいきまひょ。今回は鰻の蒲焼きと才巻海老、鶏ササ身を使ったけど、白身魚やハマグリ、豚肉を合わせても旨いですな。粉山椒をかけたり、酢橘《すだち》を搾ったり。お好きにどうぞ!

青ネギは、難波《なんば》葱など蜜たっぷりのものを選んでおくれやす。真菜《まな》はアブラナ科の葉野菜でしてネ。大阪北部の豊能《とよの》郡で育つ高山真菜は、玉露に似たほろ苦さがあって、私のお気に入りですねん。ちょっと手に入りにくいでっさかいネ。小松菜や菜種、水菜や芹でもよろしいな。

「淡口八方地」は密閉容器に入れたら冷蔵庫で1週間、冷凍で2カ月は持ちまっさかい、重宝しまっせ。青菜を直煮《じかに》にしたり、芋や大根をひたひたの水で下茹でし、茹で汁が少なくなったら「淡口八方地」を加えて煮含める。少し淡口醤油と味醂を加えたらお浸しの地にもええ。摺《す》り胡麻や辛子を溶いて、胡麻浸しに辛子浸し。塩はほんの少し、淡口醤油で味を決めた八方地やから、素材の色を生かしながら、まろやかで深い味に仕上がるんでっせ。

① 鶏ササ身は塩をして冷蔵庫で2時間おく。

② 才巻エビは塩茹でし、頭を取って殻をむく。

③ 青ネギを5㎝の長さに切る。

④ 真菜は芯の柔らかい部分を5㎝の長さに切る。

⑤ 小鍋に①、②、③、④と鰻の蒲焼きを盛り、淡口八方地を注ぎ入れる。そのまま中火にかけ、エビに火が通ったら煮汁ごと器によそっていただく。

3月 赤貝と飯蛸《いいだこ》の酢の物

―松前萬酢《まつまえよろず》

毎年、春先になると兵庫の三田独《う》活《ど》や北摂の三島独活が出回りますわな。これら栽培もんの独活は、柔《や》らこうて、ほんのり甘みがあってええ香《かざ》しますねん。皮を剥《む》いて塩で食べるだけで充分旨いけど、同じ時季に旬を迎える赤貝や鳥貝などの二枚貝、飯ダコやイカと合わせてちょっと贅沢《ぜいたく》な春爛漫《らんまん》の酢の物なんてどないだす？ そんな時、作り置いて便利なのが、この「松前萬酢」。多彩な素材を盛り合わせても、それぞれの持ち味も色も生かすことが出来る。万能な〝萬《よろず》〟の酢やから萬酢としてみたんだす。

赤貝は開いて売っているのを使《つこ》てもよろし。飯ダコは魚屋さんで墨を出してもらいまひょ。大根おろしで揉み洗いしたら、さっと塩茹で。皮だけに火を通しておくれやす。独活は刻んで酢水に放つ。香りが薄くなるから、アクは抜きすぎたらあきまへんで。下準備した魚介や野菜を盛り合わせたら…どうだす？ 彩り豊かな春らしい酢の物になりまっしゃろ。コレ、生海苔やワカメなどの海藻や菜種を合わせても旨いですな。

この「松前萬酢」、淡口醤油でまったりと品よくまとめてまっさかい、まろみのある美《お》味《い》しい米酢を合わせておくれやす。よりマイルドにするためにリンゴ酢と同割にするのも手。冷蔵庫で数カ月は持ちますから、作り置いたら重宝しまっせ。素材に合わせて、その都度、白湯《さゆ》で濃度を加減するといいですな。「松前萬酢」は生もんに合わせた塩梅やから、イカや海老、カニといった茹でた魚介をいただく場合は、白湯を3～4割混ぜて、まろやかな味わいにする。生姜《しょうが》の搾り汁をちょっぴり入れたらこれも旨い！ 生姜の姿が見えまへんので「忍び生姜」って言いますねんで。オリーブ油と合わせたら生野菜や魚介のサラダに打ってつけ。煎り胡麻や松の実を振りかけて、どうぞ！

① 赤貝は身とヒモを外し、薄い塩水で洗う。ワタがある場合はさっと湯がく。

② 飯ダコの足を大根おろしでもみ洗いし、吸盤の中の汚れを取る。水洗いしてからさっと塩茹でし、食べやすい大きさに切る。

③ ウドはせん切りして酢水に放ち、アクを抜く。

④ 菜種はさっと塩茹でする。茹で汁を冷まし、昆布と共に2時間ほど浸しておく。

⑤ 器に①、②、③、④を盛り合わせ、松前萬酢をたっぷりかける。ハマボウフウとワサビを添える。

4月
鯛の琥珀《こはく》づけご飯
―琥珀づけ醤《ひしお》

日本料理の主菜は言わずとご存知の生鮮魚介の生食。そう、「お造り」でおますが、これはどうやら関西の呼称らしい。役者はんが化粧することを「顔を作る」と言いまっしゃろ。そこから生魚の切り身を美しい形に盛り付けることを「化粧盛」、その切り身を「作り身」、略して「作り」と呼んだようだす。大阪人は感謝の心から、お鯛さん、お昆布って具合に食べもんに〝お〟を付けて呼びますねん。それで「お作り」。今では造の字を当てることの方が多くなりましたかな。

ちなみに関東では「刺身」。これは、魚の種類が分かるよう切り身にヒレを刺して供したことに由来するとか？（責任はとれまへんけどネ）。関東と関西では呼称も好みも違うようで、関西の白身好きに対して関東は赤身。づけといえばマグロを濃口醤油に漬けたものですわ。では、こちらはお鯛さんで関西流のづけをやってみますか。なんせ桜鯛の季《とき》、一年中で一番豊漁の時期でっさかいネ。

私やネ、白身魚の繊細な味を生かすのは淡口醤油がええと考えてますねん。酒と味醂、昆布を合わせて一晩おいたら、白身のづけに最適なお造り用の合わせ醤油の完成。この透明感は化石の琥珀を思わせまっしゃろ！そこで、「琥珀づけ醤」と名付けてみましてん。

淡口醤油と昆布の旨みがじんわり染みた身の艶やかなこと！炊きたてご飯にのせたづけご飯も旨いけど、煎茶を注いで鯛茶漬、硬めに炊いた白粥をかけて「埋《うず》み粥」。生雲丹《うに》やイクラをトッピングしてもよろしいな。

この合わせ醤油に甘海老や跳荒蝦《とびあら》などの小海老、貝類を漬けても旨いでっせ。鶏ササ身もええですな。同量の料理酒を合わせて、カレイやイカにまぶし、一晩おいて風干ししたのんを焼いてみなはれ。ちょっとの手間で〝琥珀の贅《ぜい》〟が楽しめまっせ！

① 鯛の上身を5㎜厚のそぎ切りにする。

② バットに①を並べ、昆布をのせて琥珀づけ醤をひたひたに注ぎ入れる。ラップをして冷蔵庫で一晩漬ける。

③ 長芋は皮をむき、半量をすりおろし、琥珀づけ醤で下味を付ける。残り半量を粗みじん切りにして庖丁の腹で軽く潰してから加え、ざっくりと混ぜ合わせる。

④ 炊きたてのご飯を茶碗によそい、③をかけ、②の鯛を並べる。青海苔とワサビを天に盛る。

5月

豚玉焼き

龍野《たつの》炒りだれ

土佐と聞いたら鰹《かつお》。紀州の湯浅《ゆあさ》というたら醤油。そこへいくと兵庫県の龍野は何といっても淡口醤油ですわな。関西で調味料というたらコレでっさかいネ。龍野といえば淡口、淡口といえば龍野ってことになる。そこで今回の「龍野炒りだれ」。焼物、炒め物用に考えた合わせ醤油ですけどネ。作り置きもできて便利でっせ。我ながらよくでけてますわ。

焼きそば、焼きうどんに厚揚げのステーキ、茄子のしぎ焼き。冬季なら干し大根の炒り焼きはどうだす？2cm厚の輪切り大根を半日ほど干し、細い串で無数の穴を開ける。胡麻油で炒め、「龍野炒りだれ」を加えて焼き付け、花鰹や七味唐辛子をかけていただく。干し大根独特のゴシッとした歯触りがたまりまへんでぇ。大根の隣で鶏肉を焼いてもよろしいな。いや、野菜が主役の場合は、このタレでせせり（鶏首肉）のミンチをさっと炊き、余分な脂を取り除いたその煮汁で調味すると旨い！椎茸や長芋の焼きダレやシンプルな野菜炒めには特に向いてますな。

今回は、時季のもんの貝塚早生玉《わせたま》葱《ねぎ》と犬鳴《いぬなき》ポークでやってみまひょ。しかし、犬鳴ポークとは誠にけったいな名でおますな。豚が犬みたいに吠《ほ》えるんと違うかって？ブーッ。この養豚場は泉佐野市の上之郷にあって、犬鳴山が見える所ってことで名付けられたそうだす。私の所属する『浪速魚菜《ぎょさい》の会』で試食してみたところ、独特の脂の甘みがあって、なかなか好評でした。もちろん普通の豚と玉ネギでもできますけどネ。フライパンで焼き付けて、仕上げに「龍野炒りだれ」をジュジューッ。今回は木の芽と山椒を使ったけど、胡椒やマスタードでも美味。淡口醤油は品のええ旨みでっさかい、香辛料にもすっと添うんですな。今夜は、豚玉（お好み焼きやおまへんデ）で一杯やりまひょか！

① 貝塚早生玉葱をニンジンと共にせん切りし、冷水に放ってシャキッとさせる。

② 別の貝塚早生玉葱を1cm厚に輪切りし、焼いた時に崩（くず）れないよう竹串を打つ。

③ 犬鳴ポークのロースを8mmの厚さに切る。

④ フライパンで少量のサラダ油を熱し、②と③を強火で焼く。豚肉は火が通ったら取り出し、ひと口大に切る。貝塚早生玉葱は表面だけに焼き色が付いて、中は半生になるよう加減して焼く。豚肉を戻し、龍野炒りだれをかけ、軽く焼き付ける。

⑤ ④を重ねて器に盛り、①を添える。木の芽と実山椒の醤油漬けをのせ、フライパンに残ったタレを回しかける。

6月

縮み蛸《たこ》酢

胡麻酢ひしお

緑の風景の中で麦畑だけが黄金色に染まる頃、タコの味が良うなる。それで麦藁《むぎわら》ダコなんて言うけど、桜どきの産卵でお疲れの麦藁鯛と違《ちご》て、この若ダコは柔《や》らこうて特に旨い！

「大阪の 祭つぎつぎ 鱧《はも》の味」。青木月斗《げっと》の句にあるように、大阪の夏は祭り鱧と共に祭りダコ。そや、ワイの出番やでェ～と躍り出た若ダコは、塩茹でだけでも充分旨いけど、もうちょっと粋《すい》な食べ方はないかいな？と考えるのが浪速の食いしん坊。そうや、湯洗いって手がありますわ。

今回お見せするのは活けダコ。足の皮を外し、3㎜ごとに深い切り込みを入れて4箇所目に切り離す。これを小さなザルに入れ、60～70℃の湯に浸けると…。チリチリッと縮むから「縮み蛸」。サッと手早く氷水にとって冷ましまひょ！ 吸盤は酒少々を加えた湯で霜降りに。弾力ある足の身にコリコリッとした吸盤。このひと手間でぐっと上品な料理になるんでっせ。でも、これは料理屋の仕事。ご家庭なら皮付きの茹でダコを使《つこ》うたらよろし。むしろその方が旨いくらいだす。その場合も先のように切り込みを入れるとタレがよう馴染みまっせ。タレの添え酢？ こんな時に便利なのが、淡口醤油で作り置いた「胡麻酢ひしお」。

今回は、お造りの小附《こづけ》のように小皿でお出ししましたけどネ。だしでのばしたら酢の物のかけ酢にもなりまっせ。あの歯切れのええ毛馬胡瓜《けまきゅうり》があったら塩揉《も》みにして添えるとよろしいな。今なら貝塚の新玉ネギのスライスや山独活《うど》、三ツ葉の軸なんかも旨いですな。ジャガイモは針のように切って水に晒《さら》し、でんぷん質を抜いてネ。海藻やクラゲとも相性ええし、鯨《くじら》のオバケ、イカの霜降りに貝類…と挙げ出したらキリがないくらい。この合わせ酢、意外と万能ですねん。

① 活けダコの足は、皮を外して吸盤を取る。3～4㎜ごとに深い切り込みを入れ、約1.5㎝幅に切る。

② 60～70℃の湯に①をさっと浸し、すぐに冷水にとる。

③ 吸盤は酒少々を加えた湯でさっと茹で、冷水にとる。

④ エビはさっと熱湯に通し、ほんのり赤く色付いたら冷水にとって殻をむく。

⑤ ワカメと赤トサカは塩蔵の場合は水にさらし、塩気を抜きながら戻す。

⑥ ハマボウフウは軸と葉に分ける。軸はさっと湯通ししてから甘酢に30分ほど浸す。

⑦ 山ウドはせん切りにし、酢水に浸けてアクを抜く。

⑧ 器に②～⑦を盛り、胡麻酢ひしおを添える。

7月 酒びき鱠《なます》

——蕩《とろ》炒り梅

味噌も醤油もまだ無かった昔のこと。日本のもてなし料理の主菜は、魚、鳥獣の生食だした。塩で〆たり、自然発酵させて食べていたようやけど、漬け梅の酢を使うようになり、酸味で食べることを憶えたようだす。その生醋《なます》も、魚介類は「鱠」、鳥獣は「膾」と書いて区別してた。後に獣肉の食は禁止され、生醋は魚介だけになったけど、そのどちらにも添えられてた酢漬け野菜を何故か今でも「膾」と書きますわな。

漬け梅を古酒で煮詰めて塩辛く酸っぱくしたものが、煎《い》り酒。漬け梅の酸と塩を利用したわけですな。今まで塩で〆てた魚介も、これでなら生食できる。画期的やったでしょうな。でも煎り酒は赤身や肉類には合わない。そこで今度は味噌から醤油を造ったんだす（コレは偶然できたようですけどネ）。以来、生食は醤油に牛耳《ぎゅうじ》られることになる。けど私ゃネ、もう一度この煎り酒を見直してみとうなった。

あれは21歳、結婚披露宴料理を任された時でした。煎り酒を再現したけど、どうも味がぼやける。なるほど、昔と今では梅干しの塩加減が違う。ならば塩を足して…、それではアカン。淡口醤油を入れよう。もうちょっと、もうちょっと…嘗《な》めてみたら、これはイケる！ 昆布を加えて一晩寝かせたら、さらに旨い！ これなら現代のお造りに合う。特に白身魚の繊細な味を引き出すには打ってつけや。

私自慢の刺身ダレ。名付けて「蕩炒り梅」。長いこと日持ちしますよって多めに作りまひょ。今回は、鮑《あわび》の酒炒りや海老の霜降りですけどネ。夏場なら鱧《はも》ちりに茹でダコ。軽く火を通した魚介には、このタレに昆布だしか煮切り酒を加えると、まろやかでさらによろしな。青味に添えたんは干し瓜《うり》。コレ、キュウリでやっても旨いですな。ボリッとした独特の食感が、クセになりまっせ！

① 越瓜（しろうり）は頭と尻を落とし、種の部分の中子（なかご）を出す。その穴に、太い箸などを通し、5㎜幅でらせん状に切る。たて塩に1時間ほど浸けてしんなりさせてから、半日ほど風干しする。

② アワビは7～8㎜厚にそぎ切りし、片面に鹿の子庖丁を入れる。鍋に少量の酒と塩を入れて沸かし、アワビを加えて炒りつけ、軽く火を入れる。

③ 車エビは背ワタと頭を取り、さっと熱湯に潜らせて冷水にとり、殻をむく。

④ 器に①～③とワサビを盛り、蕩炒り梅を添える。

8月 鱸《すずき》の温サラダ

―柑酸《かんず》ドレッシング

蓼《たで》ある時分、ナマスに蓼を添えて不可ということなし。

古い手帳に書き留めたこの一節。昔の料理書に載ってたもんやけど、はて何の本やったかな？

蓼とは鮎の塩焼きを食べる時のアレ、そう鮎タデやと思い当たりますわな。昔から日本の香辛料として使われてたようで、犬蓼、花蓼、大毛《おおけ》蓼など数種類あるけど、食用にしているのは柳蓼。水辺にあるためか、別名を川蓼という。野生のもんが旨いけど、今は栽培もんが主流で辛みも優しい。「蓼喰《く》う虫」は喜びますやろか？

鮎の塩焼きを「アイ塩」と呼んだら、もう蓼酢が思い浮かぶほどの相性の良さやけど、鮎の鱠に合わせても旨い。ならば、淡口醤油で作った酢醤油に蓼ピューレを加えても不可ということなしか。マカシトキナハレ！

さて、この蓼酢醤油、今が旬のスズキとはええコンビ。洗鱠《あらい》（洗い）にも合うけど、私や塩焼き、特に頭が一番好きですねん。ひと塩して強火で焼き目を付けてから蒸すと、磯の臭いが香ばしさに変わるし、身離れもようなりまっせ。家庭やったら切り身が手軽ですな。脂肪が少なく、サラリとしてるから蓼酢醤油ではキツイ。ドレッシングに仕立ててみるか。

ドレッシングとは、酢と油を合わせて味を付けたもん。ほな、酢の代わりに酢橘《すだち》果汁を使《つこ》うて、淡口醤油で味付けたら旨いこと請け合いや！　酒と味醂でまろやかにしたらええ。我ながら巧いこと考えましたわい。この「柑酸ドレッシング」に蓼ピューレを合わせたら、焼き魚にはもってこいや。

「柑酸ドレッシング」は、白身なら薄造り、茹でダコに鱧ちりと、これからの季節に大活躍。鶏ササ身に野菜の細切りを合わせたサラダ。貝類の塩焼きにはワカメなどの海藻を添えたら暑さも吹っ飛びまっせ。ほら、「春苦味、夏は酢の物…」と言いまっしゃろ。

① スズキの切り身に振り塩をし、2時間ほどおく。上火で焼き、中までしっかり火を通す。

② キュウリとラディッシュを桂むきにしてからせん切りする。氷水に放ってシャキッとさせる。

③ 葛切りは水で戻し、供す直前に沸騰した湯に潜らせて温める。

④ タデの葉をみじん切りにし、昆布だしと塩少々を加え、すり鉢で当たる。舌触りが良くなるよう裏漉しし、蓼ピューレを作る。

⑤ 器に①～③とハマボウフウを盛り、蓼ピューレをかける。柑酸ドレッシングを回しかける。

9月

焙《あぶ》り豆腐

鰯陰《いわしかげ》

今でも泉州《せんしゅう》ではいろんな小魚が揚がるけど、昔から大阪湾では特にイワシが仰山《ぎょうさん》獲れたらしい。それで煮干しのほか、田の肥料としての干鰯《ほしか》作りが盛んになった。長い砂浜には干したイワシがずらっと並び、ギラギラ光ってたと聞きますな。

「鰯七度《ななたび》洗えば鯛の味」「鰯千遍《せんべん》鯛の味」とは、生臭いとされるイワシも上手に下処理したら旨くなるという教えやけどネ。大きくて新鮮なものは刺身、味噌叩き、酢〆に。塩焼きやフライも旨い。小形なら生姜《しょうが》煮、天ぷらにつみれ汁。イワシの旨みを生かすという意味では「いしる」を忘れたらあきまへんで。イワシの塩漬けを発酵させた能登生まれの魚醤で、イカの内臓を使うことも多いですな。

長らく安い魚として軽視されたイワシやけど、我々の食生活に大いに貢献してきた。漁獲量が少のうなって初めて有難さが…いや、まだお解《わか》りやないようやけど。捨《ほ》るとこが無い魚やから骨まで愛して（ちょと古い?）、ここは一つ「鰯の頭も信心から」と、黙ってイワシの骨で魚醤を作ってみなはれ！きっと信じた甲斐《かい》がおまっせ。

現代の魚醤は、イワシを塩漬けし、数カ月発酵させて作りますけどネ。私や塩の代わりに淡口醤油を使《つこ》て、イワシの骨を漬けてみた。これなら1カ月で旨い魚醤が出来るんだす。醤油の前身である醤《ひしお》は正式には穀醤といい、他に肉醤、草醤があって、それぞれ塩辛や魚醤、漬物になる。今回は淡口醤油を使て穀醤と肉醤を合体させたというワケ。昆布の旨みも加わってちょっと贅沢《ぜいたく》かな? 写真の料理では、豆腐とイカを使たけど、大根、蕪、ゴボウなど炊いたり、キャベツや玉ネギを炒める時にポトポトッと。コンニャクの炒め煮にもどうぞ! 昔から醤油のことを陰と言いまっしゃろ。ここはヒガシマルのお陰もあって、「鰯陰」と名付けた次第でおます。

① 木綿豆腐を布巾で包み、重石をして水切りをする。

② 鰯陰を酒で倍に薄め、①を4等分にして2時間漬ける。

③ イカの身に隠し庖丁を入れて②に加え、1時間漬ける。

④ ②の豆腐を弱火でじっくり焼き、中まで火を通す。焼き色が付き、外側がパリッとしたら、焼き上がりの目安。

⑤ 卵白のコシを切り、小口切りのアサツキを混ぜ、④の上にたっぷり塗る。上火で軽く炙（あぶ）り、火を通す。

⑥ ③のイカを強火でさっと焼く。七分通り火が入ったら、黄身マヨネーズ（卵黄とマヨネーズを同割で合わせたもの）を塗り、軽く炙って火を通す。

⑦ ⑤は半分に、⑥は1cm幅に切る。器に盛り、糸唐辛子を天に盛る。③の残り汁をひと煮立ちさせてかける。

10月 山海蒸し

美味《うま》だし

吸い地は吸いだしとも呼んで、汁そのものを味わうものやけどネ。「美味だし」は、食材を食べるためのだしでっさかい、吸い地より濃く、まるみを持たせる。上等の味醂を忍ばせ、ほのかに甘みを加えるんだす。甘みは旨みに繋がるって考えて、大阪風に言うとマッタリと味に深みを付けるってとこかな？これに、淡口醤油の中でも醤油そのものの味がまろやかなヒガシマルを使たら、さらに美味なるだしになるってワケですな。

使い道は主として、「美味だし」と融合してさらにええ味を醸《かも》し出す温菜。煮物椀や蒸し物がよろしいな。

ここではグジ（甘鯛）と秋の山の幸の蒸し物を「山海蒸し」としてお見せしますが、まずはそのままでいただき、残り半分には橙《だいだい》か酢橘《すだち》を搾って、二度の味を楽しんでいただこうって寸法。松茸の香りも利いてまっせ。

実は味醂を少し加えたら、「美味だし」で土瓶蒸しも出来るんだす。土瓶蒸しは直火《じかび》で煮るのが定着してもうたけど、本来は土瓶型の器に鱧《はも》や海老などの具を入れ、器ごと蒸すんだす。半分ほど火が通ったら、別に煮立てた「美味だし」を注ぎ入れる。すると、一気に煮えるんですな。これなら素材に下味を付けなくても、煮汁と一緒に美味しくいただけまっせ。

土瓶蒸しの他には、魚介や肉を添えた茶蕎麦《そば》の煮物椀。コレ、にゅうめんにしてもよろしな。牡蛎と豆腐の蒸し物、鰆《さわら》におろし山芋を被《かぶ》せて蒸した物も「美味だし」を使たら旨い。仕上げに淡口醤油を少し落とすと風味もよくなりまっせ。

関西人は、うどんでも素麺でも熱々をいただくものは淡口醤油のだしでないと承知しまへん。特に精進ものの炊合せは、味は染みても醤油の色は付けないよう淡口のだしを使て素材の色を生かして仕上げる。いかにも日本らしい風情ある食べ方ですわな。

① 山芋は一部をすりおろし、残りを竹串が通るまで蒸して熱いうちに裏漉しする。すり鉢で合わせる。

② シメジは美味だしで軽く下煮しておく。

③ 百合根は1枚ずつばらし、さっと塩茹でする。

④ ①に②、③を加え、ざっくりと合わせておく。

⑤ 甘鯛（切り身）に軽く塩をして4～5時間おく。小骨を取って観音開きにし、皮目に隠し庖丁を入れる。

⑥ ⑤の甘鯛で④を包み、バットに昆布を敷いた上にのせ、酒を振りかける。12～13分、強火で蒸す。

⑦ ⑥が蒸し上がる5分ほど前に、食べやすい大きさに手でさいた松茸を入れ、表面だけを軽く蒸す。

⑧ 器に盛り、軸三ツ葉を添え、温めた美味だしをかける。ワサビを天に盛り、スダチを添える。

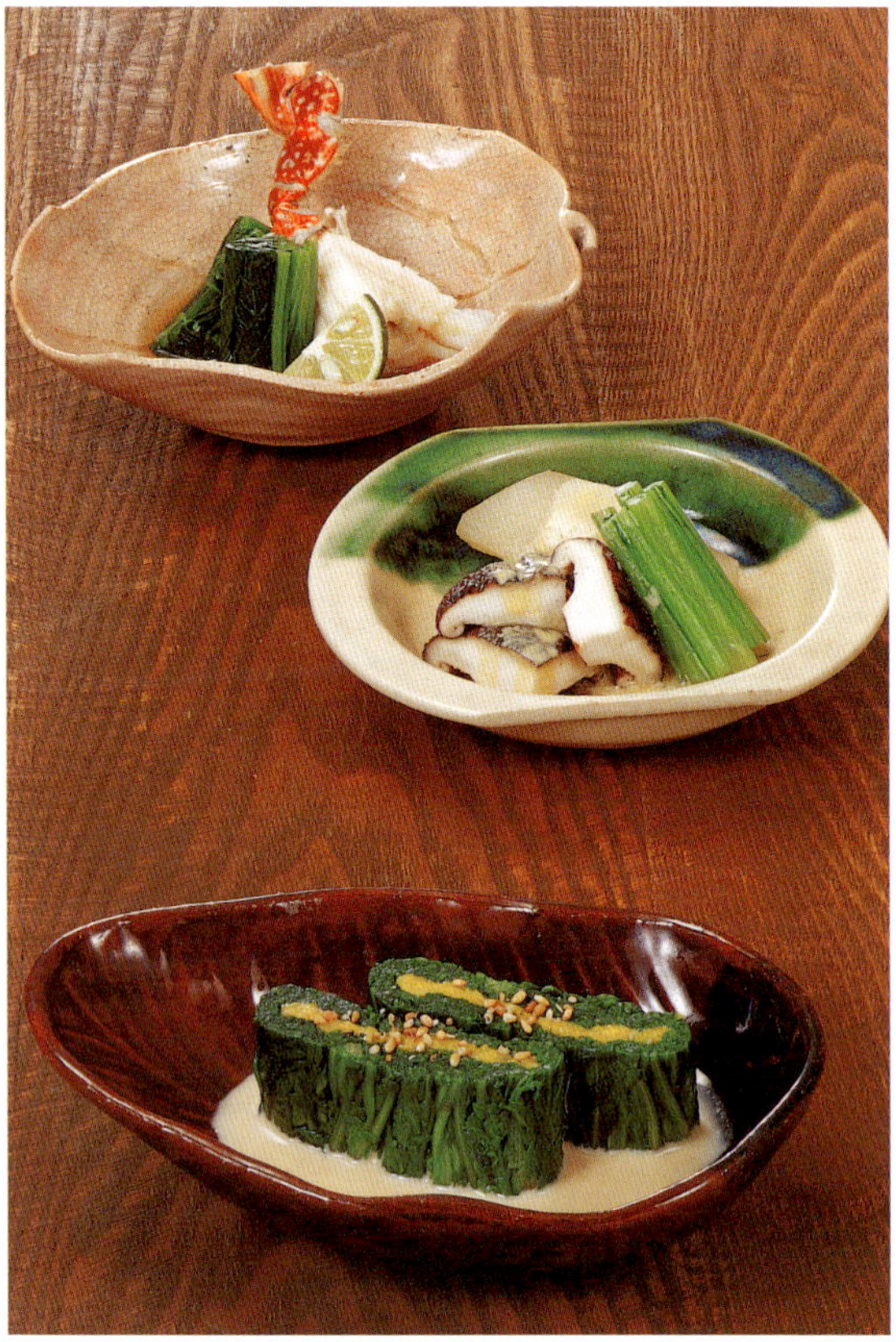

11月 浸し三種

浸し地

十一月は霜月《しもつき》と呼ばれるように、後半からぐっと冬らしゅうなる。霜も降りるから、葉野菜が柔《や》らこうなって甘みも増す。「青菜に塩」とか「青菜は男に見せるな」なんて言葉もあるからお話ししにくいですけどネ。男も大人になると青菜の味が懐かしいはずでっせ。そこへ来ると、私ゃ喜の字の祝を越してすでに二年や。毎日のように青菜が食卓に並びますな。

　青菜を食べようと思たら、一番手っ取り早いのがお浸し。ところが最近、食べられる店が少ない。「ホウレン草のお浸しがあるぞ」と見つけても、「そこのお醤油でどうぞ」やなんて、そりゃ違《ちゃ》いまっせ。お浸しの字を見てみなはれ。だしに淡口醤油・味醂を合わせた浸し地に茹でた青菜を浸しておく。浸し地の味が馴染んだところをいただくんが定番でっせ。生醤油かけるだけでは味が馴染みまへんがな。

　そこで今回は、お浸しはこれだけ多彩やってとこをお見せします。いや、見るだけやなくて作って食べとくんなはれ。きっとでっせ!

　菊菜と食用菊は胡麻浸しに、天王《てんのう》寺蕪《じかぶら》には焼き椎茸を合わせて辛子風味で。天王寺蕪は冬のものやけど、若い時期の間引き菜も旨い。四月の天王寺蕪菜もお浸し向きでんな。今回は、軸の柔らかい部分と、せっかくやから根も…と思ったら淡口醤油ですな。琥珀《こはく》色と言えども透明感があるから、蕪の色が損なわれまへん。

　この浸し地さえ作っておいたら、茸《きのこ》類を炊いて煮浸しに、今回のように焼き椎茸をジュッと浸して焼き浸し。浸し地にピーナッツ、焼き鯛、海老などを擂《す》り込んで混ぜるのも風味が変わってまた旨い。今回使《つこ》たんは菱ガニ（渡りガニ）。蒸し汁を浸し地に合わせたけど、この繊細な風味を引き立てるのが、淡口醤油の秘めたる深い味。酢橘をちょっぴり搾ると酢の物のような味になりまっせ。

【菊菜の黄菊巻 胡麻浸し】

① 菊菜をさっと塩茹でし、浸し地に約1時間浸す。

② 食用菊の花びらを熱湯に潜らせ、冷水をかけてアクを抜く。浸し地に約30分浸す。

③ ①で②を巻き、適宜切って器に盛る。①の浸し地に練りゴマ・淡口醤油を加えて注ぎ入れ、煎りゴマを散らす。

【蕪菜と焼椎茸 辛子風味】

① カブは皮をむき、切り込みを入れる。軸と共に塩茹でして浸し地に約1時間浸す。

② 椎茸は傘側から強火で焼き、浸し地に1時間浸す。

③ ①、②を食べやすい大きさに切って器に盛る。①の浸し地に和辛子を溶いてかける。

【菠薐草《ほうれんそう》と菱蟹《ひしがに》 酢橘《すだち》添え】

① 菱ガニは蒸してさばき、身をせせり出す。

② ①の蒸し汁と浸し地を同割で合わせる。①のガラを加え、ひと煮立ちさせて漉し、冷ます。

③ ホウレン草を塩茹でし、②を少し取って約1時間浸す。

④ 器に①の身と③を盛り合わせ、②をかけ、スダチを添える。

12月 河豚《ふぐ》の吸露《すいつゆ》蒸し

吸露素地《もとじ》

大阪では、お澄《す》ましでも味噌汁でも吸い物のことを「御露《おつい》」って呼びますな。今回紹介する「吸露素地」は、お澄ましの素になる地ですねん。水で3倍に薄めたら丁度ええ塩梅になりまっさかい、蒲鉾《かまぼこ》やハンペン、お豆腐、玉子などに、野菜かワカメの青もんを浮かせてお上がりやす。

この季節、大阪人の大好物といえば、なんといってもフグですな。この「吸露素地」を使ったこんな蒸し物はどないだす？ 薄塩をあてたフグの身と白子に、野菜は生のまま、共に器に入れて、そのまま蒸し始める。フグの塩分を計算して2倍半に薄めた吸露素地を別鍋で沸かしておいて、先の器に注ぎ入れて蒸すと、熱の通りが加速するって寸法でおます。

コレ、フグやのうて他の白身魚でやっても充分美味《おい》しいでっせ。特に、オコゼ、アンコウ、コチ、カワハギなどコラーゲンの多い魚がよろしな。アサツキのみじん切りを散らして、酢橘か柚子を搾ったら、てっちりのような味になりますねんで。ポン酢醤油に付けて食べるのがお好きなら、「吸露素地」をもっと薄めて使《つこ》たらええし、反対に濃いめに加減し、塩少々、味醂をちょっぴり入れたら、スッポン汁に似た味になりまっせ。生姜《しょうが》汁をぽとっと落としてどうぞ！

「吸露素地」は煮物の素にもなりまっさかい、そのまま薄めずに使て、酒と少々の味醂を落とし、お豆腐を炊いたら旨いですな。今なら生椎茸や焼きネギに白菜、菊菜などを、下茹でせずに素材の味を生かして直煮《じかに》してみなはれ！ ええ野菜の炊きもんができまっせ。お好みで淡口醤油をぽとり。薄陰を差すってわけでんな。魚介も野菜も海藻も、その顔色が変わらんうちに持ち味を引き立ててしまう。淡口醤油は、色は薄うても味わいが深い！ さすがに陰の立役者ですなぁ。

① 活けのフグの上身とアラ、白子に薄く塩をし、一晩おく。大きめのひと口大に切る。

② ニンジンは長めの細切りにし・白菜・菊菜・椎茸はひと口大に切る。葛切りは水で戻す。

③ フグの皮は下茹でし、ひと口大に切る。

④ 菊菜はさっと塩茹でし、食べやすい大きさに切る。

⑤ ①・②を耐熱の器に入れ、蒸気の上がった蒸し器で約8分蒸し、五分通り火を入れる。

⑥ 吸露素地を2.5倍に薄めて沸かし、⑤に注ぎ入れ、③・④を加える。約3分、強火で蒸し上げる。

⑦ みじん切りにしたアサツキとスダチを添える。

【第三章】２００８年

大阪のおかず 淡口指南

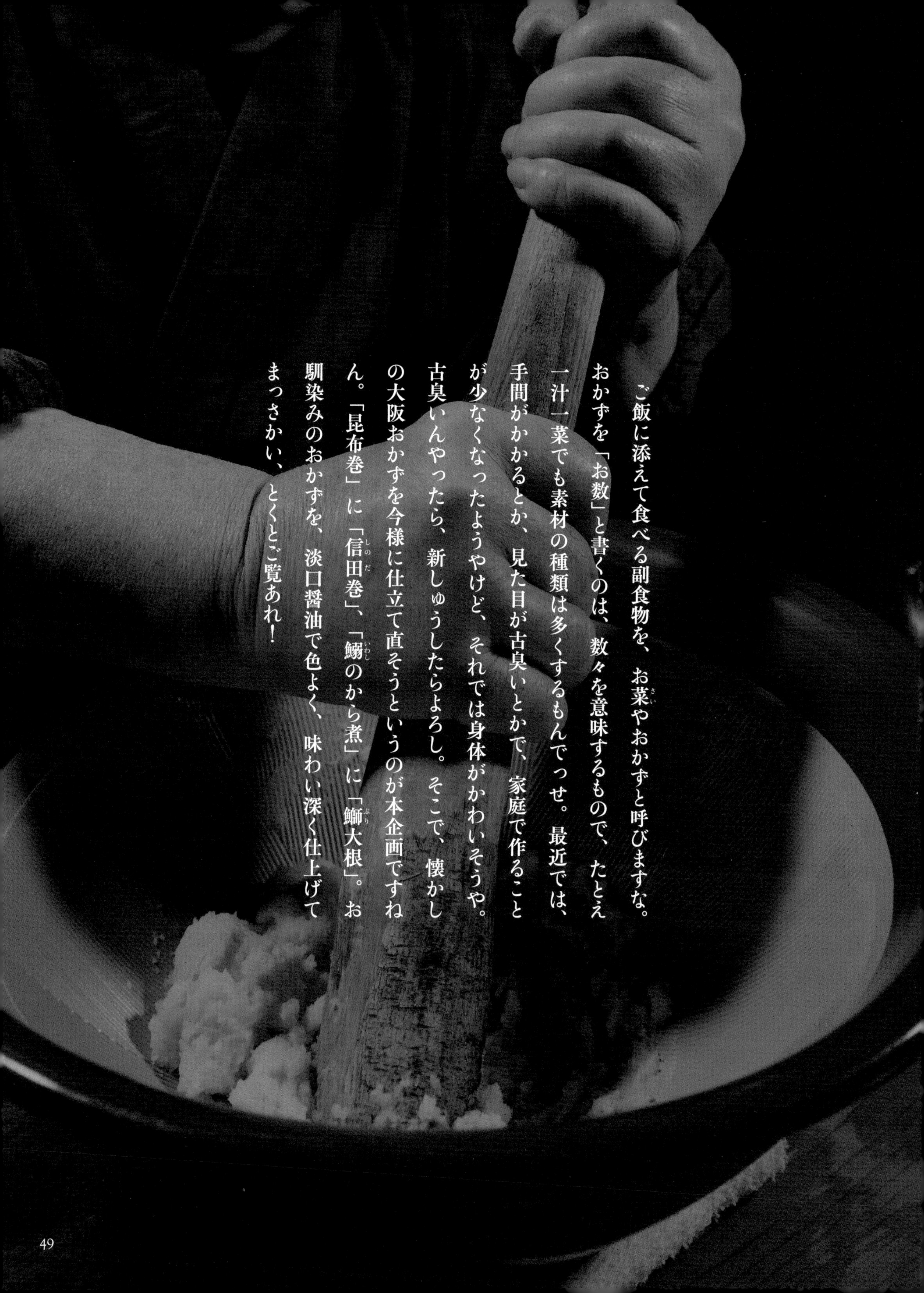

ご飯に添えて食べる副食物を、お菜《さい》やおかずと呼びますな。おかずを「お数」と書くのは、数々を意味するもので、たとえ一汁一菜でも素材の種類は多くするもんでっせ。最近では、手間がかかるとか、見た目が古臭いとかで、家庭で作ることが少なくなったようやけど、それでは身体がかわいそうや。古臭いいんやったら、新しゅうしたらよろし。そこで、懐かしの大阪おかずを今様に仕立て直そうというのが本企画ですねん。「昆布巻」に「信田《しのだ》巻」、「鰯《いわし》のから煮」に「鰤《ぶり》大根」。お馴染みのおかずを、淡口醤油で色よく、味わい深く仕上げてまっさかい、とくとご覧あれ！

1月

鰻のこん巻

昔ながらの大阪のお菜《さい》（おかず）をテーマにした本年の初回は、おせちに付きもんの昆布巻。「お昆布さん」と敬称で呼ぶクセに、「こん巻」と略すのは、大阪人の天邪鬼《あまのじゃく》なとこやろか。中身は、町場では鰊《にしん》、田舎の方じゃ農家の池にいた小鮒《こぶな》や、その水路や川で獲れるモロコが定番でしたな。

〽にしーんの…こん巻に、煮まめエーッ。言葉尻を上げて町々を売り歩く行商は、戦前まで残ってましたな。商家では時間のかかるもんは作らず、こうした「おかずや」に頼ってはったんですな。昆布のだしが魚に、魚のだしが昆布にじゅわ～っとしゅんでマッタリとした深い味になる。ここまで炊くのは、確かに暇かかりますわな。

今回はちょっと贅沢《ぜいたく》に、鰻でいきまひょ。蒲焼きを買《こ》うてきたら家でも作れまっしゃろ。タレの味は邪魔やから、熱湯をかけて洗い流しておくれやす。食感はゴボウで補って…。そうや、白板昆布を使《つこ》たら短時間で柔《や》らこう炊けますな！黒っぽい昆布巻をあえて白っぽく仕上げるなら、ヒガシマルを置いて他にはおまへん。淡口醤油の出番というワケですな。半透明にも見えて、やんわりと優しゅうなったんは、色だけやない。味もまろやかですわ。今風に仕立て直すという今年のお題にも、マッチしてまっしゃろ。

梅干しを1～2個入れて炊いたら、日持ちもしまっせ。え？梅と鰻は食い合わせが悪いって？アレ、嘘でっせ。私ゃ、とある鮨屋さんで、梅肉の入った鰻きゅう巻をよぉ食べてましたけど、なんともおまへんでしたでェ。

※作り方は、P64へ。

2月

かやく信田《しのだ》巻

キツネに聞いた訳でもあるまいに、油揚げが大好物って？ほんまかいな。それで油揚げはキツネ、大阪じゃあケツネと訛《なま》りますけどネ。大阪のうどんいうたら、甘《あも》う炊いたケツネが定番。けど、うどんを蕎麦に変えたらタヌキって、どうもよう解《わか》らん。タヌキ食うてキツネに抓《つま》まれたみたいですわ。

さて、泉州《せんしゅう》は信太《しのだ》の森に聡明な白ギツネがいたっていう伝説がおますな。これを元にして書いたのが浄瑠璃《じょうるり》の『芦屋道満《あしやどうまん》大内鑑《おおうちかがみ》』。白ギツネが心優しい男に命を助けられた恩返しに、葛の葉という女性に化けてこの男と結ばれる。子どももでき、幸せに暮らしていたところ、本物の葛の葉が訪ねてきて、ついに正体がばれてしまう。白ギツネは障子に歌を書き残して家を出て、信太の森へ帰ってしもうた。「恋しくば　たずね来てみよ　和泉《いずみ》なる　信太の森の　うらみ葛の葉」。後は省略しますけど、この芝居が当たりに当たったそうな。そやさかい信太というたらキツネで、その好物の油揚げも信太と言うようになったって訳だすな。今じゃ信田と書くことが多くなりましたかな。

油揚げの仲間といえば、近頃は手作りする人も少のうなったけど、東京の雁擬《がんもど》き、大阪でいう飛竜頭《ひろうす》がありますな。この懐かしのおかずを簡単に作れるよう考えたんが信田巻ですねん。飛竜頭の中身を油揚げに塗り、巻いて蒸したら、揚げる手間が省けまっしゃろ。これを、だし・淡口醤油・酒・砂糖で甘口に蒸し煮してみなはれ。きれいなキツネ色に煮上がりまっせ。いや、決して騙《だま》しはいたしまへん。

※作り方は、P64へ。

3月 蕪菜《かぶらな》炒り煮

年が新しゅうなったら今年こそ名を上げるぞ！と「油揚菜飯《あげなめし》」や「油菜炊き《あげなだ》」を食べる習慣が昔はありましたな。春は名取《なとり》のお祝いに「菜鶏ご飯」、冬の定番といやぁ「水菜のハリハリ」、秋なら大根の間引き菜も旨い。大阪にゃ菜っ葉を使ったおかずが仰山《ぎょうさん》ありますなぁ。

ところで皆さん、大阪しろ菜ってご存知？ 徳川時代からあったそうで、青菜のない夏に食べられることが長所。昔は天満の天神さんの近くで作られてたので「天満菜」とも言われたようやけど、雑種の悲しさか品質はいまいち。そこで蒲鉾《かまぼこ》屋に売ってる平天と一緒に炊くことを考えたようでっせ。淡泊な菜っ葉に油の旨みを補うって寸法ですな。平天一枚入れて、一枚上手のおかず作ったんやからさすが。大阪の母ちゃんはエライ！

これなら小松菜や水菜など葉物なら何でも旨いに決まってますがな。早春なら若ゴボウに菜種もええけどネ。天王寺蕪《てんのうじかぶら》の収穫後にもう一度、葉を食べる目的で栽培した蕪菜が旨いですな。今回は炒り煮にして、跳荒蝦《とびあら》を潰して作った海老団子と炊いてみましてん。菜っ葉いうても蕪ですよって、小さいのが付いてますさかいネ。根、茎、葉と切り分け、昆布だしで根だけさっと下茹で。この茹で汁に淡口醤油や味醂でお浸し程度の味を付け、まずは海老団子と根、次に油炒めした茎と葉を炊く。茎と葉はザルに上げて急冷し、冷ました煮汁に浸したら、ええ色に仕上がりまっせ。色だけやない。青菜という薄味の中に潜む深い味わいを生かすには淡口醤油と、私ゃ考えてますねん。

※作り方は、P65へ。

4月 綴《と》じ巻き豌豆《えんどう》

エンドウと聞いてどんな料理が思い浮かびますかいな？ 筆頭は豆ご飯でしょうな。続いて玉子とじ、かき揚げってとこやろか。今回はちょっと変わった玉子とじ…というより玉子焼きでおます。

エンドウにもいろいろあるけど、料理屋の人気もんは碓井《うすい》豌豆。エンドウの代名詞になってますけどネ。そもそもエンドウは明治中期に米国から入ったようで、大阪では河内《かわち》の古市郡碓井村（現・羽曳野《はびきの》市）のもんが上等とされた。この碓井豌豆、美しい淡緑で柔《やわ》らかく甘みがある豆とは裏腹に、莢《さや》は白っぽく肌艶に乏しい。それで、実が倍以上詰まっていて莢も艶々とした他種に押されてしまった。「人と一緒で器量よしは得やけど、ワシは売れんでも碓井しか作らん！」と、いまだに作り続けるお人がいる。こんな御仁は大阪の…いや、国の宝でっせ！

ホンマの碓井豌豆は貴重やさかい、莢まで丸ごと利用しまひょ。豆を剥《む》いた後の莢をよく洗って昆布だしで茹でますねん。莢の味が染み出た茹で汁に、鰹《かつお》節を加えてだしをとるんだす。このだしで豆ご飯を作ると旨い！ 莢の茹で汁は農薬が心配？大阪府の認めるエコ農産物なら収穫前に農薬を使わんそうですわ。それでも心配なら、とにかくよく洗うことだす。

今回の「綴じ巻き豌豆」にも、莢のおだしを使《つこ》てますねんで。淡口醤油と酒・味醂で塩梅し、下茹でした豆を浸して味を含ませる。仕上げにこの浸し地を葛あんにしてかける。色も風味も優しい淡口醤油やからこそ、おだしに潜んだ豆の香りがプンッと立ちますねんで。

※作り方は、P65へ。

5月

鰯《いわし》から煮浸し

今どき作るお人もないけど、昔の大阪に「酢炒り鱠《なます》」という誠に妙ちきりんなおかずがおました。小イワシを酢水で骨が柔らこうなるまで炊いて、大根、ニンジンの細切りを入れ、シャリシャリッとした歯触りを残して炊くというものやけど、これが旨いんでっせ。そこで、私ゃ戦後で米のない時に作ったおからの鮓《すし》を思い出しましてネ。酢炒り鱠の野菜の代わりにおからを使《つこ》うてみた。イワシと大豆がよう合《お》うてこの方が旨い！ イワシは骨まで柔らこう炊きまっさかいネ。生食が基本の鱠とは違う。それで「鰯から煮浸し」としてみたんやけど、どないだす？

イワシの臭みが苦手というお人があるけど、下処理次第でっせ。「鰯七度《ななたび》洗えば鯛の味」と言いましてネ。鯛にゃ及ばんけど、よく洗えば臭みは取れるから、怠《おこた》ることなかれ。

さて、おからは卯《う》の花とも言いますわな。旧暦の四月に咲く空木《うつぎ》の白い花に由来してるそうやけど、実はこの空木、竹みたいに中が空洞になってましてネ。つまり、中が〃から〃っちゅうことですな。これを豆腐の殻とかけてますねん。京都では、庖丁を使わずに食べられることから「きらず」と言うて、「雪花菜」なんて美しい字を当てますねんで。ニクイなぁ。

卯の花のように白いおからに醤油色は付けたくないけど、大豆生まれ同士、相性がええから風味付けには欠かせない。これは淡口醤油にお任せするしかおまへん。昆布だしと米酢にぽとっと落としてイワシを炊き、その煮汁でおからを煮て、合わせて半日以上漬けておく。二日目くらいが味が染みて美味でっせ。

※作り方は、P65へ。

6月

海老茄子浸し

木の芽といえば、あらゆる樹木の新芽であるはずやけど、食べもんの話やったら山椒の芽ですな。小さいゆえか、葉になっても木の芽と申すのはこれ如何《いか》に…とまぁ理屈はさておき、「茄子の山椒和え」ってご存知？ 大阪は箕面《みのお》に伝わる郷土料理で、二つの作り方があるようだす。一つめは、山椒の葉を摺《す》って田舎味噌と砂糖を加え、木の芽味噌ならぬ葉山椒味噌を作り、焼き茄子と和えたもの。もう一つは、山椒の実を摺って淡口醤油でのばし、胡麻を合わせて食べる直前に焼き茄子にまぶしたシンプルなものですねん。

兵庫の名産に朝倉山椒がありましてネ。これが箕面市の止々《とど》呂美《ろみ》の土によう合《お》うたらしく、そりゃええ香《かざ》で、今や当地自慢の品ですわ。今回はこの山椒と、かつては河内《かわち》平野が主産地だった大阪長茄子で、「茄子の山椒和え」を今様に。素朴やけど山椒小粒でピリリと利いて、これは爽やかな夏料理…ん？ 茄子料理？ と、シャレが出たとこで本題へいきまひょ。

茄子は油とも海老とも相性がええさかい、茄子を揚げて泉州《せんしゅう》の跳荒《とびあら》蝦と合わせて、お浸しにしたら…と考えたんだす。頭は捨てたらあきまへんで。摺り潰して山椒ダレに使いまひょ。これぞ始末の料理、大阪流でっせ。

箕面から泉州まで大阪の素材づくしのおかずやと思ったら、紺色から新緑色に変身した茄子の色を生かしつつ、味のまとめ役となったのは、兵庫県龍野《たつの》の淡口醤油。あぁ、そういえば朝倉山椒も兵庫のもん。やっぱり、お隣さんとは仲良うしとかな、あきまへんなぁ。

※作り方は、P65へ。

7月

はりはり南瓜《なんきん》

『鱧《はも》の皮』ときたら、上司小剣《かみつかさしょうけん》先生の小説ですな。蒲鉾《かまぼこ》屋さんで焼いた鱧皮と塩揉《も》みしたキュウリを合わせた酢の物のことでネ。「皮なます」ともいうて、大阪庶民の夏のおかずでおます。これを、あの白っぽくて長い毛馬胡瓜《けまきゅうり》で作ったら、ザクザクッとした歯触りがたまりまへん。「鱧のざくざく」略して「鱧ざく」って言葉は、この食感から来てますねん。

さて、キュウリも瓜《うり》なら、南瓜も瓜。今回は南瓜のざくざくに挑戦しまひょ！ 勝間《こつま》南瓜なら西洋種に比べて小ぶりやし、青々とした味があるから鱧ざく向きや。塩揉みよりも、風干しした方が食感が良うなるかな？ と干してみたら、ザクザクッではなく、パリパリッと小気味ええ歯触りに。そう、干し大根のハリハリ漬けみたいにネ。その上、塩水に浸してから干したため、南瓜の甘みが引き出され、このままでも充分旨い！ 油で揚げたらパンプキンチップスやけど、淡口醤油1とだし2を合わせてかけ、粉鰹《こながつお》を振ったら立派な酒の肴になりまっせ。

あ…、今回は「鱧ざく」のお話でしたな。鱧皮は前もって加減酢に漬けておき、鱧の旨みが酢に染み出たところで、風干しにした南瓜と混ぜるとよろしおす。新生姜《しょうが》の甘酢漬けと合わせて、パリパリッと…これはいけまっせ！ 今の時期なら、南瓜の代わりになにわの伝統野菜の毛馬胡瓜、服部越瓜《はっとりしろうり》、玉造黒門《たまつくりくろもん》越瓜《しろうり》などで作っても美味ですな。この加減酢の影の立役者となるのは、淡口醤油。もちろんいつものヒガシマル。素材を生かして色付けず、引き出す味は、爽やか淡口、夏の味。

※作り方は、P66へ。

8月 お贅《ぜい》冷麺

今では昔語りになるんやけど、河内《かわち》素麺ってご存知やろか。枚方《ひらかた》の東方に連なる交野《かたの》台地には昔、氷室《ひむろ》があったようで、氷室台って地名が残る、かなり冷涼な地でおます。この辺り津田村の山下政右衛門《せいえもん》なる者が、江戸時代後期に奈良の三輪素麺を習《なろ》うて村人に伝えたのが発祥やそうだす。別説には、兵庫は揖保《いぼ》の職人がお伊勢参りの途上で路銀を使い果たし、やむなく素麺作りを教えて稼いだって話もあるとか。マ、どうであれ、河内素麺は粉を手で捏《こ》ね、足で踏み、縄のように縒《よ》って引き延ばし、竿《さお》で干すという手法で作る。縄麺、縒り麺ともいわれ、コシが強いんですな。

江戸の頃には70~80軒もあったという河内素麺の生産者やけど、減りに減って今では皆無に近い。機械打ちの素麺に押されてしもうたのかなぁ。旨いのにねぇ。なんせコシが強いので煮崩《くず》れしまへん。淡口醤油を使った甘めの煮汁で、海老や茄子と一緒に炊いて一晩冷やすと、ご飯のおかずによろしねんデ。夜食にゃ、暑い夏でも熱々を啜《すす》るように食べる、おだしたっぷりの煮麺《にゅうめん》がいいですなぁ。

今回は、冷たいおだしをたっぷりかけた、ぶっかけ冷や素麺でいきまひょ。夏祭りの御馳走《ごっつぉう》にと、大阪らしい具をのせてちょっと贅沢《ぜいたく》に。穴子は、淡口醤油のタレで蒲焼きにすると上品になりまっせ。おだしは、干し椎茸、干し海老の風味をたっぷり利かせて、淡口醤油と味醂で塩梅しましてん。清涼感ある品のいい味になりましたナ。

※作り方は、P66へ。

9月

鴨茄子の鎧《よろい》焼き

昭和の頃まで、「ひる・かしわ」という看板を掲げた店があったのを憶えてはるやろか。振り仮名ならぬ漢字を当てると「ひる」は鶩。アヒルのことですな。「かしわ」は黄鶏で、鶏《にわとり》のことでおます。今回はアヒルのお話をいたしまひょ。

空飛ぶ鴨を飼い慣らして家禽《かきん》にしたのがアヒルなのはご存知？　関東では間鴨《あいがも》、関西は合鴨と書くんやけど、青首で濃い茶色をしたヨーロッパ系と、全身が白の中国・北京系がおましてネ。豊太閤《ほうたいこう》（豊臣秀吉公）の勧めで溜《ため》池や水田に放し飼いにして、一時は大阪で全国の80％を生産していたそうな。その頃なら、中国のアヒルの方やないかと私ゃ睨《にら》んでますねん。

豊太閤のお墨付きやから、昔の大阪の夏祭りにも合鴨は「鍬《くわ》焼き」で登場したそうな。有名なすき焼きは農具の鋤《すき》で肉を焼いたのが始まりで、その代わりに鍬を使ったから鍬焼き。そうそう、茄子を使った「鴫焼《しぎ》き」ってのもありましたな。鴫の田の字を突き破ったら「鴨」やから親戚筋？　そこで今回は、戦上《いくさ》手の太閤さんにあやかって、鎧を思わせるよう茄子と鴨を重ねて焼いてみましてん。鴨焼きは味噌仕立てもあるけど、今回は淡口醤油と砂糖のタレ焼きでいきまひょ。となると、この二つの皮が織りなす色目が大切。半透明の焼きダレを作ってかけ焼きにしたら……ん、旨いですなあ。

本鴨の旬は冬。「鴨ネギ」というほどの相性やけど、合鴨は夏も秋も旨い。今回は秋茄子との二重奏で「鴨茄子」にしてみたんやけど、どないだす。ナスようになりましたやろか？

※作り方は、P67へ。

10月

秋味 茸《たけ》くらべ

どこまでも青うて深い秋空のもと、あちこちの山や谷から、三味《しゃみ》の音や歌声が聞こえる。のどかなお話でっしゃろぉ。戦前までやろうか、大阪の商人はお得意先を河内《かわち》や能勢《のせ》あたりの山へ、松茸狩りと宴《うたげ》に招待する風習がおました。採った松茸は土産に、別に持ち込んだ松茸と地鶏で、すき焼きを楽しませる。その一切を仕切る男衆《おとこし》はんは敷物からカンテキ（七輪）、食材を山の中まで運ばにゃなりまへんので大変や。その宴席にはたいてい雇仲居《やとな》はんが付きますねん。芸者や仲居ではない、れっきとした家庭婦人やけど、三味線や小唄ぐらいはできるし、時にはすき焼きを手伝うたり、酌《しゃく》もしてくれるので大助かりや。

山の空気の中での酒盛りは楽しおますよってねぇ。つい、羽目をはずして飲むと、お露《つい》もんが欲しなる。こんなことから、あの「土瓶蒸し」がでけたと聞いたけど、ほんまかいな。土瓶ならぬ茶瓶に、谷川の水と黄鶏《かしわ》と松茸を入れて…。と、こんな想像から今回は茸鍋《きのこ》を考えたんですけどね。こっちにゃ淡口醤油がおますのや。二番だしと合わせたら、あとは隠し味醂だけで、茸の醸《かも》す秋の香味を逃すことはない。いや、包み込んでさえくれますな。

土瓶蒸しぐらいに塩梅しただしをたっぷり入れて、色々の茸と黄鶏を炊く。秋鱧《はも》や鶏団子を入れると、なお旨い。茸の炊きすぎは禁物でっせ。銘々の小鉢に取り分けて、おだしに酢橘《すだち》を搾ったらたまらん。残りだしで、うどんや雑炊にしても、焼き餅を入れてもよろし。淡口醤油をポトリ、これで決まりやな。

※作り方は、P67へ。

11月 はす餅揚げ出し

太古、大阪の南河内《かわち》一帯は「河内湖」って湖やった。そこに淀川や大和《やまと》川の土砂《どしゃ》が流れ込んで地面が浮上したそうやから、沼やった時代もあったんやろなぁ。そんな名残《なごり》が今もあちこちにありましてね。地層が柔《や》らこうて深い処が仰山《ぎょうさん》あるもんやから、守口大根や吹田慈姑《すいたくわい》、河内蓮根といった根もの野菜が美味《おい》しいんでっせ。

どこでもその地方ならではの地の物の食べ方がおますけど、この河内蓮根を使った郷土料理が、「はすね餅」ってお茶受け（茶菓子）。蓮根の穴にもち米を詰めて蒸し、きな粉や小豆餡《あん》をまぶしていただく。餅らしからぬケッタイな食べもんやけど、これがいけますねん。昔はお三時のお茶受けといったら、どこでも自家製でしたからねぇ。

これを料理版でやってみたんやけどね。もち米を蒸すのが大変やから、代わりに道明寺糒《どうみょうじほしいい》を使いまひょ。ピンクに色付けたぬるま湯に浸けると、2時間ほどで飯状になるから、淡口八方煮にした蓮根に詰めて揚げるんだす。この時、煎った糒を衣にすると、そのカリカリ感に、蓮根の歯触り、詰めた糒のモチモチ感があいまって食感がよろしおまっせ。残った蓮根の煮汁は淡口醤油を加えて、天つゆにして流しかける。そう「揚げ出し」だす。え…やっぱり面倒？でも、やり甲斐《がい》おまっせぇ～。

大根おろしと柚子皮おろしを添えてもよろしいな。淡口醤油なら透明なだし色で、柚子の香りも引き立ててくれる。喜ばれること、請け合いですわ。

※作り方は、P67へ。

12月

鰤《ぶり》大根

ブリというたら日本海の魚やのに、何でか昔から大阪人の好物やった。ツバス、ハマチ、メジロ、ブリと段階を追って成長する、いわゆる出世魚を、豊臣秀吉の出世になぞらえた縁起もんと考えたんでしょうな。

戦前までは輸送の関係から、腸《はらわた》を抜いた塩ブリがほとんどで安価やった。そやけどツバスやハマチは大阪近海にも来たらしく、造りや塩焼きとして食卓にのることが多かったようですな。年の瀬には姿のままの塩ブリに、さらに塩をすり込み、それが染み込んだらまたすり込んで、藁《わら》やら筵《むしろ》に巻いて、正月用に保存したり、贈り物にしたりしてましたな。

塩ブリは、呼び塩と言うてネ、淡い塩水に浸けて塩抜きして使うんだす。これを茹でて生姜《しょうが》あんをかけた「鰤のあんかけ」や、短冊切りの大根と一緒に船場汁《せんばじる》風に作るのも人気やった。

たまに生のブリが入ると、「久しぶりに鰤大根にしよう」と言うて、分厚い田辺大根の輪切りと一緒に煮込んだもんだす。そう、江戸時代から現在の東住吉あたりで作ってた、あのなにわの伝統野菜でっせ。一時は途絶えてしもたけど、今は復活してまっさかいね。色白の身質を生かして炊いてみとうなりました。「鰤大根」は真っ黒な印象やけど、今回は淡口醤油をぽとり。これが決め手や。

えっ、どないなったかって？ そんなこと尋ねはる前に、この写真を見とくなはれ。田辺大根の透けるような色合い。食べてみんでも、その旨さが伝わって来まっしゃろ。おっほん！

※作り方は、P67へ。

【第三章】2008年

大阪のおかず 淡口指南

作り方 1～6月

1月　鰻のこん巻

① 鰻の蒲焼きに熱湯をかけ、タレを洗い落とす。白板昆布の幅より約2cm長く切る（白板昆布が煮汁を吸って膨らむ分を計算し、両サイド1cmずつ長く切る）。

② ゴボウを①と同じ長さの短冊切りにする。米ぬかを入れた湯で下茹でし、ザルに上げておく。

③ カンピョウは水に浸けて戻し、塩でもみ洗いする。硬めに下茹でし、8㎜幅に細長く切る。

④ 白板昆布を3枚重ねて①、②を芯にして巻き、③で縛る。大鍋に並べ、ひたひたの水を入れる。ひと煮立ちさせたら湯を半分捨て、同量の酒と梅干し1～2個を入れる。落とし蓋をして20～30分弱火で煮る。

⑤ 竹串が通るようになったら、煮詰まる濃度を考えて淡口醤油・みりんで少し薄めに味を付け、煮汁が1／3量になるまで煮る。

2月　かやく信田《しのだ》巻

① 干し椎茸を水で戻して刻む。戻し汁にカツオ昆布だしを合わせ、淡口醤油・みりん・塩で薄めに味を付けて煮る。

② ニンジンは細切り、ゴボウはささがき、キクラゲと百合根は細かく刻む。それぞれ下茹でする。

③ 木綿豆腐に重石をして水切りし、裏漉しする。すり鉢で白身魚のすり身・山芋とろろと混ぜ、淡口醤油・砂糖で味を付ける。①、②を合わせる。

④ 油揚げの三方を切り落として開く。巻きすにのせ、③を薄く塗る。片栗粉を打ちながら巻く。

⑤ ④を巻きすで巻いたまま、蒸気の上がった蒸し器に入れ、弾力が出るまで中火で約15分蒸す。

⑥ 巻きすを外し、深めのバットに入れる。カツオ昆布だしを淡口醤油・酒・砂糖で甘く濃いめに塩梅して加え、ラップをかけて中火で約10分蒸す。2～3時間おき、味を含ませる。

⑦ ⑥を温めて輪切りにし、器に盛る。⑥の蒸し汁に水溶き吉野葛でとろみを付けてかける。

5月 鰯《いわし》から煮浸し

① イワシはウロコを取って頭、尾を落とす。腹部の端を切り落とし、ワタを抜いて内側をキレイに洗う。よく水にさらして臭みを抜いた後、濃い塩水に氷と共に入れて身を締める。

② 昆布だしと米酢を同割で合わせ、淡口醤油を少し加え、合わせ酢を作る。

③ 鍋に①を並べ、②をひたひたに注ぎ入れる。骨が柔らかくなるまで弱火で煮る。淡口醤油・酒・みりんで調味し、弱火で煮込んだら、一度しっかりと冷まして味を含ませる。

④ ③の煮汁に1／6量のおからを溶き、米酢・豆乳・淡口醤油・酒で塩梅する。大根・ニンジンをみじん切りにして加え、歯触りが残る程度に煮る。仕上げに再び米酢を入れ、軽く火を通す。

⑤ バットに③のイワシを並べて④をかけ、冷蔵庫で半日以上漬ける。

6月 海老茄子浸し

① 鍋にカツオ昆布だし・酒・淡口醤油・みりんを入れてひと煮立ちさせ、トビアラを加えて軽く火を通す。トビアラを浸したまま煮汁を冷ます。

② 大阪長茄子の皮目に縦に浅く庖丁を入れ、丸ごと素揚げする。氷水にとって皮をむき、翡翠（ひすい）色にする。

③ ①の煮汁を漉し、淡口醤油・酒・みりんで塩梅し直し、浸し地を作る。①のトビアラの頭と殻をむき、②と共に2時間以上浸しておく。

④ 山椒ダレを作る。③のトビアラの頭をすり潰し、鍋に移す。少量のおろし長芋と田舎味噌を加え、③の浸し地で味を加減しながら弱火で練る。軽くとろみが付いたら火から下ろし、粗熱を取る。別のすり鉢ですった木の芽を加えて合わせる。

⑤ ③の大阪長茄子を適当な大きさに切り、トビアラと共に器に盛り、④をかける。

3月 蕪菜《かぶらな》炒り煮

① トビアラの頭の殻、目の先、尾を取り、殻ごと刻む。すり鉢でトビアラの半量の白身魚のすり身とすり合わせる。塩を加えて粘りが出たら、山芋とろろ・浮き粉（または片栗粉）・細切りのキクラゲを合わせる。塩で味を調え、ひと口大に丸めて素揚げする。

② 天王寺（てんのうじ）蕪菜は2cmほど茎を付けて根を切る。茎、葉を食べやすい長さに切る。

③ ②の根を昆布だしで下茹でする。その茹で汁に酒・淡口醤油・みりんを加え、ほんのり甘く、濃いめに塩梅する。①の海老団子と先の根を柔らかくなるまで炊く。

④ サラダ油で②の茎を炒め、しんなりしたら葉を加え、さっと炒める。③の煮汁を注ぎ、強火でさっと炊く。緑色があせないよう、一度、茎と葉を引き上げ、あおいで急冷する。

⑤ ④の煮汁を淡口醤油・みりんで塩梅し直して冷まし、③と④を浸けておく。

4月 綴《と》じ巻き豌豆《えんどう》

① エンドウはよく洗い、サヤごと水に浸しながらむく。重曹を入れた塩水を沸かし、柔らかくなるまで弱火で豆を茹でる。冷水にとり、色止めする。

② 昆布を2時間水に浸し、サヤを加えて弱火にかける。沸騰直前に昆布とサヤを引き上げ、カツオ節を加えて漉す。このだしを淡口醤油・酒・みりんで濃いめに塩梅し、①を3時間浸す。

③ 豆をザルから上げ、30分ほどおいて水切りし、軽く潰しておく。

④ ハンペンを薄切りにする。

⑤ 溶き卵を淡口醤油で調味し、薄く油をひいた玉子焼き鍋に適量流し入れて焼く。七分通り火が入ったら③④を散らして巻き込む。この作業を1～2度繰り返し、厚焼き玉子を焼く。巻きすで形を整え、大きめに切る。

⑥ ②の浸し地を温め、葛を溶き入れて葛あんを作り、⑤にかける。

【第三章】2008年

大阪のおかず 淡口指南

作り方 7～12月

7月 はりはり南瓜《なんきん》

① カボチャを縦に適宜割り、種を取って薄切りにする。塩水に5～6分ほど浸し、ザルに上げておく。

② 大きなザルにペーパータオルをのせ、①を広げる。半日ほど風干しする。

③ 市販の鱧（はも）皮（タレ焼き）を細かく刻む。骨が気になる時は、骨抜きで取り除いておくこと。米酢とカツオ昆布だしを同割で合わせ、淡口醤油・みりん・砂糖で加減した合わせ酢に、半日から一晩漬けておく。

④ 新ショウガを薄切りにし、軽く湯にくぐらせる。ザルに上げ、塩をして軽くしんなりさせたら、甘酢に半日ほど漬ける。

⑤ ②・④を③に加え、1時間ほど漬けて味を馴染ませ、器に盛る。

8月 お贅《ぜい》冷麺

① 干し椎茸を水に浸けて戻す。戻し汁（吸いだし分を取っておくこと）とカツオ昆布だしを酒・濃口醤油・たまり醤油・みりんで甘めに塩梅し、干し椎茸を旨煮にする。そのまま煮汁に浸しておく。

② 干しエビを水に浸けて戻す。戻し汁で沸騰直前まで煮て、そのまま煮汁に浸しておく。

③ 穴子の上身をグリルで七分通り強火で焼く。淡口醤油とみりん各25mℓ・煮切り酒40mℓ・砂糖大さじ1を合わせたタレをかけながら焼き上げる。

④ 服部越瓜（はっとりしろうり）は薄く皮をむいて種を取り、端をつなげて薄切り。三ツ葉の軸と共に茹で、淡口醤油で加減したカツオ昆布だしに浸す。

⑤ カツオ昆布だし1.5ℓ・①の戻し汁360mℓ・②の煮汁840mℓ・淡口醤油と酒各60mℓ・みりん30mℓを合わせ、吸いだしとする。冷蔵庫で冷やす。

⑥ 素麺を硬めに茹で、①～④、温度玉子、才巻エビの塩茹でと共に器に盛る。⑤の吸いだしを注ぎ、柚子皮をすりおろして散らす。

11月 はす餅揚げ出し

① 道明寺糒（どうみょうじほしいい）または道明寺粉を白く膨れ上がるまで弱火で煎る。

② 別の道明寺糒を、ひたひたのぬるま湯（色粉を少し加えるとよい）に2時間ほど浸けておく。

③ レンコンは薄く皮をむき、花形に切る。酢を少し加えた米の研ぎ汁に一晩浸けて、アクを抜く。串がすっと通るようになるまで下茹でする。

④ カツオ昆布だしに淡口醤油とみりんで濃いめに塩梅した淡口八方地で③を煮て下味を付ける。おか上げして水気を切る。

⑤ ④の穴に②を隙間なく詰め、布巾で包み、約13分蒸す。

⑥ ⑤が熱いうちに、小麦粉→卵白→①の道明寺糒の順で衣を付け、衣に火を通す感覚で、さっと高温で揚げる。シシトウも一緒に素揚げする。

⑦ ⑥のはす餅をひと口大に輪切りし、シシトウと共に器に盛る。

⑧ ④の淡口八方地・淡口醤油・みりんを14：2：1で合わせて天つゆを作る。好みで大根おろし、柚子皮おろしを添える。

12月 鰤《ぶり》大根

① 田辺大根は4cm厚に切り、皮をむいて面取りする。昆布だしで竹串がすっと通るまで下茹でする。

② ブリは丁寧にウロコを取り、ぶつ切りにする（カマと切り身を使ってもよい）。よく水洗いして血合いを取り、霜降りして、残ったウロコを取る。

③ 土鍋に①と②を入れ、①の茹で汁をひたひたに加える。落とし蓋をして強火で煮始め、沸いてきたら中火に変える。茹で汁が半分程度になったら、煮詰めた分だけ酒を足し、淡口醤油で薄めに塩梅して煮含める。そのまま一晩おき、味をしっかりと含ませる。

④ ③を土鍋ごと温める。淡口醤油・みりん・少量の砂糖で甘み控えめに塩梅し、煮汁が半量になるまで煮る。実山椒を加えたら、さらに1／3量になるまで煮詰める。

⑤ 白髪ネギ、針柚子（柚子皮の細切り）を天盛りにする。

9月 鴨茄子の鎧《よろい》焼き

① 合鴨ロースは6㎜厚さ、ナスは縦割りにして1cm厚さのそぎ切りにする。

② 1cm厚さの半月切りにした大根を2切れ用意し、下部の両端に2本の金串を打つ。金串の上に①の合鴨ロースとナスを少し斜めになるよう交互に並べ、間にせん切りのショウガをしのばせる。大根の上部に2本の金串をさらに打ち、合鴨ロースとナスを固定する。

③ 魚焼きグリルに②を入れ、中火で七分通り火を入れる。

④ 淡口醤油・煮切りみりん・煮切り酒各25㎖と砂糖大さじ1を合わせたタレを③にかけながら焼き上げる。器に盛り、白髪ネギを添える。

★ 金串の代わりに竹串を用い、フライパンで焼き上げてもよい。同じく中火で七分通り火を入れ、タレを加えて焼き付ける。

10月 秋味 茸《たけ》くらべ

① 鍋に薄めの二番だし900㎖を入れ、淡口醤油50㎖・みりん小さじ1で塩梅する。

② 鶏モモ肉をひと口大に切り、2時間ほど薄塩をあてておく。熱湯を表面にかけて霜降りにし、冷水でさっと冷やし、水気をふき取る。

③ 松茸は傘に十字の切り込みを入れ、手で適当な大きさにさく。たもぎ茸（ヒラタケ科のキノコ）・舞茸・ナメコ・エノキ茸は石突きを落とし、同じく手で適当な大きさにさく。椎茸・平茸などを使用してもよい。

④ ①に②を入れて炊き始める。③と三ツ葉を加え、さっと火が通るまで炊く。

⑤ 器に④を煮汁ごと盛り、好みでスダチを搾っていただく。

【第四章】２００９年

なにわの味ごはん

米は日本の主食だすな。毎日の食卓にのせるもんやから、白飯ばかりじゃ飽きてしまいますやろ。季節の魚介や野菜で炊き込みご飯にしたり、雑炊にお粥《かい》さんと、変化をつけて楽しみまひょ！ 塩梅はヒガシマルで決まりやけど、主役となる魚介のアラを煮出したり、野菜の茹で汁も使ったりして、だしをとるのが私流。持ち味を余さず生かす仕立ては大阪らしいと言えまっさかい、連載名は「なにわの味ごはん」としましてん。ご飯だけでは食卓が寂しいやろうから、汁物や焼物、和え物などのおかずも一品提案させてもらいましたでェ。どれもこれも、淡口仕立てなんでっせ。

1月

鯛七草ごはん

蓮根霙《みぞれ》汁

尾頭付きのお鯛さん！ そないな御《ご》馳走《っつぉう》はしょっちゅう食べられへんけど、大阪人は好きですなぁ。

「人は武士、柱は檜《ひのき》、魚は鯛」と言われてきたけど、商人は武士にはなれんから、何ぞ晴れ事があったら尾頭付きの鯛を食卓に据《す》えたもんです。正月には、今年こそはええ年になりますように、商いにええ芽が出るように…と芽出度《めでた》いにちなんで、塩焼きにしたもんでしたな。現代《いま》では「旨いもんは宵に食え」とばかり、一度に平らげてしまうけど、昔は賀客《がかく》にも家族にもひと口ずつ食べさせて、正月中は保つようにしてました。縁起と共に戒《いまし》めの意味もあったんでしょうネ。そういやぁ骨付きの魚を食べるのん、下手な人も増えましたなぁ。まだ身がようけ付いてまっせぇ、もったいない。残った鯛のアラからも旨いだしが出るのにねぇ。

そや、一月には七草粥がおますなぁ。この鯛のだしで炊いて淡口醤油をポトポトッ、酒を隠し味にすると旨いでぇ。今回は粥の代わりに「鯛七草ごはん」にしてみまひょ。七草とは芹、薺《なずな》、御形《ごぎょう》、繁縷《はこべら》、仏の座、菘《すずな》（蕪）、蘿蔔《すずしろ》（大根）。焼き鯛の身をほぐし、残った骨と昆布でだしをとる。この鯛だしでご飯を炊くんだす。塩梅はもちろん淡口醤油や。蒸らしの直前に刻んだ七草を入れたら、ええ具合に火が通りまっせ。

お露《つい》は河内《かわち》蓮根のすり流し、そう霙汁でいきまひょ。持ち前のでんぷん質が葛粉の代わりにとろみになるんだす。これも淡口醤油なら色が付かずに、蓮根のほのかな甘みと合いまっせ。これは美味！ いっぺん食べてみなはれ。

① 昆布は水に2時間浸しておく。

② 鯛のアラ（1尾分、約1.5kg）を焼き、①に加えて煮出す。ひと煮立ちしたら、引き上げて身をほぐし、頭や骨は再び昆布だしに入れて、さらに煮出してから漉す。

③ もち米を1割加えた米2合を洗い、30分ほどザルに上げる。

④ 炊飯器に②のだし450mℓと鯛の身、③を入れ、淡口醤油・酒各大さじ3、みりん少々で塩梅して炊き上げる。

⑤ 七草を適宜切り、④に加えて一緒に蒸らす。

【蓮根霙汁】

昆布だしと淡口醤油で濃いめの吸い汁を作る。豆腐とナメコを加えて炊き、おろしたレンコンを入れて火を通す。青海苔を振って供す。

2月 五色鶏飯《ごしきけいはん》

甘鯛酒ダレ焼

あのう、ここだけの話やけどネ。

大阪の河内じゃ昔、御法度《ごはっと》の闘鶏をやってたそうな。「蹴合《けあ》い鶏」とも言う気性の荒い軍鶏《しゃも》を、大きな藁畚《わらふご》に二羽入れると、鋭いクチバシで突っついたり蹴ったりの大喧嘩になる。先に声を上げた方が負け！その夜は飼い主のヤケ酒の肴にされる運命やけど、これが旨いらしい。相伴《しょうばん》にあずかる人はむしろ負けるのを待ってたようでっせ。

河内にはもう一種、旨い鶏があった。枯れた柏の葉に似た色やから黄鶏《かしわ》って、ホンマかいな。古代に米を甑《こしき》（今で言う蒸籠《せいろ》）で蒸す時に底に敷いたのが柏の葉。「炊葉《かしきば》」と呼ばれていた葉が略されてカシハ、カシワって変わったそうな。

さて本題の鶏やけど、黄鶏は合鴨と共に河内名産やった。戦後アメリカから輸入された育ちの早い鶏に取って代わられて姿を消したけど、鶏すきにしても焼鳥にしてもいける。水炊きでポン酢醤油もええけど、鶏ガラスープで白菜やネギ、椎茸、湯葉と炊いて酒と淡口醤油で「吸い鍋」にしてネ。吸い汁と一緒に食べるも良し。鍋に残った汁をご飯にかけてもよろしいな。

今回はこれをヒントに、ちょっとさっぱりと「五色鶏飯」と洒落てみたんだす。昆布と鰹《かつお》のだしにササ身の蒸し汁を加えて、あとは淡口醤油をポトポトッと。添える具も揃えたら、きれいでっしゃろ。

風干しの甘鯛はタレ焼きにしたんやけど、皮の赤さがほんのり残ってよろしいな。この色合いを生かしてこの味は、淡口醤油の成せる業《わざ》。実山椒の風味でどうぞ！

① 鶏ササ身に塩を振って2時間おき、酒を多めにかけて蒸す。細かくさいておく。

② カツオ昆布だしに①の蒸し汁を加え、淡口醤油で塩梅し、濃いめの吸い汁を作る。

③ 酢を落とした湯で、ささがきゴボウ、細切りのニンジンを湯がき、②に2時間浸す。

④ 芹を湯がき、5cm長さに切る。

⑤ ①・③を軽く温め、④・錦糸玉子と共に炊きたてのご飯にのせる。②の吸い汁を温め、たっぷりとかける。

【甘鯛酒ダレ焼】

甘鯛の切り身に軽く塩をして一晩おき、半日風干しする。酒 2.5：淡口醤油 1：みりん少々のタレを塗って焼き、実山椒（もしくは黒コショウ）を散らす。長芋は梅形に切り、酢を落とした塩水に半日浸ける。酢大さじ7に梅酢少々で色を付け、湯冷まし大さじ3・砂糖少々に昆布一切れを浸して甘酢を作り、さらに半日漬ける。

3月

蜆《しじみ》ごはん

針烏《い》賊《か》胡麻酢かけ

シジミというのはえらい仰山《ぎょうさん》の種類があるらしい。なかでも真シジミ、大和《やまと》シジミ、瀬田シジミが代表的やそうな。小粒やのに、肝臓ほか様々に効能があり、上戸《じょうご》には嬉しい。味は寒シジミと評されるけど、漁獲量が多い春から夏が旬とされてますなぁ。三種類のうちで、海水の混じった河口付近の砂地に棲む大和シジミが、私や好きでしてネ。でもいつの間にか貴重になりましたなぁ。

実はネ、この大和シジミが近年は淀川でも獲れますねん。え、いりまへんのん？ 川底を洗浄して川を復活させようと努力してはるそうでね、私らの料理研究会の試食では、淀川産に軍配が挙がったこともあるんでっせ。貝殻が飴色で艶々してるさかい、黄金《こがね》シジミの別称もおますねん。ともあれ、味噌汁が定番のシジミを今回は炊き込みご飯にしてみたんだす。淡口醤油を使《つこ》うたんでシジミの味がそのまま…否《いや》、より生かされるってワケ。そりゃ、ヒガシマルやもん。味にも色にも「味噌を付ける」ことは無い。

ここでは針生姜《しょうが》を入れましたけど、笹がきの牛蒡《ごんぼ》もよろしな。春の香りと色合いに芹を散らしてネ。爽やかでっしゃろ。そや、貝料理は煮すぎ禁物でっせ。それはアサリでもハマグリでも同じこと。お吸いもんを作る時は気を付けてや。

三月は葉っぱを食べるために春に蒔いて作った天王寺蕪菜《てんのうじかぶらな》、泉州《せんしゅう》では針イカの旬でっさかい、どっちも半生にして、淡口醤油の胡麻酢醤油をかけましてん。どないだす？ 素朴で相性もええ春の料理になりましたやろ！

① 1kgのシジミを水に浸し、途中で水を替えて3時間ほどおく。よく水洗いする。

② 鍋に約500mℓの水を張り、昆布を2時間ほど浸す。①を加え、強火にかける。貝の口が開いたら、火を止めて漉す。

③ 米2合を洗って30分ほどザルに上げる。②のだし450mℓに針ショウガを加え、淡口醤油大さじ3・酒大さじ3・みりん少々で味を付けて炊く。炊き上がったら、②のむき身をのせて5分ほど蒸らす。

④ 茶碗に③を盛り、茹でた芹の軸を散らす。

【針烏賊胡麻酢かけ】

針イカはワタなどを取り出し、塩をして湯引きし、ひと口大に切る。天王寺蕪菜（または菜種）は食べやすい大きさに切って熱湯をかけ、薄めのたて塩昆布に30分浸す。器に盛り、淡口醤油・米酢・みりん・練りゴマを1：2：2.5：1.5で合わせてかける。

4月

筍ごはん
鯛の若布《わかめ》汁

古代の日本国には豊葦原瑞穂国《とよあしはらみずほのくに》って美称がおましたが、どこへ行っても葦が生えてたんやろか？ その葦はイネ科やそうな。でも、竹もイネ科やって頷けまっか？ 関西で食用の竹は孟宗竹《もうそうちく》、淡竹《はちく》に真竹《まだけ》とあって、味もその順とされてるけど、お国自慢があって「ところ変われば…」と言えそうですな。

今では筍と言うたら、どなたはんでも孟宗竹を思い浮かべますわなぁ。京都のが有名やけど、北大阪や、貝塚、岸和田にも美味《おい》しいのんを作るお人がおりますねんで。なかでも粘土質の赤土をふんわり盛って育てる「白子《しろこ》」は地肌が白うてきれいし、特に柔《や》らこうて甘みがある。この白子の朝掘りもんが最も味がええけど、「筍ごはん」なら普通掘りで充分だす。でも、筍の白さを際立たせて、あの甘い香りと味を生かすには、淡口醤油の他にはおまへんでェ。醤油も筍も関西の… 土産土法《どさんどほう》ですな。土鍋で炊いて、そのまま食卓へどんとのせて、蕗《ふき》か山椒の葉（木の芽）を散らしたら、どないだす、この色合い！

筍といえば若竹煮や若竹汁で、淡口醤油に少々の酒で味付けするのが定番やけど、今は鯛の旬でもあるし、ここは鯛のお汁でいきまひょ。ひと塩あてた鯛を焼いて椀に盛り、吸い地にワカメを入れた煮えばなを張っておくれやす。香りのええ春独活《うど》は細いせん切りにして、水に放ってアクを抜いたら生でいけますねんで。木の芽は掌でポンと叩いて香りを強めてから添えまひょ！ これを箸で挟んで椀の吸い口に当てて、汁を吸うてネ！

① 筍（中サイズ1本）は先を斜めに切り落とし、米ぬかとタカノツメを入れた湯で金串がスッと通るまで茹でる。そのまま冷ましてから水にさらし、皮をむいて1cm厚のいちょう切りにする。

② フキをあられ切りにして茹でる。塩・淡口醤油で濃いめの吸い地程度に塩梅したカツオ昆布だしに30分ほど浸ける。

③ 米3合（もち米を1割加えてもよい）を洗って30分ほどザルに上げる。①と合わせ、カツオ昆布だし630mℓ・酒50mℓ・淡口醤油30mℓ・みりん20mℓで炊く。

④ 茶碗に③を盛り、②のフキを散らす。

【鯛の若布汁】

ひと塩した鯛を焼いて椀に盛り、菜種の塩茹でを添える。カツオ昆布だし・淡口醤油・酒で薄めの吸い地を作って温め、塩抜きしたワカメを加え、火が通ったら椀に注ぐ。せん切りにして軽く水にさらしたウドと木の芽を添える。

5月

碓《うす》井《い》餡《あん》かけごはん

油《あぶら》目《め》木の芽焼き

和歌山のもんやと思うてたウスイは、実は明治の中頃に米国から、現・羽曳野《はびきの》市碓井地区に乾物として入ったんが始めやそうな。長年エンドウを作ってはる農家があると聞いて、数年前、『あまから手帖』の取材で訪ねてみたんだす。「作ってるちゅうても自家用や」と言うので、取材の後にねだって持ち帰り、試食した時、皆が眼を見開いた。「甘みがあって上品な味やなあ」。早速、「このエンドウを増やしてくださいよ!」と電話すると「味はええのに器量が悪いので売れん! 今じゃベッピンの豆がええらしいしな」。なるほどそういや、隣の畑で莢艶《さやつや》のええのん作ってたナ。聞くと、これもまたウスイで改良種だと言う。でも、原種は粒の数が少ないけど味では勝《まさ》る。心のベッピンさんでっせ。

この淡緑で柔《や》らかいウスイを生かして、豆ご飯を炊いてみたい! それを淡い色の葛あんで食べてもらおうと考えたら、淡色で味の深い淡口醤油が一番でしたんや。

もち米を1割加えた米を昆布と塩味で炊いたご飯に、茹でたエンドウを混ぜるのが定番やけどね。豆を茹でた汁はどうしてはる? え? 捨てなさる? そりゃ、もったいない。昆布を浸けてからご飯を炊くと、味も香りもグンと良うなりまっせ。

おかずには今が旬のアブラメ(アイナメ)はどない? 刷毛で片栗粉をまぶしてフライパンに多めの油を熱し、両面を焼く。火が通ったら油を捨て、仕上げに木の芽と酒・淡口醤油・味醂を合わせて作った木の芽ダレを流し入れて焼き付ける。香ばしゅうて、美味《おい》しおまっせぇ。

① もち米を1割加えた米3合を洗い、30分ほどザルに上げる。

② ウスイエンドウ(200g)を水の中でむき、薄い塩水で茹でる。軽くつまんで潰れるぐらいになったら、冷水にとって急冷し、色止めする。茹で汁は取っておく。

③ ②の茹で汁が冷めたら、昆布を2時間ほど浸す。この昆布水700mℓで柔らかめに①を炊く。

④ カツオ昆布だしに淡口醤油とごく少量のみりんで濃いめの吸い味にし、水溶き葛粉で硬めの葛あんにする。

⑤ ③に②を混ぜて茶碗によそい、④の葛あんをかける。

【油目木の芽焼き】

アブラメ(小4尾)は水洗いして尾頭、内臓を取り、両面に切り目を入れて片栗粉を付ける。油を多めに引いたフライパンで焼く。火が通れば油を捨て、木の芽ダレ(叩き木の芽40枚分・酒大さじ4・淡口醤油大さじ2・みりん大さじ1/2)をかけて焼き付ける。紅ショウガの甘酢漬けを添える。

6月

城《しろ》守《も》りごはん

茄子浸し

蛸地蔵《たこじぞう》ってけったいな駅名ですな。南海本線の岸和田のお隣やけど、そのすぐ近くの天性寺《てんしょうじ》にこんな噺《はなし》があるんだす。昔々のこと、この地を大津波が襲ったそうな。被害は存外に少なく、水が引いた後には木造のお地蔵さんと大ダコの姿があった。当時の殿様は守り本尊として、大事に祀《まつ》ったそうだす。ところが時は戦乱の世。お地蔵さんが巻き込まれてはと、お堀の底に埋めてしもた。

歳月は過ぎ、ある時、紀州は根来衆《ねごろ》の軍勢が突然攻め込んで来た。あわや落城かというその時、大ダコに乗った荒法師が現れ、敵陣に分け入って大奮闘。それでも多勢に無勢で、またしても劣勢に。すると大地を裂《さ》くような海鳴りと共に、数万の大ダコが押し寄せて、一斉に墨をブワァーと吹きかけたから、たまりまへん。さすがに敵軍は、目の前真っ暗。いや、真っ黒？ 紀州へ逃げ帰り、城はタコ墨で守られたという、黒うて明るいお噺やけど、信じる信じないは貴方《あん》さんの勝手でっせ。

こんなご恩ある御タコさまを、大阪人は好きで食べる。私なんて共喰《ぐ》いでっせ。ところで麦が実る頃は若ダコの旬。そう、麦藁《むぎわら》ダコは食べにゃ損でっさかい、タコ飯にしまひょ！ 昆布だしに淡口醤油をポトポトッと…。それだけでこの味、この色。涼しげでっしゃろ。漬け梅を散らしたら、艶やかで食欲をそそりまっせえ。これでタコは上物になって成仏でける訳や。

え、おかず？ そりゃあ、富田林《とんだばやし》名産の大阪長茄子ですわ。大柄やけど、味は上々でっせ。これで合わせて「御蛸茄子《おたんこなす》」ってネ。

① 米３合を洗い、30分ほどザルに上げる。

② タコ（約400g）は墨袋を取る。足の先端を切り落とし、切り分けて大根おろしをたっぷり入れてもみ洗いし、ぬめりを取る。

③ ②を霜降りにし、ひと口大に切る。

④ 昆布だし500㎖を淡口醤油大さじ2・酒大さじ3・みりん少々で濃いめの吸い味に塩梅し、①と③を合わせて炊く。

⑤ 茶碗に盛り、刻んだ梅干し、茹でた三ツ葉の軸を散らす。

【茄子浸し】

大阪長茄子（大）2本は縦に数カ所切り込みを入れてサラダ油を塗り、強火で焼く。熱いまま水に浸けずに皮をむく。鶏のササ身２本は塩を振って２時間おき、酒を振りかけて硬くならない程度にさっと蒸す。カツオ昆布だし90㎖を淡口醤油・みりんで塩梅した浸し地に、大阪長茄子とササ身を30分浸す。大阪長茄子はひと口大に切り、ササ身は手でさいて器に盛り、大葉の細切りとおろしショウガを天盛りにする。

7月

冷やし蕩々《とろとろ》粥

茄子と瓜《うり》の淡口浸し漬け

粥のことを大阪人は、お粥《かい》さんと訛《なま》った上で敬称しますな。それはお大師《だいっ》さんと呼んで崇拝してる弘法大師が朝は粥、昼は飯、夜また粥と、「粥《しゅく》、飯《はん》、粥《しゅく》」の食法をお勧めになったことから来てるんやろか。それとも幼少の頃、貧乏で粥食が多かった太閤殿下《たいこうでんか》が、大坂城に移った後も、冷飯に熱い粥をかけた〝浸け粥〟を夕食にしてはったことにちなむんやろか。「大阪の御膳は昼炊きですよって、昼の残飯を浸け粥にしまんのや」と宣《のたま》う人もいるのは、やっぱり出世にあやかりたいのかな? 関東のお人は粥食をケチやと言わはるけどそやない。ちゃんと理由がおますねんで。

ケチやないってことで、今日は「贅沢《ぜいたく》粥」でいきまひょ! ちょうど今どきの省エネ云々《うんぬん》に合わせて冷房を止めて、口にひんやり「冷やし粥」を楽しむってどないだす。米は杓文字《しゃもじ》で掬《すく》えるくらいの柔《や》らかさに炊いておくれやす。とは申しても、冷やすと硬《かと》うなるぶん考えてネ。

さて、味の決め手の醤油あんやけど、昆布と花鰹《がつお》のだしに淡口醤油で少々濃い味を付けて、ほんの少し味醂を落とす。これに水溶きの葛粉でとろみを付けて冷やしまひょ! 温泉卵は売ってるけど、挑戦しても楽しおまっせ。粥と卵のとろとろに、長芋のシャリシャリを利かせて、これまた葛あんのとろとろでいただく。この涼し気な味。淡口醤油やないと、こうはいきまへん。

浅漬けは水茄子と玉造黒門越瓜《たまつくりくろもんしろうり》って長い名の瓜やけど、味は淡いし、色も冴えてまっしゃろ。後で醤油をかけんように淡口醤油漬けにしたけど、どないだす?

① 米2合を洗い、30分ほどザルに上げる。

② 鍋に米と水1.8ℓを入れ、蓋をして強火で5分炊く。噴いてきたら蓋をずらし、中火にしてさらに20分炊く。再度、蓋をして火を止め、5分蒸らす。冷蔵庫で冷やす。

③ 卵を約68℃で15〜20分茹で、温泉卵を作り、冷やす。

④ 長芋を約10㎝長さに切って皮をむく。糸状に切り、淡い塩水に浸す。

⑤ カツオ昆布だし720㎖に、淡口醤油180㎖・みりん少々を加えてひと煮立ちさせ、水溶き吉野葛大さじ3を入れ、とろみを付ける。冷蔵庫で冷やしておく。

⑥ 茶碗に②・③・④を盛り付け、⑤をかける。青海苔を散らす。

【茄子と瓜の淡口浸し漬け】

昆布だし360㎖に淡口醤油180㎖・みりん18㎖・タカノツメを加える。水ナス3本をさき、玉造黒門越瓜1／4本は適宜切り、一晩漬ける。

8月
はもまむし
あんぺの吸物

「大阪の蒲焼きは直焼《じか》きで、モチモチと皮に噛みごたえがあるから旨い」と宣う人あり。この鰻丼は、ご飯にタレをまぶすことから、訛って「まむし」と呼ばれるようになった。「いやいや、ご飯の間に挟んで蒸らすから、『間蒸《まむ》し』って書くんが正しいんや」なんて押し問答をする人もおますねんで。でも一般には、前者の「まむし」で通ってますな。そこで私ゃ、鰻や無《の》うて、「鱧《はも》まむし」の噺《はなし》を一席。

鱧って奴は、あの裂《さ》けた口に仰山《ぎょうさん》の鋭い歯が並んでますな。うっかりして、噛まれたら怪我《けが》をする。それを「噛《は》む」と発音したのが訛って鱧になったそうな。噛むと言えば、毒蝮《まむし》の別名をハミと言うのも「噛《は》み」ってことやろか。こう言うと怖い命名やけど、今回の鱧はヒガシマルの淡口ダレで焼いてますよって、噛みつきもせんし、毒も無いので心配ご無用！醤油の色が淡いから「白蒲焼き」とも言えますな。鱧の骨があったら焼いたのをタレに入れて煮返したら、コクが出て旨うなりまっせ。

すっきり上品なお味のタレを、ご飯にしっかりとまぶしまっさかいね、飯粒はシャキッと炊き上げなアカン。それで、米はもち米と半分ずつにしたんだす。これなら、鱧を挟んで蒸らしてもベチャッとなりまへんで。

大阪の夏祭りにゃ、具に白天（白い平らなさつま揚げ）か、鱧のあんぺ（はんぺん）が入るお露《つい》がお馴染みだす。これも淡口醤油で塩梅して、お清汁《すまし》といきまひょ！昔は椀種も家でお魚を擂《す》り潰して作ったもんやけど、今なら蒲鉾《かまぼこ》屋におますよってに。プロはご自分で…ネ。

① 米3合（米・もち米各1.5合）を洗い、30分ほどザルに上げてから炊く。

② 酒300㎖・みりん200㎖を煮切って淡口醤油200㎖を混ぜ、ひと煮立ちさせ、淡口ダレを作る。鱧の骨があれば素焼きにし、タレに加えて煮出す。

③ 骨切りした鱧に細い串を4本打ち、②の淡口ダレを刷毛で塗って1時間おく。途中で2度タレを塗りながら、強火で焼き上げる。

④ ①に②のタレをまぶし、軽く味を付ける。

⑤ ③を2㎝幅に切る。④と交互に重ねて挟み込むように盛り付ける。錦糸玉子を添え、粉山椒と叩き木の芽を振り、天に木の芽を飾る。

【あんぺ（はんぺん）の吸物】

カツオ昆布だしを淡口醤油で塩梅し、吸い地を作る。はんぺんまたは白天を温めてから、貝割れ菜は生のままで椀に盛り付け、熱い吸い地をかける。吸い口に柚子皮を一切れ添える。

9月

石川子芋の孝行飯《まんま》

烏賊《いか》と芋茎《ずいき》の胡麻酢醤油

小川の小石か玉砂利《たまじゃり》か…とも譬《たと》えられる石川子芋は、イメージに逆らうように実は柔《や》らかいんでっせ。つるりの舌ざわり、ほのかな甘みでとろりと喉を通る食感。この可愛い子芋の原種は、古代に南方から渡来した里芋の一種だそうで、聖徳太子が奈良の法隆寺から、南河内《かわち》は石川郡の寺へ持って来はったそうな。私も誰かに聞いたことやさかい、責任は取れまへんで。

長い年月を経て変異し、子芋が特別に小さくて丸いのが親芋を支えるように付くさまから、「孝行芋」とも呼ばれるようになった。地上に出た茎の根元の部分に、着物の胸元に襟《えり》を着けたような黒い筋があることから「襟被《か》け芋」とも呼ばれるそうな。今回は芋名月にちなんで、石川子芋をご飯と共に炊いてみました。

石川子芋の柔らかこうて優しいねっとり感を逃すまじと、昆布だしで茹でる。その茹で汁に鰹《かつお》節を加えただしで炊くって寸法だす。塩梅は淡口醤油に酒、ほんの少しの味醂だけで、味に丸みが出ますなぁ。素材の持ち味をまったりした「喰《く》い味」に変えてくれるのは、淡口醤油なればこそでっせ。この子芋の煮汁でご飯を炊き、炊き上がる直前、水気が無くなる頃に子芋をのせて蒸らしておくれやす。飯にも芋にも、ええ味が染みてまっせぇ。

おかずは、子芋の茎である芋茎にしましてん。秋口から泉州《せんしゅう》の新イカ（針イカ）が出回りますよって、茹でた赤芋茎とで胡麻酢醤油の酢の物を添えるのはどない？ 写真のイカは皮を取ったけど、皮付きもコリコリで美味でっせ。

① 石川子芋は小粒のものを選ぶ。皮をむき、竹串が通るまで昆布だしで茹でる。

② 茹で汁にカツオ節を加えてだしをとり、淡口醤油・酒・みりんで濃いめの吸い地程度に塩梅し、①を加えてひと煮立ちさせる。

③ 枝豆を塩茹でして、サヤから出す。

④ 米3合を洗って30分ほどザルに上げる。②の煮汁に水を加えて吸い加減にし、この煮汁630mℓでご飯を炊く。②の子芋をのせて蒸らす。茶碗に盛り、③を散らす。

【烏賊と芋茎の胡麻酢醤油】

赤ズイキの太い部分を割る。酢とタカノツメを加えた湯で柔らかくなるまで茹で、流水にさらしてアクを抜く。薄皮をむき、ほぐして切り揃える。濃いめの吸い地（カツオ昆布だし・塩・淡口醤油）に浸す。針イカは皮をむいて3cm長さに切り、鹿の子庖丁を入れる。半生に湯引きし、塩を振る。酢1：淡口醤油1：みりん1：だし0.5にすりゴマを合わせ、イカと赤ズイキにかける。大葉を細切りにして天に盛る。

10月

山の幸ごはん

船場汁《せんばじる》

味覚の秋やって言われても一向に実感がない。なんせ秋の代表である松茸のほか、さまざまな茸《きのこ》が真夏から店頭を賑わしてますからねェ。シメジや舞茸などの雑茸《ざつたけ》は年中育ててるし、松茸はいろんな国から入る。居ながらにして何でも食べられる有難い世の中。これでええのん？

大阪でも戦前まではいろんな茸が採れましたな。商家ではお得意先の家族を松茸狩りに招待して、山のてっぺんですき焼き宴会をやったとか。我が家でも子どもの頃は「そない肉を探さんと松茸を食べなはれ!!」なんて叱られたのを懐かしんでたら、従兄弟《いとこ》が「久しぶりに出てきよってなぁ…」って。え、幽霊ちゃいまっせェ。松茸が採れたって届けてくれたんだす。

やっぱり、松茸は炊き込みご飯が一番だすなぁ。量が寂しいので、銀《ぎん》杏《なん》、零余子《むかご》、栗、シメジを加えてみたんやけど、どないだす？　この秋色。お櫃《ひつ》の蓋を取ったら、フワァーッとええ匂いが立ちまっしゃろ。茸も木の実も天然色に仕上がるし、何より大事な松茸の香りの邪魔をせん。これは陰に隠れて姿を見せず、只々《ただただ》、素材の持ち味を引き出そうとする淡口醤油の力やなぁ。論語で言う「真味只是淡《しんみはただこれたん》」。人もこう在りたいもんですなぁ。

汁は秋鯖の船場汁にしまひょ。ホンマは辛い辛い塩鯖のアラから出る塩味だけで作ったもんやけど、今日びは贅沢《ぜいたく》に、鯖の身も使いまひょ。現代的に塩分を薄めにして淡口醤油で味を調えると、まろやかに仕上がりまっせ。人の味も料理の味もまろやかに……ネ。

① 米3合（もち米を1割加えてもよい）を洗い、30分ほどザルに上げる。

② ギンナンは殻をむいて米の研ぎ汁で茹で、ムカゴは空炒り。栗は皮をむき、食べやすい大きさに切る。松茸、シメジは石突きを取ってさく。

③ 鶏ガラだし・カツオだしを同量で合わせ、淡口醤油・酒・みりんを3：3：0.5の割合で塩梅し、計3.5合（630mℓ）にする。

④ ①と②を合わせて、③で炊く。

【船場汁】

鯖を三枚におろし、身とアラに塩を振りかけ、一晩おく。アラには多めに塩をすること。大根は短冊切り、ニンジンは細切りにし、大根葉を食べやすいサイズに切る。アラを洗い、昆布と共に1時間水に浸す。そのまま火にかけ、大根やニンジンの皮や切れ端を加え、弱火で30分沸騰させないように煮て漉す。この鯖だしを淡口醤油と酒で吸い地程度に塩梅し、鯖の身と大根・ニンジン・大根葉を弱火で煮る。椀に盛り、おろしショウガを天に盛る。

11月 おほねめし

太刀魚柚香焼《たちうおゆこうやき》　蕪《かぶら》のアチャラ添え

どないな料理にしても食あたりが無いという大根と結び付けて、どんな役を演《や》っても当たりの取れない役者を「大根役者」と言うけど、言われて怒り出すのは大根さまかも知れまへんな。食あたりが無いのはええことやし、料理の当たり役も仰山《ぎょうさん》おますわなぁ。寒うなったら大根おろしたっぷりの「雪鍋」や、淡口醤油で炊いたら透けるような色合いがたまらない「鰤《ぶり》大根」もよろしいな。そうそう、いっぺん大根めしを炊いてみなはれ！ ちょっとびっくりで、いっぺんだけでは済まなくなりまっせ。

だしは昆布だけでもええけど、鰹《かつお》と一緒がもっとええ。だし雑魚《じゃこ》でやるのもオツなもんでっせ。相性のええ薄揚げも忘れんようにネ。味は言わずとも淡口醤油ですがな。どないだす、この爽やかな色と香り。

『日本書紀』の『仁徳紀』には大根は「於朋泥《おほね》」の名で出てるそうやさかい、大根めしを「おほねめし」と名付けましたけど、やりすぎやろか。主役はもちろん田辺大根だす。大阪の東住吉区が摂津国東成郡《ひがしなりごおり》田辺と言われてた昔に盛んやった大根が、いま再び見直されてきてるんですが、これがよろしな。

おかずの太刀魚は味が染みやすいように切り目を入れて、淡口醤油1に酒2.5、味醂ちょっぴりと柚子皮の漬け汁に一晩漬けて、半日ほど陰干ししましてん。漬け汁を刷毛で塗りながら焼きまひょ。添え物は蕪のアチャラ(甘酢漬け)だす。ここで蕪の戯《ざ》れ唄をおまけしまひょ。「ウチの母ちゃん天王寺《てんのじ》蕪。色が白うて背が低い」。ホンマ小柄やけど、お尻が据《す》わってまっせェ。

① 田辺大根を4cm長さのせん切りにする。

② 田辺大根の葉と茎をざく切りにする。

③ 薄揚げを細切りし、熱湯をかけて油を抜く。

④ 米3合を洗い、ザルに上げる。

⑤ カツオ昆布だし3.5合(630mℓ)・酒50mℓ・淡口醤油30mℓ・みりん20mℓを合わせ、④に①と③をのせて炊く。②を加えて蒸らす。

【太刀魚柚香焼 蕪のアチャラ添え】

タチウオの皮目に庖丁で軽く切り目を入れ、淡口醤油1：酒2.5：みりん少々に輪切りにした柚子皮と共に一晩漬ける。半日陰干しして水分を抜き、身を締める。漬け汁を刷毛で塗りながら中火で焼く。細切りにした柚子皮をのせる。天王寺蕪をいちょう切りにし、たて塩に2時間浸ける。酢7：湯ざまし3を合わせ、砂糖・塩少々で味を付け、昆布とタカノツメを加えた甘酢に30分漬ける。この蕪のアチャラを添え、タカノツメの輪切りをのせる。

12月

鴨《かも》難《なん》雑炊

大根の大阪漬

「雪ぞらや 河内《かわち》の海の 鴨の声」って旬がおますなと言うと、「そりゃ、知りまへなんだけど、『淀川の 鉄橋の下 鴨の陣』というのんがあってね、今でも仰山の鴨が来よるんでっせ」と宣《のたま》うお人あり。淀川の鴨は昔、上流階級が独占しており、一般人の捕獲は禁じられてた。そこで吹田慈姑《すいたくわい》を宮中に献上する際、わざわざ鴨の形に作った藁《わら》づとに包んで贈ったそうな。これって羡望やろか、嫌味やろか？ そこで太閤《たいこう》はん、「そんなに鴨が喰《く》いたいなら、合鴨を田んぼに放し飼いにすれば、虫取りもできて一挙両得であるぞ！」と言うたか否《いな》か知りまへんが、合鴨はたちまち大坂の特産になった。めでたしめでたし。

合鴨とは、青首と真鴨を掛け合わせたものやからと「間鴨」と書いたり、家禽《かきん》やさかい「家鴨」と言うべきやとややこしい。仲間は中国系とヨーロッパ系で20種類もいるそうでっせ。なぁに心配にゃ及ばん。幾種の鴨がおいでなすっても、当方にゃ、色淡くして滅法うめえ淡口醤油が待ってるぜ。この生国《しょうごく》と発しますところ、兵庫は龍野《たつの》の生まれ、名はヒガシマル。こいつを味方に付けた日にゃあ、味の敵はいねぇってことよ！ あっ、いけねぇ、私の生国は大阪でしたんや。わての頭は薄朽《うすく》ちやなぁ。

ところで、「鴨なんば」ってネ。明治の頃まで難波《なんば》が青ネギの名産地やったことから、青ネギをナンバと呼ぶようになったことが由来だす。つまり〝鴨葱《ねぎ》〟ですな。南蛮《なんばん》の国から、鴨がネギしょうて来た訳やおまへんで。鴨なんばはうどんが定番やけど、淡口醤油が利いた雑炊もこれまた旨いんでっせぇ。

① 2合分のご飯を水洗いする。

② 合鴨を5㎜厚さに切り、青ネギ2本分を筒切りにして、どちらも炙(あぶ)る。

③ 青ネギの葉の部分を小口切りにする。

④ 昆布だし4合を沸かし、淡口醤油・みりん少々を加え、濃いめの吸い地程度に味を付ける。

⑤ ④に①・②を加え、煮立ったら淡口醤油とみりんで味を調える。溶き卵を回し入れ、七分程度火を通し、③を加える。

【大根の大阪漬】

大根の皮・葉・茎を刻み、薄めに塩を振っておく。水が出てきたら塩加減を見て、だし昆布と共に2～3時間重石をする。糸唐辛子をのせ、昆布の佃煮を添えて。

【第五章】２０１０年

和魂洋才《わこんようさい》なにわ流

「和魂洋才」とは、日本固有の精神を失わず、西洋の優れたものを活用すること。これを料理に置き換え、それも「なにわ流」ってのがテーマでおます。とは言うても、奇天烈《きてれつ》なもんやおまへん。なあに「物の始まり、みな堺」と言いまっしゃろ！　大阪人は昔から創意工夫が得意ですねん。私も昭和の時代は、バターにチーズ、オリーブ油やカレー粉などをよぉ使ったもんだす。我が国に馴染んだ西洋の食材なら、和食に取り入れてもええはずや、というのが私の考えですねん。それに日本には醤油がおまっさかいネ。とりわけ淡口醤油と合わせたら、ちゃんと割烹の一品になってくれるんだす。

昔々、島国の日本では、伝統の精神を失うことなく、漢（中国）など大陸の文化を巧みに取り入れてきた。これを「和魂漢才」と呼びますよネ。江戸時代から明治の世になると、西洋の文化が入るようになり、「漢」から「洋」に変わって「和魂洋才」。これを料理に置き換えて、さらに大阪風に仕立てようというのが、今年のテーマでおます。

新年の第1回目は、大阪湾で揚がる菱ガニでいきまひょ！ 菱形の甲羅が名の由来やけど、後ろ足が水かきになっていて、水面を泳ぎ渡ることから、渡りガニとも呼びますな。〝波にのる〟とは、縁起もよろしい。岸和田のだんじり祭の御馳走《ごっつぉう》でっさかい、「泉州《せんしゅう》ガニ」って名もおましてネ。年中手に入るけど、晩秋から春先が旬だっせ。

まずは、玉ネギ・ニンジン・セロリとお馴染みの西洋野菜の切りくずと、燻豚（ベーコン）をオリーブ油で炒めて洋のエキスをとりましてネ。菱ガニのガラ、ミソと合わせ、昆布の旨みも加えてスープをとりまひょ！ 白ワインを加えて煮詰めたら、味付けにご存知、ヒガシマルの淡口醤油。独特のまろやかさが、洋の素材のえところを生かしながら、うまく和の味に溶け込ませてくれるんだす。

菱ガニの身は白身魚のすり身、摺《す》りおろした蓮根と合わせて俵形にし、ハンバーグのようにオリーブ油で焼いておくれやす。上にチーズをのせて、さらに卵黄を追加したマヨネーズをぬり、天火で芳《かんば》しく焼いて、できあがりだす。彩りにクレソンを添えてネ。

カニミソが溶け込んだスープは、さながらカニ味噌汁や。旨みたっぷりでっさかい、なみなみと注ぎ入れたんやけど、どないだす？ 味噌が入ってないのに味噌汁と言えるんがミソ。それもこれも、陰でヒガシマルの支えがあるからでっせ。

1月 崩《くず》し蟹《がに》乾酪《チーズ》焼

<菱ガニのカニミソスープを作る>

① 水1ℓに昆布を2時間浸し、昆布水を作る。

② 菱ガニの甲羅を外して軽く塩をし、15～20分蒸す。盛付け用のヒレ足を取っておき、身とカニミソをせせる。蒸し汁、カニガラは残しておく。

③ ニンジン・玉ネギ・セロリなどの切れ端と、短冊切りのベーコンを、オリーブ油で焦げ目が付くまで炒める。②の蒸し汁・カニミソ・カニガラと共に①に加え、約30分煮詰めて漉す。

<菱ガニを乾酪焼にする>

④ レンコンをすりおろし、葛粉を混ぜて溶かす。白身魚のすり身を少しずつ加え、粘り気が出るまですり合わせる。塩で味を調える。

⑤ ②のカニ身を混ぜ、俵形にして、オリーブ油で焼く。チーズをのせ、卵黄とマヨネーズを1：1で混ぜて軽く塗り、天火で焼く。

<仕上げる>

⑥ ③と白ワインを5：1で合わせて煮詰め、淡口醤油でちょっと濃いめの吸い味になるよう味を調える。水溶き葛粉でとろみを付ける。

⑦ ⑤と②のヒレ足を器に盛り、レンコンの薄切りとクレソンを茹でて添え、⑥を注ぐ。

2月 軍鶏《しゃも》のパリ焼

神代《じんだい》の昔から、刻《とき》を告げる鳥として霊鳥視され、また神話では「天《あま》の岩戸開き」にも一役買《こ》うた御鳥様の話でござりやす。実は、かの鳥は元々我が国の在住やなく、出身はインドやとか。かつて河内《かわち》のおっちゃん、兄ちゃんの好きやった闘鶏の軍鶏に至ってはタイ国の旧称・シャムから来てシャモと訛《なま》ったんやそうな。明治時代の河内では、闘鶏のために軍鶏を飼う家が多かった。農閑期には何と週2回も蹴《け》合《あ》い（闘鶏）が行われ、威勢のいい愛鶏？を抱えたおっちゃんたちは、いつもはおとなしい人でも、この日ばかりは軍鶏より闘志満々やったとか。娯楽の少ない時代の愉しみやったんでしょうな。

今では軍鶏は、他の鶏と掛け合わせ、もっぱら食用鶏として育ててますけど、この皮がすこぶる旨い。今回はバターとベーコンの香りを付けて、皮をパリッと焼いて仕上げてみまひょ！ 少しのバターでベーコンを炒め、その油で鶏のモモ肉を焼くんだすが、片栗粉をまぶすと表面がパリッと仕上がりまっせ。添える野菜は難波《なんば》の根深《ねぶか》（葉ネギ）。鴨ネギや無《の》うて鶏ネギですわ。

鶏ガラだしを煮詰め、野菜のエキスやワインを加えて味の深いタレにするのもよろしおまっせ。このままでもワインやパンに合《お》うて旨いけど、日本人やし、やっぱり飯と日本酒でいきたい。この洋才（洋菜）を和の世界に引っ張り込むには、まとめ上手な淡口醤油の他に考えられまへん。鶏の骨のだしで作った洋風のタレに、ちょっと加えると、新和風の鶏料理になるんだす。色が付かへんし、どんな相手にも対応してくれて助かりますなぁ。これをもう一度温めて、焼いた鶏に流しかけると、ぐっと味が引き立ちまっせ。それでも淡口醤油は、これがワテの力量や！ なんて顔を見せずに陰に隠れてる。ニクイですなぁ。

<焼きダレを作る>

① 鶏ガラ1羽分（200g）を小さくブツ切りにする。

② 少しのバターで薄切りベーコン2枚と斜め切りにした白ネギ適量を炒める。①と水1.5ℓを加えて約1ℓになるまで煮詰め、だしをとる。

③ ②に白ワイン250mℓ・淡口醤油200mℓ・みりん50mℓを加え、さらに約10分煮て漉す。

<仕上げる>

④ ベーコンを薄切りにし、フライパンでバター炒めする。ベーコンは取り出しておく。

⑤ 地鶏モモ肉に塩をし、片栗粉を付ける。④のフライパンで皮目がパリッとなるまで焼き、身の方も焼いて火を通す。食べやすい大きさに切って皿に盛る。

⑥ 難波ネギを長さ3cmの筒切りにし、軽く焼く。④と共に⑤に添える。葉の部分は小口切りにして⑤の上にのせる。③を温めて流しかける。

3月

佐《サ》良《ラ》妥《ダ》なます

「貝よせや 散り敷くばかり 桜貝」という車庸《しゃよう》の句がおましてネ。貝寄風《かいよせ》って季語はよく使われますなぁ。昔、春もまだ浅い頃、難波《なにわ》の浜に吹く風はかなり激しかったらしく、色々な貝を浜へ打ち上げてたそうだす。ちょうどこの時季、四天王寺《してんのうじ》で聖霊会《しょうりょうえ》が行われますが、この時に供える大きな曼珠沙華《まんじゅしゃげ》の造花は中央の赤い芯が長く、天を指す。天界の華の意味やそうで、別名は「貝の華」。昔、難波の浜の貝で造花を作ったことから来ているそうでっせ。

住之江《すみのえ》の浜の潮干狩りは、明治の頃まで大阪庶民の大きな楽しみやった。住吉詣《もうで》のお土産に、ハマグリのむき身が有名だったのは、『日本書紀』に出てくる磐鹿六雁命《いわかむつかりのみこと》がハマグリの鱠《なます》を作って十二代・景行天皇に献上した故事にちなむんやないやろか。

貝合わせで知られるように、ハマグリはいくら集めても対となる貝以外では、ぴったり合わないことから夫婦和合を象徴する。そやから、桃の節句にハマグリのお露《つい》を食べるようになったようだす。

ほな、今回は旬のハマグリを主にして、雛《ひな》の鱠を和魂洋才で作ってみまひょ! ドレッシングは酢橘《すだち》の果汁と淡口醤油を合わせた、いわゆるポン酢がベースやけど、煮切り酒と味醂を加えたもんに昆布を浸しときましてネ、これにオリーブ油を混ぜる。あ、ここで生ハムを細うに切って塩気と風味を加えるのがポイントやな。

この生鮮サラダを当て字で「佐良妥」と名付けてみたんやけど、どないだす? 佐は補佐。良は優れる。妥は穏やかで折れ合うって意味。各々の良さを引き立て合ってるんだす。

でもネ。和としての味のまとめ役となるのは、「陰うすうして味深し」の淡口醤油。素材の力と持ち味を引き立てますねん。助け合《お》うて、時に折れ合うて…、淡口醤油はホンマに嬉しい存在ですわ。

① ハマグリをむき身にする。イカは軽く塩をして1㎝幅に切り、唐草模様の飾り切りにする。酒を沸騰させたところに加え、さっと炒り付けて霜降り程度で引き上げる。

② 赤貝はむき身に鹿の子庖丁を入れる。

③ ウドは皮を厚めにむき、5㎝長さの短冊切りにして、水に軽くさらし、水気を切る。

④ 菜種と三ツ葉を3㎝長さに切り、それぞれ沸騰した湯にさっとくぐらせ、冷水にとる。菜種は昆布入りたて塩に2時間浸す。

⑤ スダチ果汁150㎖・淡口醤油70㎖・みりん70㎖・煮切り酒20㎖に昆布を3〜4時間浸ける。昆布を引き上げ、食べる直前にオリーブ油100㎖を混ぜ合わせる。

⑥ ⑤を少し取り、細切りにした生ハムに絡める。

⑦ ①〜④、⑥を盛り合わせ、⑤を回しかける。ワサビを添える。

4月 鯛甲《たいこう》焼き

「人は武士、柱は檜《ひのき》、魚は鯛」って格言がおますな。そう、士農工商の時代、商人が低い地位だった頃の話だす。時は流れ、人の暮らしも随分変わったけれど、鯛が海魚の王様ってことは今も変わりまへんなぁ。とにかく桜爛漫《らんまん》の頃は、鯛の漁獲が多い時やさかい、武家も商人も上下無く待ち焦がれた。日頃お世話になったお人へ贈り物にする風習までできたんやそうな。

「お鯛さん」と敬称を付けてありがたがってた大坂人にとっては、鯛の頭を食べるのは憧れやった。小山の大将でも人の頭に…との願いを込めてでっしゃろな。でも、あら炊きを兜《かぶと》煮、骨蒸しを兜蒸し、山椒焼きを兜焼きと名を変えて呼ぶようにして、武士の頭に着ける兜を食すことが、庶民の優越感やったのかもしれまへんな。

今回は、そんな鯛の頭を和魂洋才で平成風に、葡萄《ぶどう》酒にも日本酒にも合うようにしてみました。太閤《たいこう》さんに語呂を合わせた太閤焼きならぬ、鯛甲焼きですわ。どないだす？

バター醤油が旨いのんご存知でっしゃろ。バターをフライパンで焦がし、淡口醤油を加えて、もういっぺん強火でプシュプシュッとやって、煮切り酒と味醂を加えてネ。鯛の頭につけ焼き3回。あ、その前に鯛の頭にごく淡い塩をして3時間以上おいておくれやす。焦げたバターと淡口醤油のええ香り。その上に、叩き木の芽を振りかけたら、香り同士で揉《も》め事になるって？ いやいや、これが不思議と思えるほどええ香りでまとまって、旨いこと請け合いですわ。

鯛だけやなく、夏にはスズキの頭、クエは薄塩をして蒸してから焼くと身離れがよろし。冬は甘鯛やマナガツオも旨いんでっせェ。たいがいの魚は頭の身が一番旨いんだす。え？ 身をせせるのん面倒やって？ そない言うてても、淡口醤油とバターの香りがそそるはず。貴方《あん》さん、きっと食べはりまっせ。

<鯛甲焼きを作る>

① 鯛の頭のウロコを取り、薄く塩を振って3時間おく。

② 鍋でバター40gを熱して溶かし、淡口醤油50mℓを加えて軽く焦がす。煮切り酒50mℓ・みりん25mℓを加え、沸騰寸前で火を止めてタレとする。

③ ①を素焼きしてから、②を塗りながら焼く作業を2回繰り返す。3回目にタレをかけた後、木の芽を振って軽く炙（あぶ）り焼きし、器に盛る。

<桜長芋を作る>

④ 長芋の薄皮をむき、桜の花形になるよう切り込みを入れる。たて塩に2時間ほど浸けてから、梅酢を加えた甘酢に桜の葉と共に漬ける。表面が染まったら引き上げて、5mm厚に切り、③に添える。

5月 皐月《さつき》豆の綴《つづ》り焼き

蝶《ちょう》が羽を窄《すぼ》めて止まってるような形の花を咲かせたあと、莢《さや》が空に向かってぐんぐん生長するので、「空豆」と呼ぶのはご存知？

北アフリカ原産で、四千年もの昔からあったそうだす。中国では「蚕豆」と書くけど、蚕《かいこ》よりも繭《まゆ》に似てますよねェ。日本に入ってきたのは三百年ほど前やそうで、南河内《かわち》に入ったんは明治初期。小粒やったので雑穀として用いられてたそうな。明治の中頃、兵庫県で於多福《おたふく》という豆が改良され、「武庫一寸《むこいっすん》」という名になったんが、富田林《とんだばやし》で「河内一寸」と呼ばれるようになった。ひと莢に2個入った大粒やけど、ウイルスや立ち枯れに弱いので、改良に改良を重ねていったんだす。今ではバナナの房のように仰山《ぎょうさん》実がなる「芭蕉《ばしょう》成《な》り一寸」が増えましたなぁ。これら一寸豆や空豆の旬に合わせて四月豆と呼ぶ地方もおますけど、それは旧暦のことやから、現在ならちょうど今頃。つまり「皐月豆」って訳ですな。

皮を剥《む》いたら、どないだす、この爽やかな緑。淡泊な味やさかい、海老のすり身を作って、串を交互に打って綴り、焼いてみまひょ。でも、もうちょっとだけ味を付けたいなぁ。ほな、淡口醤油に煮切り酒とオリーブ油を加えて混ぜた淡口オイルダレを、刷毛で少しだけ塗って焼いてみまひょ。添えの車海老にも塗って焼いたら、グンと味が引き立ちまっせ。好みで粉チーズをかけても、木の芽を振ってもよろし。

えっ？ 空豆に付けて焼いたすり身も、車海老かって？ いやいや、この時季から味がのる跳《とび》荒《あら》蝦って小海老がおましてネ。それをすり身にしたんだす。頭からもエエだし出ますよって、捨《ほ》かさずに軽く火を通して、煮切り酒で煮出したのを、先の淡口オイルダレに加えたんだす。淡口醤油のええ香《かざ》と相まって旨い！ 焼きもんの下にも流しとこ。

① トビアラ200gの殻をむいて、頭と身を分ける。頭をホイルに広げ、焦がさないよう天火で焼く。煮切り酒60mℓに加えて煮出し、エビだしをとる。エビだし1.5：淡口醤油1：オリーブ油1の割合で混ぜ合わせ、淡口オイルダレにする。

② ①の身を庖丁で叩き、すり鉢でする。塩少々を加え、卵白・浮き粉・食紅で淡く色を付ける。

③ 空豆をサヤから出し、片栗粉をまぶして②を付ける。空豆から②がはみ出さないように形を整え、細い金串を打つ。

④ 車エビの殻をむいて、串を打ち、③と共に焼く。①のタレを１回ずつ軽く塗って焼き上げる。

⑤ 皿に①のタレを流し入れる。金串を竹串に刺し替えて盛り付け、ハマボウフウを添える。

6月 御《お》田《た》植《うえ》生醋《なます》

俳諧《はいかい》では筍のことを「春筍《しゅんじゅん》」と呼ぶそうだす。初夏になると親竹は枯れ葉を散らし、辺りの麦畑は黄金色に染まる。そんな風景もだんだん見られんようになりましたな。

　でも、変わらんもんもある。タコはこの頃から味が良うなると、「麦《むぎ》藁《わら》ダコ」の名を今もなお残しますな。住吉大社で神田《しんでん》に苗を植える「御田植神事」の後、田の神を天に返すために振る舞う祝宴を「早苗饗《さなぶり》」と言うけど、そのご馳走には若ダコの足を一本切らずに添えたって話や。梅雨の降りみ降らずみ定まらん中の田植えでおますから、タコの吸盤のように、水田に苗がしっかり根ざすように、との願いでっしゃろなぁ。

　町家では「大阪の 祭つぎつぎ 鱧《はも》の味」（青木月斗《げっと》）。夏祭りを控え、「鱧の初もんとは有り難いな」と物の先取りにかけて、喜ぶ旦那《だんな》もいたそうや。初もんは「走りもん」とも言うけど、コレ、元は雑魚場《ざこば》の市のセリに遅れまじと走り届けるって意味でっせ。まぁ阿呆《あほ》らしいと言うたらそれまでやけど、こないまでして食を楽しむのんは、大阪人の喰《く》い意地なんやろか？

　ともあれ、今回は麦藁ダコに祭り鱧を合わせた、田植え時の生醋でおます。そうそう、この頃は青梅の季節でもおますな。紫蘇《しそ》なしで酢漬けした梅を裏漉しして、重湯《おもゆ》（粥の上澄み）でのばし、砂糖と煮切り酒で味を付ける。黄と緑の食用色素で着色し、弱火にかけて青梅色にしておくれやす。これを常温に冷まして、酢橘《すだち》汁をポトポトッと落とし、オリーブ油と合わせるんだす。おっとここで、一番大事な味の決め手を忘れたらアカン。淡口醤油を加えたら、グンと味が引き立ちまっせ。

　魚介のあっさり味の生醋やさかい、淡口醤油とオイルの味でコクを付けたんやけど、涼しげでっしゃろ。芽ネギを二つに切って、早苗に見立てたんやけど、そない見えますやろか。

<梅醤油ドレッシングを作る>

① 赤ジソを使わず漬けた梅干し（白梅）100gを裏漉しする。砂糖50g・重湯50mℓ・煮切り酒50mℓを加える。黄・緑の食用色素で青梅色に着色し、弱火にかけて火を通す。

② ①を冷まし、淡口醤油500mℓ・米酢25mℓ・スダチ汁25mℓ・オリーブ油50mℓを合わせる。

<仕上げる>

③ タコの足（2本）を大根おろしでもみ洗いする。足先を落とし、吸盤を残して皮をむき、薄く長いそぎ切りする。60℃の湯にさっと潜らせ、縮んだら冷水にとる。

④ 骨切りした鱧を浅い金ザルに、皮を下にしてのせる。熱湯の表面に浸けて鱧の皮に熱を通してから、ざっと全体を浸けて冷水にとる。

⑤ ミョウガを湯通しし、甘酢に3時間漬ける。

⑥ ウドはせん切りにし、水に放ってアクを抜く。

⑦ ③〜⑥を皿に盛り、②を流し入れる。芽ネギを半分に切って早苗のように添える。

7月

越瓜《しろうり》海老酢物 トビアラ惣須《ソース》

昔々のその昔、中国は越《えつ》の国から、ある瓜が渡ってきた。白っぽく淡い緑色やったので、越からの瓜は白い瓜、越瓜と呼ばれた。その越瓜は甜瓜《まっか》（まくわうり）の変種やったって、知ってはりまっか。

高槻《たかつき》市は摂津峡の辺りにあった服《はっ》部《とり》五ヶ村が発祥で、酒処だったことから粕漬けにされ、富田漬《とんだづけ》の名で知られた。越瓜は精進料理にも用いられ、江戸中期には商品化されたらしい。現代みたいに促成栽培しだしたのは、大阪の今宮や木津近辺やとか。

江戸末期、大坂町奉行として江戸から来た久須美祐儁《くすみすけとし》が残した随筆『浪花《なにわ》の風』によると、「瓜の類、白瓜というもの大なるもの多し、冬瓜《とうがん》のごとく煮て喰《く》い、または漬物とす」とあるらしい。「煮て喰い…」は、昔はどんな味やったんやろ？　現代やったら、淡口醤油が味の決め手！　漬物は昆布だしに淡口醤油を加えた地に浸したら、もっと風味が出まっせ。瓜の色合いも自然の色そのままや。

そや！　七～八月は泉州《せんしゅう》から紀州で獲れる車海老や跳荒蝦《とびあら》も旬ですな。跳荒蝦を淡い塩味を付けた昆布だしで湯がき、その茹で汁で車海老を茹でてみまひょ。八分がたで火を止めて、後は余熱でネ！　茹で汁を捨《ほ》るのんもったいない。冷やして、酢と淡口醤油を加えたら、海老風味の合わせ酢ですわ。さらに、跳荒蝦の身を摺《す》って、淡口醤油、レモン汁、それにマヨネーズを少々加えたトビアラ惣須ってどないだす？　合わせ酢と惣須の二段構え、いや越瓜と西洋唐辛子（パプリカ）の黄色とで三原色揃うたけど、おまけで珊瑚藻《さんごそう》（ツノマタ）って海藻も入れました。塩漬けやから、水に晒《さら》して添えてみまひょ。

どないだす、和魂洋才。味はサラダ風でも、日本料理でっしゃろ。ここで早口言葉。「瓜売りが瓜売りに来て瓜売り残し、瓜売り帰る瓜売りの声」。これ、おまけ！

＜２種のエビを茹でる＞

① 塩少々を加えた昆布だしでトビアラを湯がく。

② 車エビの背ワタを取り、①の茹で汁で八分程度に茹で、火を止めて余熱で火を入れて殻をむく。

＜合わせ酢とトビアラ惣須を作る＞

③ ②の茹で汁 40㎖・米酢 60㎖・淡口醤油 20㎖・砂糖 20g で合わせ酢を作る。

④ ①のトビアラをむき身にし、すり鉢でよくあたり、茹で汁で少しのばす。このトビアラすり身・マヨネーズ・レモン汁・淡口醤油・砂糖を 12：6：3：3：2 で合わせ、トビアラソースを作る。

＜野菜の下準備をする＞

⑤ 越瓜を半分に割り、種を取る。熱湯に通して冷やし、皮の側から薄く切り込みを入れる。淡口醤油で塩梅した昆布だしに 30 分浸す。

⑥ 黄パプリカを茹で、薄切りにして塩を振る。

⑦ サンゴソウ（トサカノリで代用可）を水にさらす。

＜仕上げる＞

⑧ ⑤の水分を絞り、②・⑥・⑦と盛り合わせる。③の合わせ酢を流し、④をかける。

関西で穴子といえば、兵庫の高砂《たかさご》や明石のもんが有名やけど、堺のもんも昔から知られてますな。今でも穴子すしの専門店がおます。

さて穴子さん。その名のごとく穴がお好きと見えて、昼は砂に潜《もぐ》って頭だけ出して眠る。筒や壷などを海に沈めるとソレッとばかり中に入り、仲良う顔を外に出す。夜は餌《えさ》を求め、ニョロニョロと出かけるんやと、ある水中カメラマンが言ってましたな。

今回はこの穴子を使《つこ》うて、河内葡萄《かわちぶどう》の煮凝《にこご》りといきまひょ！ 葡萄の皮を剥《む》いて種を抜き、穴子と共に炊く。日本酒の代わりに、地元の河内ワインをたっぷり入れてネ。これを煮凝りにするんやけど、味の決め手は淡口醤油でっせ。白ワインにこれがよう合いましてねぇ。「貴方《あなた》の色に染まります」って、淡口醤油は白無垢の花嫁のようですなぁ。

ところで貴方《あん》さん、鳥飼茄子ってご存知？ 果肉が締まって舟徳利《ふなとっくり》みたいに据《す》わりがええ。「私ゃ鳥飼育ち！」と言いたげで、旨いでっせぇ～。見栄《みば》えより味や！ いや、茄子の話でっせ。

昭和五十年代の半ばやった。当時、幻と言われていた鳥飼茄子を作るお人がおられると聞いて訪ねました。

「ワシはなぁ、12の時から作っとるが、こんな手の掛かる子は他におらんわい」と茄子畑で日焼け顔をほころばせてはった辻 幸太郎爺《じい》さん。心配かける子ほど親は可愛いっていうけど、エエ子に育って引く手あまたですわ。今じゃ、その技をご長男が継いではる。爺さん83歳での冥土《めいど》の旅立ちをお見送りしたけど、「ワシゃ満足じゃ！」というお顔やった。

この茄子の煮浸しに、胡麻の代わりに焙《あぶ》った扁桃《アーモンド》を摺ってかけたら、一風変わって旨いでっせ。茄子も扁桃の衣も、味付けはもちろん淡口醤油でネ。扁桃はアジア西部のものらしいけど、日本でもお馴染み。爺さんきっと、喜んでくれますやろ。

8月 穴子と鳥飼《とりがい》茄子の炊合せ冷菜

＜穴子と河内ブドウの煮凝りを作る＞

① 穴子を霜降りにし、ぬめりを取って5㎝幅に切る。昆布だし・鶏だし・白ワインを同量で合わせて炊き、淡口醤油・砂糖で味を付ける。

② ブドウは皮をむき、半分に切って種を取り、①に加えて軽く煮る。火からおろして、冷ます。

③ ②の穴子の皮面に卵黄入りのすり身を付けて巻く。楊枝で止めて蒸し、流し缶に入れる。②にゼラチンを溶かして注ぎ入れ、冷やし固める。

＜鳥飼茄子を煮浸しにする＞

④ 鳥飼茄子は皮を薄くむき、塩・ミョウバンで板ずりし、2時間おく。4等分にして水洗いする。

⑤ 淡口醤油で昆布だしを調味し、④を強火で炊き、おか上げにする。淡口醤油・みりんで塩梅し直して冷ました煮汁に2時間浸し、味を含ませる。

＜仕上げる＞

⑥ アーモンドを焙ってすり、⑤の浸け地でのばす。

⑦ ③・⑤をひと口大に切って盛り、⑤の方に⑥をかける。花形のニンジンとセルフィーユを飾る。

9月 海老じゃが握り焼き

我が日本は葦原国《あしはらのくに》と美称されますけどネ。大昔の難波《なにわ》の津は、葦の多い浅海やったんだす。あまり美しゅうない葦の花やけど、大阪府の花になったのはそのためやろか？

シラサ海老はそんな葦原の砂地で生まれることから、白砂海老または白沙海老。それとも、紗《うすぎぬ》みたいな柔らかな衣（皮）を纏《まと》っているから、白紗海老？と、色々書いてみましたけど、実は学名は「ヨシエビ」。アシは悪《あ》しに繋がって縁起が悪いから、ヨシ（良し）と呼ぶことにしたそうや。大阪らしい話ですなぁ。

ともかくこの海老を大阪人が好むのは、殻が柔《や》らかく、特に頭が美味やから。淡口醤油で味付けて焼いても、唐揚げにしても上品で、丸ごと食べられるからやろか。紗にほんのり優しい海老色を差すには、やっぱり淡口醤油でっせ。バターやマヨネーズとも相性ええから、洋食屋はんの海老サラダをヒントに作ってみまひょ。

海老の頭でとっただしでジャガイモを炊いて、淡口醤油と酒で淡味を付けて粉吹き芋にする。冷ましてマヨネーズを少々加えたら、シャリのように握り、海老をネタにして、生ハムで巻く。これを焼くって寸法だす。

ところで、アンデスが原産のジャガイモは、インドネシアのジャカルタの古名・ジャガタラの芋を略したもんやったって知ってはる？日本には慶長三（一五九八）年にオランダ人によって長崎に伝えられ、オランダ芋と呼ばれたようやけど、当時は牛馬の餌《えさ》にされたそうな。

その後、明治四十年頃、函館の川田男爵なるお人が栽培と食べ方を広めはった。そこで付いた名が、ご存知、男爵芋。平成の今、淡口牛酪《バター》ソースの取り持つ縁で、男爵芋と白紗海老を、生ハムというベールでそっと巻いてみましたんや。北海道と大阪の幸の新しい出合いを考えてみたワケやけど、どないだす？

＜海老じゃが握りを作る＞

① シラサエビの尾を残して殻をむく。頭と殻を昆布だしで煮出し、エビだしをとる。

② ジャガイモをひたひたの①で茹でる。淡口醤油・酒を足して淡く味を付け、落とし蓋をして、竹串がすっと通るまで煮る。残った煮汁を絡めるように空炒りし、粉吹き芋にする。

③ ②を冷まし、マヨネーズで和える。枝豆を茹でて混ぜ、にぎり寿司のように握って形を整える。

④ ①のシラサエビを腹から開き、寿司ネタのように③にのせ、生ハムで巻く。

＜セロリを三杯酢に漬ける＞

⑤ セロリの皮をむき、細く縦切りし、軽く塩を振る。淡口醤油・酢・砂糖の三杯酢に3時間漬ける。

＜仕上げる＞

⑥ バターを熱し、色が変わったら淡口醤油・みりん少々を加え、淡口牛酪ソースを作る。

⑦ ④を天火で軽く炙（あぶ）り、⑥のタレを刷毛でさっと塗り、小口切りにしたアサツキを振る。

⑧ ⑦を皿に盛り、⑤を相生結びにして添える。

「鱧叩く音や隣の菊の花」。詠み人の大江丸《おおえまる》は、江戸時代の飛脚《ひきゃく》問屋の主人やけど、〝遊俳〟いうて趣味で俳《はい》諧《かい》を楽しむ風流なお人やったそうな。

この句を見て、不思議に思うことがありますねん。大阪には庖丁を作る鍛冶《かじ》がいて、独特の骨切り庖丁で料理する技術もあったというのに、骨切りの音や無《の》うて「叩く音」とは何やろ？これは恐らく蒲鉾《かまぼこ》屋はんの仕事でしょうな。開いた鱧の身を出刃庖丁の峰《みね》や擂《す》り粉木《こぎ》で叩いて、柔らこうして掻《か》き取る。骨は皮に残るって寸法。この身をすり流し汁にして食べたんやそうだす。新鮮なものは「掻き身造り」、または昆布だしで摺《す》りのばしてトロロ汁状にした「啜《すす》り鱠《なます》」。その時の鱧を叩く音と推測したんやけど、どないだす？さらに菊の花とあるのは、秋鱧を意味するんでしょうな。

夏祭りが過ぎ、鱧ちりに向かない大きめの鱧は、「出盛りが過ぎて安いから、大阪人が好むのや」という。でもこの考え方は大阪人やおまへん。骨は硬いけど、味はええ！食べにくいもんでも、持ち味のええものはとことん工夫するのが大阪人ですわと言いたい。おまけに鱧の骨は、上品なええだしがとれますよって、これを逃す手はおまへん。昆布と鱧の骨のだしに淡口醤油をポトンと落とした清汁《すまし》や薄葛仕立てなら、椀種が豆腐だけでも美味。でも今回は贅沢《ぜいたく》に、干し帆立貝のだしも混ぜて淡口醤油を利かせたリゾットだす。

米を炒めるバターと淡口醤油の相性がええのは、ご存知ですわなぁ。秋やから茸《きのこ》を増やしてもよろしけど、今回は彩りよく海老で。バター炒めは米だけにして、リゾット風に炊いて、そのまま天火焼きにしまひょ。好みでホワイトソースをのせたり、粉チーズをかけるのもええけど、私のは、香ばしい松の実と三ツ葉の軸を散らした和魂洋才だす。

10月 秋鱧《はも》洋粥焦がし

① 干し貝柱を同量の水・酒に浸し、柔らかくする。浸し汁ごと茹でて漉し、貝柱は細かくさき、茹で汁は取っておく。

② 車エビの頭と殻、背ワタを取り、頭は軽く炙る。身は約 1cm幅に切る。

③ 昆布を水に 2 時間浸し、鱧の骨と②の頭を加えて約 10 分煮出して漉す。①の茹で汁を加える。

④ 生米 2 合を洗い、約 40 分ザルに上げておく。

⑤ フライパンにバターを熱し、④を炒める。③のだしと①の貝柱、②の車エビの身、骨切りした鱧の身、シメジ、茹でて薄皮をむいたギンナンを加えて炊く。ほぼ火が通ったら、牛乳 90mℓ、酒・淡口醤油各少々を加え、硬めの粥を炊く。

⑥ 耐熱容器に⑤を盛り付け、松の実を散らす。天火で表面がパリッとするまで焼き、焦げ目を付ける。三ツ葉の軸を 2cm長さに切って散らす。

11月 甘鯛錦山《きんざん》焼き

松茸狩りや茸《きのこ》狩りは昔話のようになってきたけど、紅葉狩りならまだできる。とはいえ近頃の温暖化で思うように色付いてくれず、高浜虚子《きょし》先生の句にある「眼つむれば 今日の錦の 野山かな」なんて具合にはいきまへんなぁ。それでもネ、市内をちょいと出れば紅葉処の箕面《みのお》がおます。紅葉と黄葉の中を白う光って流れ落ちる滝を人々は「お滝さん」と神のように崇《あが》めて呼ぶ。大阪人って信心深いんやろか。そや無《の》うても不景気で懐に秋風の吹く今では、少々癒《いや》しにもなろうってもんですなぁ。

昔のお人はええこと言うてはる。秋は黄熟《あき》の季《とき》、実りの秋や。この実りを持って己の求める物と交換に行く。黄熟を行《な》うことが「商い」ってワケや。秋は人にとってお天道《てんと》さんから黄熟をいただく時なんですなぁ。

ちょうどこの頃から味がのる海の幸に甘鯛がおます。関西ではグジと呼ぶけど、白・赤・黄とあって、その順に美味とされてる。大阪で単にグジと言うと大方が白グジのこと。和歌山や四国から送られて来て、今では活けもんも入荷するようになった。ちなみに赤は福井の小浜《おばま》、黄は昔から駿河《するが》湾沖（興津《おきつ》）が有名。興津は他のグジも揚がるけど、黄グジが多いので、興津鯛の名が広がったらしい。赤グジも黄グジも一夜干しにして身を締めて淡口醤油と酒のタレを塗って焼いたら、もうたまらんわ。

今回はこの海の幸を使《つこ》うて、ちょっと遊び心で錦山の秋を表現したつもりやけど、どないだす。グジは三枚に卸《おろ》して薄めに塩をあてて半日おく。平たく切って尾根のように串を打って、淡口醤油と酒を混ぜた淡いタレをかけて下焼きする。そう、淡《あわ》やかな味と香りを付けるんだす。ここはヒガシマルの出番！　この味はもちろんのこと、秋色を引き立ててくれるのは淡口醤油を置いては考えられしまへんわなぁ。

＜材料の下準備をする＞

① 甘鯛の上身に塩をあて、半日おく。身を少しそいで平らにする。

② 小エビの身をあられ切りにし、食紅で少し色を付け、酒煎りする。

③ 枝豆を茹でて皮をむき、実を刻む。

④ 松の実を細かく砕く。

＜淡口ダレを作る＞

⑤ 煮切り酒6：淡口醤油1：みりん少々を合わせたタレを作る。

＜仕上げる＞

⑥ ①に串を打ち、⑤を塗って下焼きする。

⑦ ②・③・④を少し残し、卵黄・マヨネーズ・淡口醤油少々で味を付けたメレンゲと和える。

⑧ ⑥の皮目に⑦を付け、残した②・③・④を散らして炙（あぶ）る。

⑨ シシトウを炙って焼き色を付ける。

⑩ 器に⑧・⑨を盛り付け、⑤を回しかける。

豆腐のことを、白壁《おかべ》って言うのんご存知？ 白壁に似てるからってことだす。でも他にもネ、ほんまかいなと言いたくなる由来がおますのや。

豊臣秀吉が朝鮮出兵を仕掛けた頃、兵糧奉行《ひょうろうぶぎょう》として仕えた岡部治部右衛門《じぶえもん》ってお人が、朝鮮で習《なろ》うて帰った豆腐料理が、鳥獣を団子にして小麦粉を付けたのと豆腐の煎り煮やったらしい。これが長い年月を経て、金沢の「治部《じぶ》煮」「加賀煮」に名を変えたという説もあるようだす。とすれば、お門違いならぬ、オカベ違い？

さて今月は、私流にちょっとアレンジした「治部煮」をお届けしまひょ。豆腐やのうて、丁字麩《ちょうじふ》を使ってネ。「従兄弟《いとこ》同士は鴨の味」という諺《ことわざ》は、いとこ同士で夫婦になることは、鴨の味のように良いという意味やけどネ。鴨は雉《きじ》に次いで美味なる食材やと四条流庖丁の本にも記されてて、平安の昔から知られてたそうだす。

まず、鴨の挽肉に摺《す》りおろした蓮根をつなぎに卵黄、玉ネギのみじん切りを加えて、淡口醤油で下味を付けまひょ。薄切り蓮根で挟んで、カレー粉で風味を加えたら、葛叩きにするんだす。鴨の胸肉も同様にしてネ。鴨ガラと野菜、昆布だしに酒少々、淡口醤油で加減を調え、薄葛汁仕立てに。これが「鴨蓮根の加里碗」でおます。

「鴨の水掻《みずか》き」は、水の上ではすまして見えても、水中では懸命に水を掻く鴨の姿から、人知れぬ苦労を意味する言葉だすな。淡口醤油も喰《く》い味を陰で支える存在や。洋風の吸い物でも、やっぱり日本人には淡口醤油。カレーとの相性も抜群ですねん。

冬は野鳥の旬だすけどネ。年中変わらぬ合鴨は、野鳥特有の臭いが無いので、今はこちらの方が喜ばれるようですなぁ。せやけど、もし天然の真鴨が入ったら、この加里碗をお試しあれ。天然のクセはカレーの香りで消えるし、淡口醤油でその繊細な味が楽しめるはずでっせ。

12月
鴨蓮根の加里《カレー》碗

<鴨のスープをとる>

① 鍋に昆布と水を入れ約２時間おく。鴨ガラとセロリ・ニンジン・玉ネギ・キャベツの切れ端を加え、２時間煮出して漉し、スープをとる。

<材料の下準備をする>

② 鴨ミンチをすり鉢でよくする。すり下ろしたレンコン・卵黄・玉ネギのみじん切りと合わせ、淡口醤油少々で調味する。レンコンの薄切りで挟む。カレー粉を振りかけ、葛粉をまぶし、霜降りする。

③ 鴨の胸肉を薄く平たく切って、塩をあてる。カレー粉を振りかけ、葛粉をまぶし、霜降りする。

④ 難波ネギ（青ネギで代用可）を3㎝長さの筒切りにして焼く。青い部分は糸切りにする。

⑤ 丁字麩を水で戻す。

<仕上げる>

⑥ ②を蒸して火を通し、器に盛る。

⑦ ①を淡口醤油・酒少々で吸い加減に調え、塩・コショウ・カレー粉で塩梅する。③、④の焼きネギ、⑤をさっと炊き、水溶き葛粉でとろみを付ける。

⑧ ⑥に⑦をかけ、④の糸切りネギを天に盛る。

「浪速の喰《く》い味」ってどんな味?

「喰い味」とは、食べるのにちょうどええ味ってことやけど、それって人それぞれやないの? ごもっともだすな。南北に長い島国の日本は、気候風土によって食文化が異なる。その地でとれる産物が変われば、味噌や醤油、だしもそれに合わせたものになりまっしゃろ。好みの味も当然違うってワケや。

そんな全国津々浦々から、多くの人が商いにやって来たのが大阪だす。江戸時代のことでっさかいネ、すでにお隣の兵庫は龍野《たつの》で淡口醤油が造られていた。これを従来の濃口醤油と使い分け、真昆布と鰹《かつお》節のだしを底味に利かせてネ。砂糖はあまり使わず、食材の持ち味を大切にし、さらにその味わいを深める工夫をしたのが、大阪の味。これなら全国どこからお越しの方にも、満足とまではいかずとも、納得いただけるはずや。このまったりとした大阪的な塩梅を「浪速の喰い味」と呼びますねん。

その上、大阪人は創意工夫が得意ですねん。我が国初の貿易港（難波《なにわ》津《づ》）を築いて、早くから中国との交流もおましてネ。かの地の料理から学んだ技術を取り入れ、新しい和食を創作してきたという経緯もある。和食の精神をもって、漢（中国）の技を取り入れる「和魂漢才《わこんかんさい》」ってワケや。この柔軟な気質で、全国から届く様々な山海の幸を大阪流に仕立ててきたんだす。

「京都の持ち味、浪速の喰い味」とは、なかなか意味深い言葉ですけどネ。長らく都があって、古くから寺院も多かった京都では、お公家《くげ》さんや僧侶好みの食材の持ち味を生かす品の良い淡味が主流になったんだすな。「日本料理は目で喰う」と言われるけれど、それは宮中の豪華な盛付けから始まっているようでっせ。

大阪では、見た目がええというのは、旨そうに見えることであって、絵的な美しさはあまり気に留めてこなかったのかもしれまへんな。京都に比べて、大阪の料理には見た目も

含め、何やらほっこりするような安堵感がありまっしゃろ。これは、家庭料理が基本になっているからやと私々思てますねん。

大阪の味の原点は「おかず」にあり

「惣じて人は、朝夕に飲み食うものが大事なるぞ」と、徳川家康は常々言うてたそうや。常食のとり方によって体の健康はもとより、精神のあり方まで左右される。「食」とは、その字が表す通り、「人に良い」ものであるべきですわなぁ。

私々、長年、お客様に料理をお作りしてきたわけやけどネ。きれいに姿形を整えて、ちょっとでもアクがあればミョウバンを使ったりして取り除き、割烹の一品に仕立てますやろ。見た目はきれいで、研ぎ澄まされたプロの味。…と言えば、聞こえはええけどネ。振り返ると、持ち味を随分と損なった料《はか》り方をしていたように思うんだす。ええい、ままよ。八十の坂を越えた今やからこそ告白すれば…。はっきり言うて当時の料理は、食材を不味《まず》くしていたという自戒の念がありますねん。

昔々と違って、近代の野菜は抜かなあかんほどのアクがあるとは思えまへん。アクも味のうちと考えて、持ち味を生かす方に気を遣うべきやと思いまへんか？　魚もしかり。骨ぎわの身が一番旨いと分かっていながらも、面倒がるお客さんのために、切り身でお出しするのんって、ホンマに「人に良い」と言えるんやろか？　もうすぐ卒寿を迎えるというのに、いまだ悩みの中。なかなか答えが出まへんのや。

けどネ、「人に良い」料理のお手本がおますねん。家庭のおかずだす。家族の健康を考えて、安くて旨い旬の素材で毎日の食卓を調えるって、偉大なことでっせ。和食の原点は、家庭料理にありますねんで。特に、大阪の料理はおかずをルーツにしたものが多いですわな。

そこで、本書でも古き良きおかずをたくさん紹介してますねん。ちょっと私流に仕立て直してネ。昔ながらのおかずには、先人の知恵が詰まってますねんで。それにネ、現代は、世界各国の料理が食べられまっしゃろ。昔ながらのおかずは、今のお客さんにとって、「懐かしい味」やのうて「新しい味」になりうるかもしれまへんで！　いずれにせよ、いっぺん昔の家庭のおかずを見直してみなはれ。料理人として、学ぶことは少なくないはずでっせ。

【第六章】２０１１年

ご存知、なにわ野菜
淡口風味だす

何はなくとも難波《なにわ》、浪速。法善寺で割烹をやっていた頃の私の頭の中は、このことばかりだした。魚介は大阪湾のもんだけというワケにはいかんけど、野菜やったら…と府内の生産者を訪ね歩くことにしたんだす。こうして出合ったんが、なにわの伝統野菜。栽培が難しく、不揃いなため流通しにくい。おまけに後継者不足で、その大半は途絶えかけてましたな。そこで『天神坂 上野』を開いてからは、カウンター割烹の利点を生かして、より多くの人に素材の力を感じてもらおうと、見せながら調理したもんだす。この項では、なにわの伝統野菜のお話と私流の一品をご紹介。イラスト付きでどうぞ!

睦月《むつき》◆一月

天王寺蕪《てんのうじかぶら》の巻

≫蕪餅の加富良《かぶら》汁（P108）

卯《うさぎ》年の初春でっせ。今年の主題は、なにわの伝統野菜を主役にした大阪料理だす。淡口醤油の力を借りて飛んだり跳ねたり、元気な兎を演じてみまひょ！

手始めの天王寺蕪は、「名物や蕪の中の 天王寺」と与謝蕪村の句にもあるように、聖徳太子が建立したという四天王寺の界隈で作っていた蕪だす。長野県の名物・野沢菜の原種やってことでも有名ですわな。

「うちの母ちゃん天王寺《てんのじ》蕪、色が白うて背が低い」なんて戯《ざ》れ歌がおますけど、扁平で白い肌を土の上にチョコンと見せて育つので、別名「浮き蕪」。それなのに日焼けをしないのは、長い長い葉先が広がってお隣さんと手を繋ぎ、日傘を作ってるんだす。なるほど葉隠れの術か。葉菜（鼻）を付き合わせたええお付き合い。まるで日本料理と淡口醤油みたいやなぁ。

さて、天王寺蕪を使った一品は「蕪餅の加富良汁」。おろし蕪を溶き入れた霙《みぞれ》汁だす。年初めから福が来そうな、目出度《めでた》い語呂合わせでっしゃろ。

蕪は皮のまま摺《す》りおろし、半分は米粉と合わせて団子にする。薄切りの蕪や鶏ササ身を添えて吸い地で炊きまひょ！このままでも旨いけど、煮えばなに残りのおろし蕪を入れたら、エエ香りが広がって甘みも増しまっせ。天王寺蕪は持ち味がよろしいさかい、味付けはほんの少しの塩と、あとは陰なる忍びの働き、淡口醤油におまかせあれ！

仕上げに、雪にも霙にも負けない蕪菜のピューレを摺り流してみたけど、どないだす？食べ物の色はあくまで原色に…、食材の持ち色を生かして仕立てる。食欲をそそる美感を私ゃ大切にしたいですなぁ。そして、「温かき物はあくまで温かく、冷たき物は……」と、千利休はんが言わはるように、薄葛を引いて、熱々をお出ししまひょ！

如月《きさらぎ》◆二月

河内《かわち》蓮根の巻

≫立春 多喜《たき》合わせ（P108）

細うて長い島国やけど、四季がはっきり分かれて花鳥風月を愛でる人々が住んでいる。日本って、ほんま有難い国でんなぁ。冬は根菜が旨い。特に河内蓮根がいい時期ですなぁ。太古の昔、淀川の辺りは湖やった。そこに蓮根が自生したそうやけど、承和十四（八四七）年に慈覚大《じかくだい》師《し》が唐から蓮根を持ち帰り、奈良の当麻《たいま》寺に植えたんが始めやとか。元々の河内蓮根もその種かもしれまへんな。

現代の河内蓮根は、岡山の備中蓮根と石川の加賀蓮根を導入して品種改良したもんだす。割

ると白い乳がほとばしって、もちっとした歯触りが自慢だす。その特長を生かして、立春の炊合せをご披露しまひょ。

立春の前夜は年越しの節分やさかい、望みを込めて「多喜合わせ」としましてん。「炊合せ」とは、別々に炊いたん（煮物）を盛り合わせる料理屋の仕事でおます。家庭では硬い素材から順々に炊くとよろしいな。コレ、追い追い入れて炊くから、甥《おい》と甥にかけた「いとこ煮」って言いますねんで。味の相乗効果もあって、手間がかからん上に、いろんな栄養も一度に摂れて合理的でっせぇ。

花蓮根を茹でて下味を付け、熱いうちに引き上げて冷ます。海老のすり身を詰めて蒸し、軽く煮て、そのまま煮汁に浸しておくれやす。干瓢《かんひょう》や干し椎茸などの乾物は、太陽の力で旨みも栄養価も倍増、いや数十倍にもなるそうやから、これも別々に炊いて盛り合わせまひょ！　乾物には甘みが合うけど、淡口醤油をちょっと足すとなお旨いですな。

そうそう、この時季は能勢《のせ》の高冷地、その名も高山で育った真菜《まな》が、霜や雪に耐えたことで甘みがおます。この真菜を塩茹でし、河内蓮根の煮汁に浸して添えまひょ。大阪の煮物やお露《つい》（汁物）は、まったりした味が身上ですねん。コレ、淡口醤油の使い方で決まりまっせ。

弥生《やよい》◆三月

八尾牛蒡《ごぼう》の巻

≫揚げだし牛蒡

（P109）

鰻の八幡《やはた》巻きでも知られる、京の八幡はゴボウの名産地で、かつては髭《ひげ》むしゃ男を指して「八幡者」と呼んだって話もあるんやとか。でも髭の多さでは「八尾牛蒡」もヒケをとりまへんな。

福井県の「越前白茎ごぼう」が河内に伝わり、大和《やまと》川の付け変えの際できた川底畑で天に向かってスラーッと伸びて、八尾牛蒡になったそうや。束ねた姿から「矢牛蒡《やぁ》」、茎を食べるので「葉牛蒡《はあ》」とも言いますな。おまけにこの茎は「恩智極早生白茎《おんちごくわせ》」って、長〜い名前もちゃんとおます。

なんて能書きは放っといて、塩梅の話。家庭なら、油で炒めたり、油の代わりに油揚げをだしと淡口醤油・砂糖で炊くのが定番だす。開いた薄揚げで巻いて炊くのもええけど、ちょいとプロ意識を加えて、春爛漫《らんまん》の揚げ物にしまひょ！

八尾牛蒡は根と茎に分け、茹でて水に落とし、陸上《おか》げする。根は多めのだしに淡口醤油・酒・味醂で加減して炊き、煮汁が冷めたら茎と共に2〜3時間浸しておく。飛竜頭《ひろうす》のような豆腐生地も用意しておくれやす。

巻き簀《す》の上に開いた薄揚げを白い面を外側にして置き、豆腐生地を塗る。先のゴボウをのせ、さらに豆腐生地を塗り、隙間ができないようにラップと巻き簀で巻くんだす。外側の凸凹《でこぼこ》を豆腐生地で塗り潰したら、初め強火、後とろ火で蒸しまひょ。さあ15〜16分やろか？　金串を刺して中が熱うなってたら蒸し上がり。

小麦粉をまぶし、卵白を絡めたら、白・ピンク・緑の三色のみじん粉を付けてネ。桜に見立ててみたんやけど、どないだす？　表面だけカリッと揚げたら、きれいな断面を見せて盛りまひょ。ゴボウの浸け地を淡口醤油と砂糖で塩梅し直して天つゆとし、これを流し入れたら完成だす。

卯月《うづき》◆四月

木積《こつみ》筍の巻

≫筍の春香煮《しゅんこうに》（P109）

竹の字が出てくる古い文献は、『古事記』やそうだす。そやけど竹と名の付くものは世界で千種以上もあると言うから、それが何て品種やったのかは分からんらしい。

でも、現代では竹、いや筍と聞いて思い浮かぶのはアレですわな。そう、中国二十四考の一人、孟宗《もうそう》が母に食べさせるために雪の中の土深くから探し求めたっていう名高き「孟宗竹」。中国の江南《こうなん》地区の原産というから「江南竹」とも言うけれど、あまりその名は広まらんかった。それは、日本人の道徳心によるものと違うやろか？　親孝行とは偉いものですなぁ。

その孟宗竹は京に伝わったとされるけど、随筆家の本山荻舟《もとやまてきしゅう》によると、琉球《りゅうきゅう》を通って薩摩《さつま》に渡った後、大坂の豊能《とよの》郡熊野田村の人が持ち帰って植えたのに始まるそうや。隣の三島郡に延び、さらに河内《かわち》や泉州にまで広まって、木積の筍ができたんでしょうな。

ところで、筍という字は竹に旬と書くように、食べ季《どき》が大事でっせ。木積の筍は他の産地のもんよりちょっと遅い、四月上旬から末までが食べ頃だす。まだ地上に顔を出さない筍を「白《しろ》子《こ》」と呼びますが、これやないと値打ちおまへんで。

塩梅は、鰹《かつお》節と昆布のだしに淡口醤油。淡むらさきの陰を落として、その陰見せず、白子の柔肌を色白に炊き上げてくれますねん。そう、「日本料理は目で喰《く》う」と言いまっしゃろ。まずは視覚から入り、筍に木の芽の香りの嗅覚、ほどよい食感は触覚、これらが大きく関わって、舌の上の味覚となる。淡口醤油が醸《かも》し出す旨みも加われば、まさに春の息吹をいただく贅沢《ぜいたく》。そこで、「春香煮」と名付けましてん。和の心ってええなぁ。

皐月《さつき》◆五月

泉州玉葱《せんしゅうたまねぎ》の巻

≫鱧《はも》たま吸い鍋（P110）

大阪は泉州の家庭料理からちょいと失敬！「なに！　鱧と玉ネギ？　匂いがキツイんと違う？」と貴方《あん》さんの顔が曇ったけど、騙《だま》されたつもりで、まぁひと口食べてみなはれ。アレ？　えらいお代わりしはるなぁ。そりゃあ泉州玉葱の中でも、この貝塚極早生《わせ》は刺身玉ネギと呼ばれるほど甘い。淡口醤油をだしで加減したのをかけて、後は花鰹だけで美味請け合いや。

今回は、跳荒蝦《とびあら》のつみれも加えた吸い鍋。鱧の骨だしでサッと煮るとなると、味付けは淡口醤油に決まってますわな。白うて柔《や》らかい貝塚極早生や鱧の白肌に色付けず、この深い上品な味わい。淡口醤油ならではの恩恵でっせ。

泉州玉葱は、明治十五(一八八二)年に坂口平三郎ってお人が外国産の玉ネギに出逢ったのが縁やとか。生産を依頼されたのは綿農家の今井佐治平と大門久三郎、道浦吉平の3人。その後、佐治平と息子・伊太郎の並々ならん辛苦によって「今井早生」が生まれたんだす。

初めは「匂いがキツイ」と相手にされんかったようやけど、明治中期、流行したコレラに効ありと言われ、また洋食の定着もあって大いに売れ出しましてネ。大正初期には泉州玉葱の生産量が北海道を抜き、昭和三十年代には海外まで…。けれど、収量が乏しい上に、扁平やからベルトコンベアの上で転がらんと言うて、丸形の品種に取って変わられてしもた。

でもネ、「今も一人だけ作ってはりまっせ」と聞いて訪ねて行きましてん。そのお人は北野清治さん。仲間と作った「浪速魚《ぎょ》菜《さい》の会」からもお願いして、少しずつ生産を増やしてもらったんだす。今では息子はんをはじめ、他にも作るお人ができてますねん。嬉しゅうおますなぁ。

水無月《みなづき》◆六月

河内一寸《かわちいっすん》の巻

>>河内の空豆直煮《じかに》(P110)

「谷間《たにあい》のお多福《たふく》咲きにけり 両方(頬)高く花(鼻)の低さよ」。牧村史陽の『大阪ことば事典』にこんな狂歌がおましてネ。豊かな頬を山と見たのが、上手いですな。京は御室《おむろ》・仁和寺《にんなじ》の桜も背が低うて、お多福桜と愛称する。お多福といえば、ふっくら豊かな印象。お多福豆、おたやんとも呼ぶ空豆「河内一寸」も、同じでっせぇ〜。

ふっくら中太りの短い莢《さや》に包まれ、実は一粒か二粒で一寸(3.3㎝)大。姿も味もふくよかですなぁ。莢から出したら爪先で芽の部分を取って、少ない湯で茹でる。淡口醤油と酒をポトポトーッと落として、煮汁が無くなる頃に煮上がるぐらいがよろしな。花鰹を揉《も》んでまぶして、熱いうちに冷えたビールをグイーッ。おたやんと鰹節に、なんちゅうてもヒガシマルの淡口醤油が相まった香り。色良う仕上がりまっせぇ〜。

空豆は、春に白か薄紫の蝶々《ちょうちょう》形の花が咲いた後、空に向こうて莢を付けることに由来するそうだす。実が蚕《かいこ》の繭《まゆ》に似てるから蚕豆と書くやとか、ま、そんな話は置いといて。この河内の名品、一寸豆をちょっとやのうて、もっと美味《おい》しくする食べ方がおますのや。聞いておくんなはれ。

鱚《きす》やアイナメ、鯛など白身魚に焼き目を付け、酒と水と味醂・淡口醤油を少々加えて、さらっとした煮付けにする。この煮汁で、おたやんを炊いてみなはれ。この時季、旨《うも》うなる麦藁《むぎわら》ダコ(若ダコ)も相性ええけど、今回は名残《なごり》の針イカ。爽やかな早緑《さみどり》が、いかにも初夏の料理でっしゃろ。えっ、それはヒガシマルのお陰やろって。それ言っちゃあおしめえよ。グゥの音も出まへんわ。お仕舞いにこんな戯《ざ》れ歌を。

「おたやんこけても鼻打たん」。

文月《ふみづき》◆七月

毛《け》馬《ま》胡瓜《きゅうり》の巻

≫はりはり浸し（P111）

淀《よど》み淀み流れるから淀川っちゅうそうですな。江戸時代は、今よりうんと川幅が広うて、砂《さ》泥《でい》が隆起した大きな中洲もあったようだす。水害も度々やったそうで、俳人の与謝蕪村は「橋なくて 日暮れんとする 春の水」という句を残してはる。蕪村はこの中洲の毛志《けし》島（毛馬）で生まれ育ったそうですな。白くて細長い黒イボのなにわの伝統野菜・毛馬胡瓜と同郷や。毛志島のあった都島区の人たちは、今もこのキュウリを守り育てようと頑張ってはるんだす。

毛馬胡瓜は曲がってて扱い難いことから、〝手間キュウリ〟やと言うて生産が減ったけど、大坂のキュウリの代名詞やった。上司小剣《かみつかさしょうけん》の短編小説『鱧《はも》の皮』でも知られるように、鱧皮なますを〝ざくざく〟とも呼ぶのは、毛馬胡瓜の歯切れの良さを表したものですなぁ。今も昔も大阪では夏の御馳走《ごっつおう》でおます。

毛馬胡瓜は塩揉《も》みにしても美味やけど、今月はちょいと変わった鱚《きす》とのお浸し風を見ていただきまひょ。まずは今が旬の鱚（大阪ではキスゴ）を三枚卸《おろ》し、薄塩をして干す。炙《あぶ》り焼きにして笹切りにしておくれやす。

毛馬胡瓜はイボを取って二つに切ったんを、濡れたさらしの上に寝かせて鉋《かんな》で外側から削るようにピーラーで薄く削《そ》ぐ。天日干しにすると薄い布みたいですな。残った中子《なかご》（種の部分）にだしを利かせた浸し地を絡ませ、干したキュウリでくるくる巻いて、浸し地に浸けましょ。

これを盛り合わせ、5分経ったら、先の浸し地をかける。色は淡いのに奥行きのある淡口醤油の浸し地と鱚の旨みを毛馬胡瓜がたっぷり吸うとる。独特のハリハリ（パリパリ）感と相まって、酒のアテにもご飯のおかずにもいけまっせ。

葉月《はづき》◆八月

鳥飼《とりがい》茄子の巻

≫茄子浸し萩見立て（P111）

丸茄子か、はたまた巾着茄子か。下ぶくれで身にも帯にも緑が混じって不揃い。茄子紺でもない。鳥飼茄子は、ちょっとヘンテコな茄子でおます。何でもかんでも、改良という名の下に一様に揃えられたものよりも、むしろ本物とも言えますな。

淀川の鳥飼大橋を北へ渡った鳥飼地区で、二百うん十年も昔から作っておった。戦争で男手が無《の》うなって、幻になってたのを復活させはったんだす。その人は辻 幸太郎爺《じい》さん。「人の子も一緒や。世話を焼かせる奴ほど可愛いもんでな」と、畑ん中

で日焼けした笑顔に逢うたのは、昭和五十年頃やったかな？

「自家用ばかりで、買《こ》うてもらうほど無いさかいな」と、少し作ってるのをいただいてびっくりや。緻密な肉質の果肉で、独特の歯ごたえと旨みは「我こそはナスビじゃ！」と威張ってるようやったな。

苗から育て上げる実生《みしょう》作りで、手間暇かけたもんやけど、今では作りやすい接木《つぎき》で栽培するお人もいてはると聞きますな。でも、やっぱり実生には勝てまへん。色はぼけてても、心は否《いな》、味は錦。爺さんの心意気にも惚《ほ》れましたでェ。

さて今回は、鳥飼茄子の皮下に潜む淡い緑を生かした煮浸しですねん。海老の皮を焼いて、昆布と鰹《かつお》のだしに加え、淡口醤油をぽとっと落として煮汁を作る。茄子の皮を剥《む》き、塩水に2時間ほど浸してから強火で炊き、粗熱を取ったら先の煮汁に浸して冷やしまひょ。

枝豆と相性がええから、これをあんにしてかけましてん。枝豆は実を少し残し、海老のそぼろとあんの上に散らし、萩に見立ててみたんやけど、どないだす？葉月らしい色合いでっしゃろ。

長月《ながつき》◆九月
勝間南瓜《こつまなんきん》の巻
≫南瓜の葛煮麺《にゅうめん》（P112）

「カボチャに目鼻」やとか、「カボチャ野郎」というのは醜男醜《ぶなんぶ》女《じょ》を嘲《あざけ》る言葉だすな。エッ上野のことやって？ほっといて。日本南瓜は瘤《こぶ》の凸凹《でこぼこ》が深いから、顔なんぞ描けるかいな。そりゃ西洋カボチャのことやろな。カボチャはカンボジアからポルトガル船で渡ってきたようだす。つまり南の国から来た瓜《うり》やから「南瓜」、カンボジアが訛《なま》ってカボチャと呼ばれるようになったというワケや。

勝間南瓜の勝間は、天下茶屋の西、粉浜《こはま》の北側にあった地名だす。昔は浜辺やったそうで、古津女《こつま》浦、古妻浦と呼ばれとった。ここの里長《さとおさ》の勝間大連《おおむらじ》がこの地を開発して、住吉大社の神領にしたことから、地名の表記を「勝間」にしたそうだす。この南瓜は小柄やけど、果肉が締まって美味《おい》しかったので「勝間南瓜」として評判になった。瘤が多いほど美味とされる瘤カボチャの一種で、その濃い緑の中身は爽やかな淡黄《たんこう》色。この対照的な美しさと上品な甘みをどないしたら活かせるんやろか。ここは一つ、淡口醤油の力を借りてみまひょ。

蒸して淡口三杯酢にマヨネーズを合わせたサラダ風にするのもええけど、残暑厳しい時やから、葛でとろみを付けた海老だしでいただく「南瓜の葛煮麺」ってのはどないだす？勝間南瓜をくし形に切り、だしと淡口醤油と酒・砂糖を合わせた淡口甘八方地で炊く。切りくずも炊いて裏漉ししておくれやす。葛を混ぜ、小海老と枝豆と団子にして蒸したら、つるりとした舌触り。水晶のように涼やかでっしゃろ。これも色を壊さぬ淡口醤油のおかげ。もう、「カボチャに目鼻」なんて言わせまへんでェ。

神無月《かんなづき》◆十月

赤芋茎《ずいき》の巻

≫干芋茎の炊合せ（P112）

立秋が過ぎて、白露《はくろ》という節が来る九月八日頃。朝早《はよ》う起きて里芋の畑に行くと、水晶のような露が芋の葉の上にきらきらと輝いてましてネ。ちょっとでも触れたら、つるりと逃げるようにすべり落ちてしまう。

南北朝の頃、夢窓疎石《むそうそせき》って臨済宗の偉いお坊さんが、「芋の葉に 置く白露の たまらぬは これや随喜《ずいき》の 涙なるらん」と詠まはった。随喜とは、ありがたく思い、大いに喜ぶこと。海老芋や里芋の葉と茎をつなぐ葉柄《ようへい》をズイキと呼ぶことにかけたのか、この歌が元になって名が付いたのか。芋茎の由来はさておき、玉の露を見ると、何やら心が洗われますなぁ。

もう一つ思い出すのは、赤い芋茎を刀に、葉を陣笠にしてチャンバラごっこをした幼少の頃。この芋柄《いもがら》を剥《む》いて干したのが、干し芋茎。お天道《てんと》さんの恵みを受け、旨みが深まりますねん。この滋味を生かすには少々甘口の味付けがよろし。もちろん淡口醤油を使わんと、上方の味にはなりまへんでぇ。

まず、平たい油揚げを開き、内側にひろうす生地を塗り、下煮した干し芋茎を巻く。さらにもう一回、芋茎の着物を着せたら、干瓢《かんぴょう》の帯で結び留める。それを蒸し煮にしまひょ。今はまだ初物の菊菜の卵白とじを添え、最後に煮汁を葛あんにして上からかけてできあがり。歯ごたえが楽しい芋茎の淡い持ち味を、淡口醤油が上手いこと引き立ててくれますねん。

そういえば、この十月には京の北野天満宮で、神輿《みこし》の屋根を芋茎で拭《ふ》いてねり歩く芋茎祭が行われますなぁ。収穫でけたことに感謝。さらに食材を生かして持ち味を深くしてくれる淡口醤油にも感謝。まさに随喜の涙でおます。

霜月《しもつき》◆十一月

板持《いたもち》海老芋の巻

≫海老芋の焼き焦がし（P113）

親芋、子芋、孫芋。家族に喩《たと》えられる里芋は、東の八ツ頭《やつがしら》に、西の海老芋がその味の双璧だすな。海老芋は唐ノ芋（里芋）の変種やとか。親芋が大きいので、当然子芋も大きゅうなる。そやから子芋とは呼ばずに、海老芋と呼びますねん。

親芋に沿うて子芋が付き出したら、親芋との間に土を差し込んでやる。すると、親から離れんように海老のように曲がりますねん。成長すると、親にもらう栄養では足りずに、自ら土中に根を伸ばすのが、絵のような髭《ひげ》ってワケですな。土ん中でも苦労してまんねんでェ。

大きな子芋はさらに我が子を作って、親・子・孫、三代の家族で仲良う手を繋いでる。大きな葉を広げ、お天道さんや雨露の恵みをしっかり受けて、家族を守ってるんでっせ。親であって子でもある海老芋の慈愛も大きな滋味であり、滋養にもなるんやから、有難い話だす。

大阪には自慢の海老芋がおますねん。富田林《とんだばやし》の板持地区で、乾《いぬい》勝秀はんが作る芋は立派でっせ。適度な粘り気とモチモチとした歯ごたえがあって、焼いても、蒸しても美味ですねん。そこで今回は、この板持海老芋の持ち味をシンプルに引き立ててみまひょ。皮を剥いて、軽く塩をあてて蒸しておく。金串を打って強火で焼き焦がしたら、だしに淡口醤油・味醂を合わせた濃いめのタレでお勧めしまひょ。これぞ、「海老芋の焼き焦がし」や！　タレに浸けて食べてや。少し焦がした芋に淡口醤油の香りが重なると、たまりまへんなぁ。

きめ細かい肉質と白さ、ねっとり感を生かして、さらに持ち味を深くするためには、淡口醤油に頼るのが一番や！　それもヒガシマルなら、期待を外すことはおまへんなぁ。

師走《しわす》◆十二月

田辺大根の巻

≫盛衰鰤《せいすいぶり》大根 （P113）

「大根が太くなって、晩秋」とは、獅子文六《ししぶんろく》先生の随筆の書き出しでおます。師走を迎えると、田辺大根は特に長い葉茎を伸ばす。グイッと引き抜くと意外に短《みじこ》うてずんぐり。格好悪いなぁ。でもネ、たかが大根と侮《あなど》るなかれ！

仁徳天皇の頃、「於朋泥《おほね》」と『日本書記』に記されているのが、大根の最古の記載やそうな。蘿蔔《すずしろ》とも呼んで、清白とも書く春の七草の一つ。そやけど、田辺大根の歴史は案外浅い。東住吉の田辺が摂津国東成郡《ひがしなりごおり》田辺と呼ばれてた江戸期に作られ、明治に入るとその味の良さが全国にまで広まった。ところが、大阪鉄道（現・近鉄）が敷かれ始めた頃から人口が増えて、畑は住宅に代わり、身の丈《たけ》が長《なご》うて収穫高のええ品種に取って代わられてしもた。それでも味を憶えてるお人がまだ居てくれてはって、昭和の終わり頃に田辺大根が蘇《よみがえ》ったんだす。

そういえば、「菊の香りに、葵《あおい》が枯れる。枯れて散る散る……」という唄がおました。そう、菊の御紋は天皇家、葵の紋は徳川家ですなぁ。慶応三（一八六七）年に徳川慶喜《よしのぶ》が大政奉還し、王政が復古したのは師走のことやそうだす。そこで、この天下の一大事を表現した一品をご覧に入れまひょ！

徳川家を出世魚で知られるブリで表し、天皇家は菊の御紋を飾り切りした田辺大根。王政と同じく田辺大根も復古したもんやさかいネ。あんかけ風にした煮汁の中には絹ごし豆腐を入れて、霙《みぞれ》汁のように仕立てましてん。このだしはブリのアラを煮出してとってますねんで。白さと淡泊な中にも深い味わいを持つ田辺大根との相性をさらに引き立てるため、塩梅は淡口醤油と酒で、さらりと優しゅうにお願いしまっせ。

睦月《むつき》 ◆ 一月

蕪餅《かぶら》の加富良《かぶら》汁

① 天王寺（てんのうじ）蕪を皮のまますりおろす。半量に米粉を混ぜ、塩で味を調え、丸められるぐらいの硬さになるまでこねる。丸く形を整え、茹でて蕪餅を作る。

② 鶏のササ身を薄切りにして塩をあて、葛粉をまぶし、余分な粉を落として茹でる（葛叩き）。

③ 天王寺蕪の葉を細かく刻み、柔らかく茹でて裏漉しし、ピューレにする。

④ 鶏ガラだしとカツオ昆布だしを合わせ、淡口醤油と塩少々で濃いめの吸い味に塩梅する。①・②、薄切りにした天王寺蕪、花形に切ったニンジンを炊く。煮えばなに①で残した天王寺蕪のすりおろしを加え、吉野葛でとろみを付ける。

⑤ 椀に④を盛る。その際、鍋に少し汁を残しておき、③のピューレを溶かして、蕪汁の上に流しかける。針柚子を添える。

如月《きさらぎ》 ◆ 二月

立春 多喜《たき》合わせ

① 河内（かわち）蓮根を7cm長さに切り、皮をむく。皮面から穴のカーブに添って花形に切り、薄い酢水に放ってアクを抜く。串が通るぐらいまで茹で、酒・淡口醤油・砂糖でやや甘めに塩梅した淡口甘八方地で軽く煮て、おか上げにする。

② エビの殻をむき、すり鉢ですり、浮き粉・卵白を少々入れて塩とみりん少々で味を付ける。

③ ①の穴に②を詰めて、エビに火が入るまで蒸す。①の淡口甘八方地で軽く煮た後、煮汁に漬けたまま2～3時間おく。

④ 干し椎茸を水に浸して戻し、一晩おく。戻し汁で柔らかく煮て、軸の先を切り落とす。

⑤ カンピョウを水に浸して、膨らんできたら洗い、水を替えてさらす。柔らかく茹でたら、再び水洗いする。

⑥ ④と⑤を別々に、①の淡口甘八方地で約10分煮る。

⑦ 真菜（まな）の葉と茎を塩茹でする。冷水をさっとかけ、あおぎ冷まして粗熱を取る。冷めたら、③の煮汁に浸す。

⑧ ③を輪切りにし、⑥を食べやすい大きさに切り、⑦と別々に温めて、盛り合わせる。針柚子を天盛りする。

揚げだし牛蒡《ごぼう》

弥生《やよい》 ◆ 三月

① 八尾牛蒡の茎と根をよく洗い、ヒゲや産毛をむしって15㎝の長さに切り揃える。根は酢を落とした湯で茹で、おか上げにする。茎は塩茹でし、冷水にとって色止めする。

② カツオ昆布だしを淡口醤油・酒・みりんで塩梅した淡口八方地で①の根を煮る。そのまま冷まし、①の茎も加えて2～3時間浸す。茎は一部を取っておき、笹打ちにする。

③ 水切りした木綿豆腐を裏漉しし、山芋をすって加える。淡口醤油・少量の砂糖で下味を調え、豆腐生地とする。

④ 大判の薄揚げの三方を切り落として開き、白い内側を下にしてラップを敷いた巻きすの上に置く。片栗粉をはたき、③を塗る。②の根と茎の水気を切り、片栗粉をはたいて、いかだ状に並べ、③を塗ってしっかりと巻く。

⑤ 巻きすとラップを外し、④の表面に③の豆腐生地を薄く塗り、最初は強火で、その後とろ火で15～16分蒸す。

⑥ ⑤に小麦粉→卵白を付け、みじん粉（白・ピンク・緑）をまぶし、低温で表面がカラッとするまで揚げる。

⑦ 梅形の生麩は、片栗粉をまぶして揚げる。

⑧ ⑥を食べやすい大きさに切って盛り、⑦、②の茎の笹打ちを添える。②の浸し汁に淡口醤油・砂糖を加えて天つゆを作り、流し入れる。針柚子と大根おろしを添える。

筍の春香煮《しゅんこうに》

卯月《うづき》 ◆ 四月

① 筍は穂先を斜めに切り、縦に切り込みを入れる。

② たっぷりの水に米ぬか・タカノツメと①を入れて下茹でする。火が通ったら、茹で汁に浸したまま冷ます。

③ ②の皮をむき、厚めに輪切りする。カツオ昆布だし（二番だしでよい）に加えて弱火にかけ、煮立ってきたらガーゼに包んだ花ガツオを加える。淡口醤油・酒・みりんで味を付け、ほのかに甘みが付くまでゆっくりと煮る。火を止め、煮汁に漬けたまま2～3時間おいて味を含ませる。

④ ③を温め、煮上がりに叩き木の芽を加え、さらしをかぶせて色を出す。木の芽が青いうちに、笹を敷いた大鉢に盛る。木の芽をたっぷり天に盛る。

皐月《さつき》 ◆ 五月

鱧《はも》たま吸い鍋

① 鱧の骨と昆布を煮出してだしをとる。

② トビアラの殻をむき、背ワタを取ってミキサーにかけ、すり鉢に移す。玉ネギをみじん切りにして塩もみし、水気を切って加える。卵・片栗粉・①のだしを少し入れ、よくすってから団子状にする。

③ 骨切りした鱧をひと口大に切り、霜降りする。

④ 貝塚極早生（わせ）玉ネギを繊維に沿って薄切りにする。

⑤ ニンジンを薄く桂むきにし、細切りにする。

⑥ ①のだしを沸かし、淡口醤油・酒・みりん少々で吸い味を付ける。②・③・④・⑤の順に加え、煮すぎないよう軽く炊く。クレソンを添え、煮汁と共に取り分けていただく。吸い口にコショウ、ショウガを加えてもよい。

水無月《みなづき》 ◆ 六月

河内《かわち》の空豆直煮《じかに》

① 針イカの甲（甲羅状の骨）を外す。墨袋を潰さないようワタなどを取り出し、よく洗う。皮付きで3cm幅に切り、霜降りする。

② 河内一寸を水の中でサヤから出し、ツメ（芽の出る部分）を取る。

③ カツオ昆布だしを酒・淡口醤油・みりんで塩梅し、①を加え、ひと煮立ちさせる。そのまま煮汁に浸して、味を含ませる。

④ 針イカを取り出し、空豆を加えたら、ひたひたに浸るくらいの煮汁を残して、強火で直煮する。針イカを戻し入れ、淡口醤油とみりんで味を調える。

⑤ ④を盛り付け、煮汁をかけ、木の芽を天盛りにする。

はりはり浸し

文月《ふみづき》 ◆ 七月

① キスは三枚におろし、薄塩をあてて3時間おき、風干しにする。

② 毛馬胡瓜（けまきゅうり）は縦半分に切り、外側からピーラーで長く薄く削り、天日干しにする。種の部分の中子（なかご）は柱状に切る。

③ カツオ昆布だし6：淡口醤油1：みりん少々で浸し地を作り、②の中子に軽くまぶす。干した②でぐるりと巻き、残りの干した②と共に浸し地に浸しておく。

④ ①を炙（あぶ）り焼きにして、笹切りし、③と盛り合わせる。③の浸し地をかけて5分ほどおき、醤油漬けにした実山椒を天盛りにする。

茄子浸し萩見立て

葉月《はづき》 ◆ 八月

① 鳥飼（とりがい）茄子は頭と尻を落として、皮をピーラーで薄くむき、丸のまま塩水に2時間浸す。

② 小エビをむき身にし、粒状に切る。酒煎りし、塩で味を調え、エビそぼろを作る。

③ 小エビの殻を炙（あぶ）り、カツオ昆布だしで軽く煮出す。淡口醤油・酒・みりんで淡口八方地とする。

④ ①を四つ割りにし、水洗いする。③をひと煮立ちさせてから入れ、強火で柔らかくなるまで煮る。冷水にとって、素早く冷ます。

⑤ ④の煮汁を淡口醤油・みりんで塩梅し直して冷まし、④の鳥飼茄子を浸して冷やす。

⑥ 枝豆を塩茹でし、実を取り出して少し取り置き、残りはすり鉢でよくあたる。裏漉しし、砂糖・ゴマ・淡口醤油・わずかの塩で軽く味を付ける。葛を溶き入れ、あんにして冷やす。

⑦ ⑤を器に盛り付け、⑥の枝豆あんを⑤の浸し地で伸ばしてかける。⑥の枝豆の実と②を散らし、⑤の浸し地をかける。

長月《ながつき》 ◆ 九月

南瓜《なんきん》の葛煮麺《にゅうめん》

① 枝豆を塩茹でする。実をサヤから外しておく。

② キクラゲを茹で、カツオ昆布だし・淡口醤油・酒・砂糖で甘辛く炊く。

③ 小エビの殻をむき、粒に切る。塩を振って酒煎りする。

④ カツオ昆布だしで小エビの殻を軽く煮出す。淡口醤油・酒・みりんを少し加え、煮麺の吸いだしを作る。

⑤ 勝間（こつま）南瓜は皮をむき、縦溝に沿ってくし形に切り、1㎝厚に切る。切りくずと共に、淡口醤油・酒・砂糖を加えたカツオ昆布だしで、淡口甘八方煮にする。

⑥ ⑤の切りくずを裏漉しし、葛粉を混ぜ、①の枝豆、③の小エビを加え、丸くこねて団子状にする。強火で弾力が出るまで蒸す。

⑦ 素麺を茹でて洗い、④のだしで温めて、椀に盛る。②・⑤・⑥を盛り付け、結び三ツ葉を添える。④の吸いだしに葛でとろみを付けて注ぎ入れる。

神無月《かんなづき》 ◆ 十月

干芋茎《ほしずいき》の炊合せ

① 干しズイキを水で戻し、もみ洗いして茹でる。再度もみ洗いし、カツオ昆布だし・淡口醤油・酒・砂糖で下煮する。

② カンピョウを水で戻し、塩もみして弾力を出す。水を替えて再度、浸してから茹でる。

③ 菊菜は淡口八方地で煮浸しにする。

④ 椎茸はカツオ昆布だし・淡口醤油・酒・みりんで炊く。

⑤ 木綿豆腐を水切りし、すり鉢であたる。山芋とろろ・卵白を混ぜ、淡口醤油・砂糖で味を付け、ひろうす生地にする。

⑥ 薄い油揚げを開いて茹でて油抜きをし、水分を切る。油揚げの白い部分に片栗粉を刷毛で塗り、⑤を薄く塗る。油揚げの幅に合うように①を切り、5～6本ずつのせて巻く。①と⑤は残しておく。

⑦ 残した①のズイキを巻きすに並べ、片栗粉を刷毛で付け、ひろうす生地を塗り、⑥を芯にして巻く。②を細く切り、数カ所結び留め、一度蒸してから①の煮汁で蒸し煮にする。

⑧ 菊菜を温め直し、半立てにした卵白でとじる。

⑨ ④と⑦を切って盛り付け、⑧を添える。⑦の煮汁で葛あんを作り、かける。針柚子を飾る。

海老芋の焼き焦がし

霜月《しもつき》 ◆ 十一月

① 板持海老芋はよく洗い、できるだけ薄く皮をむく。四つ割りにし、薄く塩をあて、しばらくおいてから蒸す。

② ①に金串を打ち、強火の直火（じかび）で焼き焦がす。

③ 天王寺蕪（てんのうじかぶら）の皮をむき、ひと口大に切る。縦横に深く細かい切り込みを入れ、たて塩に浸す。昆布と共に甘酢に漬ける。

④ カボチャ・ニンジンを下茹でし、それぞれ木ノ葉形、紅葉形に抜き、たて塩に浸す。昆布と共に甘酢に漬ける。

⑤ 食用菊の花を熱湯に通して、甘酢漬けにする。

⑥ カツオ昆布だし 8 に対し、淡口醤油 1・みりん 0.5 を合わせてタレとする。

⑦ ②と③を盛り付け、③の上に⑤をのせる。④を飾り、振り柚子をする。⑥のタレを流しかける。

盛衰鰤大根《せいすいぶり》

師走《しわす》 ◆ 十二月

① ブリの中骨に強塩をし、一晩おく。

② 昆布を水に一晩浸しておく。

③ ブリの上身を 1cm厚に切り、振り塩をする。

④ 田辺大根は皮をむいて約 4cm厚に輪切りし、菊の花の飾り切りを施す。

⑤ ニンジンは細切りにし、大根の葉の柔らかい部分とそれぞれさっと茹でておく。

⑥ ①を水にさらし、④の切れ端と共に②で煮出して、だしをとる。

⑦ ⑥で④を炊き、淡口醤油・酒で潮汁程度に塩梅する。一度引き上げ、半分に切る。③を挟み、中心部を竹串で留めて、再び炊く。崩（くず）さないように椀に盛り、残った煮汁で⑤を炊き、椀に盛り付ける。

⑧ 絹ごし豆腐をもみ崩し、⑦の煮汁で軽く煮て、葛でとろみを付ける。椀に流し入れ、実山椒を天盛りにする。

【第七章】２０１２年

捨てない贅《ぜい》

淡口醤油で、無駄なく

物は粗末に使《つこ》うたら始末が悪い！　などと、常に「始末」を口にする大阪人。ケチン坊に見られがちやけど、そや無い。「始末」とは無駄を省いて倹約しまひょ、という意味ですねん。上等な素材を使ったら、捨てるとこなく食べ切ることができて、かえって安上がりで「始末がええ」。使い切るために工夫を凝らすから、独自性の高い新しい料理が生まれるって利点もおますねん。野菜の切りくずに、魚介の切れ端やアラに骨。うまく使ったら、料理の持ち味がぐっと深まって、贅沢《ぜいたく》な味になりまっせ。というワケで、淡口醤油で仕立てた、私流の「捨てない贅」をお見せしまひょ！

1月

喰《く》い尽くし蟹《かんに》んごはん

「始末」という言葉は、読んで字のごとく。物事の始まりから終わりまでという意味で、首尾よくいきまひょ！と、大阪人は昔からこの言葉を大事にしてきましてん。

慎ましいケの日の暮らしと、ハレの日の出費の釣り合いを取る。「分相応に風が吹く」の諺《ことわざ》通り、身の丈《たけ》を知り、商売でも家計でも帳尻を合わすって寸法や。高価なもんを食べた後は節約。高《たこ》うても無駄なく食べ尽くしたら結果は安いって具合。年初めはせめて、ブツブツとカニの念仏のように不景気をボヤかず、大きなカニバサミで福を挟み取りまひょ！え、そない上手くイカン？でもネ、カニ喰うたら横ばいはでけますやろ。

今は菱ガニが旬。それも子持ちや。カニ飯で家族団欒《だんらん》といきまひょ！まずはハサミの付け根を切る。甲羅を外してミソと卵をそっと取り分け、胴身に塩を振って15分ほど蒸すんだす。身をせせって、残った殻を昆布だしで煮出したら、ええカニだしがとれまっせェ。洗い米にニンジン、生姜《しょうが》、カニミソを加えたら、淡口醤油と味醂・酒で味付けしたカニだしで炊いておくれやす。器に盛って上から身をのせるって順だっせ。

カニだしと淡口醤油の葛あんをかけても旨いし、そのあんに半熟の溶き卵を流しかけてもよろしいな。カニだしは汁もんにも使えるし、他におかずはいりまへんわ。

菱ガニは全国の内海によう居てて、珍しゅうも無いけど、味にクセがなくて、身がほのかに甘くて上品だと、料理屋も喜びますな。この繊細な味わいを生かすには、淡口醤油が一番でっせ。

❶ 菱ガニのハサミの付け根を切り、ふんどしを取って甲羅とガニ（エラ）を外す。胴の内側に塩を振り、卵・ミソと共にバットに移す。

❷ ❶を15分ほど蒸して火を通す。胴は上下左右に4等分し、身をせせり出す。卵は裏漉しする。

❸ 昆布だしに❷のガラを入れて煮出し、カニだしをとる。

❹ 米を洗い、30分ほどザルに上げる。細切りしたニンジン・針ショウガと❷のカニミソを合わせる。❸のだしを淡口醤油・酒・みりん少々で濃いめの吸い地程度に塩梅し、ご飯を炊く。

❺ 芹を茹で、2㎝長さに切る。

❻ ❹を器に盛り、甲羅を飾る。❷のカニ身と卵、❺を天盛りにする。

2月

イカした和《わ》多《た》詰煮

商売柄か、私ゃ観光に行った時でも、よう市場に足を運びます。これは地元でのことやけどネ。ある時、黒門市場に来た観光客が店先で「あ、水イカ！」とアオリイカを指さすと、店主は「これ太刀《たち》イカやで」。「長崎じゃ水イカやケン！」とお客の方も負けてまへんでしたわ。実はアオリイカのヒレ（耳）は、大きな刀のような形なので、太刀イカとも呼ぶんだす。このように食材には、いろいろ呼び方がありますなぁ。

今が旬の針イカは、小舟のような白い甲羅の先に尖《とが》った針を持つ。危険と見ると仰山《ぎょうさん》の墨を吐いて、忍者のように姿をくらますので墨イカとも呼びますな。身はまったりと甘みがあってネ。小ぶりで皮が柔《や》らかい秋頃のんを、皮だけに熱を通して冷やし、淡口醤油と米酢・橙《だいだい》・味醂の合わせ酢に生姜を利かせて食べるのが好きでしてネ。

でも今は寒中。旬もたけなわで、お腹《なか》にゃ鰤《はららご》も孕《はら》み始める。墨忍術にかかる前に墨袋をそっと取り外し、内臓にエンペラ、下足《げそ》も皮を剥《む》いてミキサーにかけ、当たり鉢に入れてよう摺《す》りまひょ！浮き粉と卵をつなぎにして、野菜の細切りを混ぜ入れて、イカの身で巻く。蒸してから、鰹《かつお》と昆布のだし・酒・淡口醤油・味醂で煮込む。その煮汁で葛あんを作ってたっぷりかけておくれやす。添えの能勢《のせ》の高山真菜《まな》は、先の淡口八方地で直煮《じかに》がよろしいな。淡泊な味わいの中で淡口醤油が持ち味を引き立ててまっせぇ～。

あ、イカの甲羅を食べ残しましたな。もったいない。粉末にしたら血止めの薬になるそうやけど、「生兵法《なまびょうほう》は大怪我《おおけが》のもと」。こぅら～、無理や。

❶ ニンジン・水煮にした四方竹（シホウチク）を細切りにして茹でる。

❷ 針イカは甲羅や墨袋などを取り、胴やゲソの皮をむく。胴は開いて霜降りし、表裏に隠し庖丁をする。

❸ ❷のゲソ・エンペラ（ヒレ）・内臓を刃叩きし、ミキサーにかけてすり鉢に移す。塩をひとつまみ入れてすり、浮き粉・卵を加えて粘りが出るまですり、❶を混ぜる。

❹ ❷の胴の内側に片栗粉を付けて❸をのせて巻く。さらしで固く巻き、15～20分蒸す。

❺ カツオ昆布だしに酒・淡口醤油・みりんを加え、少々甘めの淡口八方地を作り、❹を弱火で煮る。

❻ 長芋を梅花形にむき、❺の煮汁で直煮にして1㎝厚に切る。高山真菜は盛り付ける直前に❺の煮汁で直煮にし、食べやすい大きさに切る。

❼ ❺を1㎝厚の輪切りにして器に盛り、❻を添える。❺の煮汁に葛を引いてかけ、振り柚子をする。

3月

独活《うど》の独菜《どくさい》盛

私ら料理屋では独活と書きますけどネ、中国の古い書物では「独揺草《どくようそう》」とあると記され、「花は風あるも風に揺るがず、風なくて独り揺らぐ」とあるそうな。その様から「独活」という字を当てるようになったんやろか？奈良時代の文献に出てるようやけど、それはきっと山麓《さんろく》や谷間に自生する、自然種だったはず。江戸時代になって栽培もんの「作有土《つくりうど》」が現れ、明治に入って関西にまで広まったそうな。人丈《ひとだけ》を越える天然もんもあるけど、硬《かと》うて食べられず、独活の大木。柱にならぬとか、杖《つえ》にもならず、などと身体ばかり大きく、役に立たん男の喩《たと》えにされますなぁ。

食べるなら、まだ若うて葉が開く前のが、柔《や》らこうて香りもよろしいな。「尋ねばや　古葉が下の　独活の萌《も》え」。杉山杉風《すぎやまさんぷう》の句のように、土を割って春を待つ赤い尖《とが》った芽を見つけたら、まるで宝もんに出合ったようなもんでっせェ。

都会では栽培もんしか望めまへんけどネ。数年前から「山独活」と称する栽培もんが入って来て、香りもええし、柔らかい上にアクが薄うて食べやすい。ちょっと高いけど、ほとんど捨てるとこがないさかい、始末がええって訳やナ。高《たこ》うても上質のもんを食べる方が得や。

皮はまず、きんぴら、いや、淡口醤油で炒り付けた銀ぴらといきまひょ。小枝とコンニャクを炒めて炊いたものを、白和えの地にホウレン草を摺《す》り込んで春らしゅう、鶯《うぐいす》和えに。茎の太い部分は篠剥《しのむ》きにしてネ。コレ、筒状に剥いて篠竹に見立てる庖丁仕事だすな。淡口八方煮にすると、この透明感。どや！　淡口仕立て、独活尽くしの独り舞台。独菜盛や！

❶ 山ウドは小枝、穂先、枝の付け根の硬い部分を切る。茎の太い部分を5cm長さに切って篠むきし、皮を含めたすべてを酢水にさらす。

❷ ❶の皮をせん切りにする。ゴマ油で炒め、淡口醤油・酒・みりんで炒り煮にし、木の芽を飾る。

❸ コンニャクを茹でて短冊状に切り、❶の小枝とサラダ油で炒める。熱湯をかけて油抜きし、カツオ昆布だし・淡口醤油・酒・砂糖で炊き、仕上げに酢を少し落とす。

❹ ホウレン草を茹でて裏漉しし、白和えの地に加えてすり混ぜる。❸を鶯和えにし、松の実を飾る。

❺ ❶の穂先と付け根を素揚げし、熱湯をかけて油抜きする。カツオ昆布だし・淡口醤油・酒・少量の砂糖で炊く。

❻ ❶の茎を昆布だしで茹で、水に落とす。茹で汁に花ガツオを加えて漉し、酒・塩・淡口醤油を加えて淡口八方煮にする。アブラ菜の淡口八方地浸しを添える。

4月

筍の絹皮お贅《ぜい》つくね

土の中で眠ってて、桜の頃になると顔を出し、びっくりの早さで成長する。親竹を越す勢いやから、「竹の子の親勝《まさ》り」と言いますわな。その途中で皮を一枚、また一枚と脱ぎ落とす様が、まるで貧乏暮らしで衣類や身の回りの物を次々と売ったり、質草《しちぐさ》にしたりすることに譬《たと》えた言葉が「竹の子生活」。まだまだ未熟で藪《やぶ》にもなれない若い医者を指す「竹の子医者」なんて比喩もおますなぁ。

地上に伸びて成長しきった筍は、私ら料理屋には必要おまへん。手入れの行き届いたふかふかの土に埋もれて出番を待つ、いわゆる「白子《しろこ》」が上物だす。朝まだ明けやらぬ間に掘り出し、濡れ土の付いた麻袋を被《かぶ》せて、まだ土中にあるがごとく運ぶ。村の集荷所に着く頃に、空が白んでくる。大切にくるまれてきた白子は高いんでっせェ。でもネ、その分、柔らこうて香り良し、味良し。その上、絹皮のえぐみも無《の》うて、茹でる必要が無いので、米糠《ぬか》もタカノツメもいりまへん。捨《ほ》る部分は硬い皮だけや。何にでも言えるけど、安いもんは捨る部分が多くて、「安もん買いの銭失い」になりますわ。

絹皮を根元の切りくずとすり身でつなぎ、つくねにする。根元は輪切りにし、上等のだしと淡口醤油・酒と味醂で炊いて鰹《かつお》節の粉を振りかけたら、筍の香りと相まって美味でっせェ〜。これは淡口醤油の優しき味わいやからこそ生まれますのや。日本料理は目で喰《く》うって言うけど、それは奇を衒《てら》わずに季節の色を残した塩梅の美しさにあると、私ゃ思いまっせ。美味《おい》しそうな姿と味。やっぱり淡口醤油のおかげでっせ。

❶ 朝掘り筍は届いたらすぐに皮をむき、絹皮を外す。筍の根に近い部分を、なるべく節目が中央になるよう厚めに輪切りにする。

❷ ❶を濃い二番だし・酒・淡口醤油・みりんで炊いて味を含ませ、追いガツオをする。

❸ 白身魚のすり身に卵黄と山芋とろろをすり混ぜる。❶の絹皮は細切り、残りの根元や切りくずは刃叩きして潰して合わせる。こねて団子にして蒸し、❷の煮汁で炊く。

❹ フキを茹でて皮をむき、淡口八方地に浸ける。この地を温めて味を調え、フキをさっと煮る。

❺ ❷・❸・❹を盛り付け、❸の煮汁をかける。木の芽を天盛りにし、粉ガツオと山椒を散らす。

5月 鮎魚女《あいなめ》の和魂漢才《わこんかんさい》あん

関西では油目《あぶらめ》とか油女《あぶらめ》、北海道で油子《あぶらこ》、ネウオだヤスリだとか呼ぶ地方もあって、どうにも合点のいかん名前の魚やけど、そないに油をイメージするような魚やおまへん。鮎並《あいなめ》の字もあって、鮎並みに旨いとも言うけど、どこが似てるのん？　それやったら、女子《おなご》はんの……鮎のごとき、柳腰のような嫋《しな》やかな動きの……鮎魚女っていうのはどないだす？

アイナメは煮付け、照り焼き、唐揚げなど家庭のおかずが定番やけど、活け締めが考案されて以来、生食でも喜ばれ、高級魚にランク入りしてしもた。少々値は張るけど、捨る部分《ほとこ》なしで結局安うつく。それでも懐具合が…と気になったら、翌日はイワシを食べて帳尻合わせなはれ。

さて、どう塩梅しまひょ。焼き霜したのを薄くそぎ切りにして、淡口醤油・酢橘《すだち》汁・味醂を同割にし、すり胡麻と一味唐辛子をかけても美味。内臓はよう洗《あろ》うて淡口醤油とバター一片落として、ホイル包み焼きにする和魂洋才もよろしな。でも、今回は家族でも楽しめる揚げ物にしてみまひょ。アイナメの身に緑のみじん粉を付け、骨やヒレも捨てんとカリカリの煎餅に。今度は和魂漢才、中国料理に習《なろ》うた、野菜と海老の甘酢あん仕立てだす。海老のだしで野菜を炊いた葛あんに、揚げたアイナメをのせまひょ。この色彩を生かすなら、淡口醤油に代わるものが無い。頼りになりまっせぇ〜。

ちなみに、丸に東のヒガシマルは、東の空に昇るお陽さまの意味やとか。東に西に、どこの料理にも上手く使えて重宝しますな。美しゅう仕上がって美味やしネ。

❶ 小エビの殻をむいて小豆大に切る。殻は昆布だしで煮出し、エビだしとする。

❷ ピーマン・筍・ニンジン・玉ネギ・生椎茸を小豆大に切る。ピーマンは塩茹でし、その他の野菜は❶のエビだしに淡口醤油・酒・みりんを加えた淡口八方地で煮て味を含ませる。

❸ アイナメを三枚におろす。骨とヒレはサラダ油で低温からゆっくり揚げる。身はひと口大に切り、小麦粉・卵白・緑のみじん粉を付けて揚げる。

❹ ❷の淡口八方地を野菜ごと温めて酢を加え、葛を引いてとろみを付ける。❶の小エビと❷のピーマンを加える。

❺ 器に❹の甘酢あんを流し入れ、❸を盛り付ける。

6月

多幸《たこ》の酒《さけ》浴《あ》みサラダ

船旅が大変だった頃の話だす。大阪で立派な釣鐘《つりがね》を拵《こしら》えてもろて、船で持ち帰ろうとしたら、途中でハタと動かなくなった。「これは釣鐘の精が原因に違いない」と、せっかくの鐘を海に沈めたところ、船は動き出した。ふと海を見たら、大ダコがその鐘を頭にのせて喜んでたそうな。タコには他にも面白い伝説が仰山《ぎょうさん》あるんでっせ。

タコは見かけによらず臆病者なのか、昼は海底の窪《くぼ》みや岩礁《がんしょう》の穴に身を潜め、傍目《はため》に付かん夜になるとくねくねと八本足（実は腕）でお出かけになる。お目当ては海老やカニ、貝類と、えらい美食家。あの軟体の独特な旨みはここにあるのやろか。

特に麦を刈り入れる頃のいわゆる麦藁《むぎわら》ダコ、それも明石産が一番。大阪も京都もコレ無しに夏祭りはでけまへん。どうせ買うならええタコを。少々値が高《たこ》うても、内臓も旨くて使えるからかえって得でっせ。そや、我が家自慢の淡口ドレッシングをかけるのはどない？　胡麻油とオリーブ油、酢橘と米酢などを合わせ、味の決め手は淡口醤油。そこへ蓼《たで》の葉のピューレを擂《す》り込んだら、ピリッと辛みが利いて緑色で爽やか。この夏は和魂洋才でいきまひょ。

タコの子、内臓は各々分けて塩茹でする。皮も柔《や》らこう茹でると旨い。でも、せっかくの明石の活けもんやし、足をそのまま茹でるんは、もったいない。酒を多めに入れてアルコールを飛ばして、ちょいと温度を下げてタコの湯浴みならぬ「酒浴み」に。衣を脱いで白い肌がほんのり色付いたレア状態の、美味なる「多幸サラダ」のできあがりでっせ。

❶ 淡口醤油 10：スダチ汁 15：米酢 5：煮切り酒 7：みりん 4：太白ゴマ油 10：オリーブ油 10 の割合で合わせる。タデの葉を刻み、塩を少し入れてすったタデピューレを加える。

❷ 貝塚早生（わせ）玉ネギをスライスし、水にさらす。

❸ タコの胴と足を分ける。墨袋を取り除き、胴・卵巣・ワタなどを別々に塩茹でし、切り分ける。

❹ 足は 1 本ずつ切り分けて塩もみし、吸盤の汚れを大根おろしで丁寧にもみ洗いする。湯に酒を多めに加え、低温で皮だけに火を通す。吸盤を残して皮をむき、食べやすい大きさに切る。

❺ ❷・❸・❹を盛り付け、❶を流しかける。梅肉を添え、タデの葉を飾る。

7月

鱧《はも》の魂染《コンソメ》碗

難波津《なにわづ》を浪速と呼び、「魚庭《なにわ》」の異名を持った大坂。豊富な魚介があるのに、「大坂のケチ野郎は骨っぽいお化《ば》け穴子を喰《く》う」と江戸っ子に嘲笑《あざわら》われたらしい。実はコレ、鱧のこと。対して浪速っ子は「安うて旨いのんご存知ないとは…」と尻目にかけた。武家中心の江戸っ子には淡味の鱧は馴染まなんだ…との見方もあるけれど、東の海に鱧は滅多におらず、浪速の商人もさすがに江戸までは運べなかったんでしょうな。

ウナギ目ハモ科の鱧は水から離れても息が通うので、海の幸に乏しい京の都に古くから運び込まれてきた。そこで鱧の塩梅を工夫して、現代では夏の京名物となり、これを楽しみに来る東京人も多いとか。鱧料理に関しては京都にお株を奪われたようですな。全国的な人気になった鱧は値も高《たこ》うなってしもた。でも余すとこなく使えるんでっせ。何せ真味は捨《ほ》られがちなとこにありますよってネ。

素人《しろうと》はんでは難しい骨切りは魚屋はんにお願いするとしても、頭や骨を持ち帰るのがよろし。霜降りし、煮出したらええだしとれまっせ。塩梅は淡口醤油でネ。たとえ骨切りできる腕があっても、鱧料理と淡口醤油との縁は切れまへん。

さて、この碗物。ちょっとコンソメ風に西洋の技術を借りてみました。コツは鱧の骨を煮出す時に沸騰させず、濁らせないこと。アクは卵の白身で取るんやけど、洗った卵の殻を入れてもきれいになりまっせ。碗種のワカメ豆腐が面倒なら、ワカメだけ添えてもええ。澄んだだしは旨みたっぷり。名付けて、鱧の魂染碗！どない？

❶ 鱧は700g程度のものを選び、開いて頭を落とし、よく洗う。ヒレを外して中骨と腹骨をすき取る。頭・中骨・腹骨を霜降りにして洗う。

❷ 水に昆布を2時間浸し、適宜切ったキャベツの芯・❶の頭と骨を加え、沸騰させずに煮出す。卵白(よく洗った卵の殻でもよい）を加えるとアクが固まるので、静かに漉して澄まし汁を作る。淡口醤油と少量の酒で塩梅する。

❸ 乾燥ワカメを水で戻して茹で、庖丁で叩く。玉子豆腐の地に加えて蒸し、切り出す。

❹ 鱧の身は骨切りし、7～8cm幅に切り分け、塩を振っておく。吉野葛の粉をまぶして馴染ませ、霜降りして昆布だしに入れ、弱火で火を通す。

❺ 温めた器に❸・❹を盛り、塩茹でした貝割れ菜を添える。❷を注ぎ、炒った松の実を天盛りする。好みで黒コショウを振る。

8月 白《しら》洲《さ》蝦《えび》の重ね揚げ

シラサって海老、知ってはる？　知らずとも無知やないけど、ちょいと白浪五人男を気取って、知らざぁ言って聞かせやしょう。標準和名は「ヨシエビ」で、蘆、葦、葭と三通りの字を当てるけど、どれもアシと読む。それでは「悪《あ》し」と同音やから、ヨシと読ませるようになったそうだす。「難波《なにわ》の葦は伊勢の浜荻《はまおぎ》」とは、所変われば言い方も変わるって意味の諺《ことわざ》やけどネ。葦の生える洲浜《すはま》で孵化《ふか》するので、関東では「スエビ」とも呼ぶらしい。それがなんでか、大阪ではシラサ海老。腰ならぬへそ曲がり。でもネ、洲は白砂《はくしゃ》の意味やさかい、白砂海老でもええやんと思ったけど、仲をとって「白洲蝦」と記したのは私の気ままだす。これ罪やとあらば、お奉行所の白州《しらす》で裁きを受けまひょ！

ところで、このシラサ海老は車海老と比べても漁獲量が少ない上に、色艶は自慢でけまへんが、甘くて柔らかく殻ごと食べられるのが大阪好みと違うやろか。背から開いて殻付きで香ばしゅう焼くと、海老のほのかな赤みも浮いてきまっせ。淡口醤油のタレで仕上げ、叩き木の芽を振ると旨いなぁ。炊くのも殻付きで、淡口醤油・酒・砂糖で煮付けると小ぶりなら殻ごといけるし、腹側にある足も、食べにゃあ損々。

今回はシラサ海老と、そのすり身を海苔で巻き、春雨のみじん切りを付けて揚げてみましてん。殻は炙《あぶ》って粗く砕き、天つゆで煮出して海老の香りを付けたんやけど、どないだす、この琥珀《こはく》色。天ぷらの味も倍増やし、野菜にも海老の風味が付いてエエ。この天つゆだけでも飲みたくなりまっせ。

❶ シラサエビ6尾を用意し、4尾は背ワタと頭を取り、殻をむく。すり身にし、山芋とろろ・卵白をすり混ぜて、少し塩味を付け、ショウガのみじん切りを合わせる。

❷ 残りの2尾分は頭と背ワタを取り、尾や足を残して殻をむく。腹側から開き、片栗粉を付ける。❶を塗り、頭側と尾側を互い違いになるよう重ね合わせて、焼き海苔で離れないように巻く。

❸ ❶・❷の頭と殻を遠火で炙り、粗く砕く。カツオ昆布だし・淡口醤油・みりんを6:1:1で合わせた天つゆで1分ほど煮出して漉す。

❹ 万願寺唐辛子を縦に切り、種を取る。片栗粉を付け、❶を詰めて楊枝で留め、素揚げにする。

❺ ❷に小麦粉→卵白→みじん切りにした春雨の順で衣を付けて揚げる。

❻ ❹・❺と大根おろしを皿に盛り、❸を添える。

9月

魚《うお》是《ぜ》の加《か》役《やく》焼き

イボがある訳でなし、鯛の仲間でもないのに何でイボダイ？ これが標準和名なんやから、鯛したヤツですなぁ。エラブタにお灸の痕《あと》（疣生《いぼお》）みたいな斑紋《はんもん》があるのが、名の由来やろか。

関西はウオゼで通ってましてネ。「魚是」は私の勝手な当て字ですねん。他にもエボダイ、イボゼ、ボウゼ、バカ…と、所変われば何とやら。目ん玉が大きゅうて、上顎《あご》が前に出て、下顎がちょっと遠慮気味やから、アゴナシと呼ぶところもあるそうや。なんや名前で損する可哀そうな魚やけど、昔から寿司ネタにもなって、檜舞台《ひのき》に立ったこともあるほどの美味。頭は小さくて身が多い上に、軟骨が多いから捨《ほ》るとこ無しや。この始末のええところが大阪ではウケたんやろか。

このウオゼを唐揚げにし、ニンジン・椎茸・筍などの糸切りを、だし・淡口醤油・砂糖に酢で作った野菜の甘酢あんにしてかけると薫風の頃の日本料理に。牛酪《バター》焼きにし、淡口醤油と酒を加えて少し焼き付けてもええ香《かざ》しまっせぇ。

さて今回は、ウオゼを開いて淡口醤油・酒・味醂の幽庵《ゆうあん》地に漬けてから干しましてん。豆腐とたっぷりのせん切り野菜で作った巻繊《けんちん》豆腐を、このウオゼに詰めて焼き上げるって寸法や。焼き骨を幽庵地に入れて煮出したタレを流しかけたら、味は倍増。各々の役目を果たした「加役焼き」だす。卵白を泡立ててマヨネーズを少し混ぜて塗り、炙《あぶ》って青海苔をのせると、ウオゼの肌色が見えてきれいでっしゃろ。淡口ダレなればこその芸当で、眼にも美味《うま》し！

❶ 淡口醤油1：酒3：みりん0.5で幽庵地を作り、ウオゼの上身を6時間ほど浸す。引き上げたら扇風機で風をあて、6～7時間干す。

❷ 細かく刻んだニンジン・キヌサヤ・椎茸・糸コンニャクとエンドウ豆、ささがきゴボウを各々茹でて淡口八方地で炊く。おか上げして汁気を切る。

❸ 木綿豆腐を水切りし、裏漉しする。豆腐の1／3量の魚のすり身・山芋とろろ少々をつなぎにすり混ぜる。❷を混ぜ合わせ、巻繊豆腐の生地とする。

❹ 卵白を軽く泡立て、少量のマヨネーズを混ぜる。

❺ ❶の皮目に隠し庖丁を入れて❸を巻く。金串を打って焼き、火を通す。❹を塗って炙る。

❻ ウオゼの骨を炙り、❶の浸し汁に入れて煮出し、タレとする。

❼ ❺を皿に盛り、❻を流しかけ、青海苔を振りかける。新レンコンの梅酢入り甘酢漬けを添える。

10月

鯛の和加良煮《おから》

豆腐の滓《かす》やから、お滓《から》。大豆の殻やから、お殻。他にも卯木《うつぎ》（空木）の花のように白いので、卯の花という美称もおます。

昔、ある歌人が垣根に咲いた卯の花を見て、雪が降ってる姿に見立てて「雪花菜《せっかさい》」と詠んだそうな。それに対して、おからは切らずに食べられるから、この字を「きらず」と読ませようというへそ曲がりも現れたとか。そりゃ、無茶な話やと、今さら言われてもねェ〜。でも美しい呼称ですなぁ。

栄養価が高く、昔から日本人の健康に大いに役立ってくれたおから様に対して、滓や殻では申し訳が立ちまへん。そこで勝手に「和加良」と当て字にしたのが、今回の一品。名付けて「鯛の和加良煮」だす。

おからは、塩梅するのに濃い煮汁を必要とする、いわゆる〃だし喰《ぐ》い〃ですな。今回は、鯛を捌《さば》いた後のアラを素焼きにし、その骨と野菜の切りくずを昆布だしで煮出してとりましてん。ほぐした身は内臓、おから、野菜と共に腹の中の白い脂と胡麻油で炒め煮にする。淡口醤油の味付けなら色ははんなり、絹さやの緑も冴え冴え。鯛の旨みをたっぷり吸ったおからは、深味のあるまったり味に仕上がりますでぇ。さすが淡口醤油の底力というべきですな。贅沢《ぜいたく》な現代、ともすれば捨てられてしまう骨やおからも、ここまで徹底して料《はか》れば、さらに旨くなる。これぞ次代に伝えたい浪速の知恵や。

卯の花は晩春に咲くけれど、これは春夏秋冬、お相手の食材を変えて淡口醤油と合わせたら、年中楽しめる「和加良煮」でおます。まさに、日本の番菜！おから、万歳！でっせェ〜。

1. 鯛のアラを素焼きし、身をほぐす。
2. 鯛の胃・腸・肝など内臓をよく掃除して水にさらし、小さく切って湯引きする。
3. 昆布を水に2時間浸し、❶の身を取った後のアラと野菜の切りくずを加え、約30分煮出して漉す。
4. コンニャクを細切りして茹でる。ニンジンは細切りと木の葉形に切る。ゴボウはささがき、キヌサヤは半分に切る。
5. 鯛の腹の脂を多めのサラダ油で炒め、ゴマ油を少し加え、おから、❹を炒め合わせる。❶の身、❷の内臓を加え、さらに炒める。
6. ❸の鯛だしを加えて炒め煮にし、淡口醤油・酒・みりん・砂糖少々で味を付ける。豆乳を加え、かき混ぜながらしっとりと仕上げ、淡口醤油・みりんで味を調える。

11月

鯧《まながつお》の崩《くず》し、喰《く》い尽くし

マナガツオは「真鰹」「真魚鰹」とも書く。それを大阪人は、マナガッツオと言うたり、マナと略したり。江戸の昔から「大坂へ行ったら鯧の味噌漬と烏賊《いか》刺しは食べて帰れ!」と言われてたとか。「西海に鮭なく、東海に真魚鰹なし」という言葉通り、東では揚がりまへんからネ。

でも、鰹《かつお》とは縁もゆかりも無い白身だす。江戸で初鰹が大騒ぎになる初夏は、マナガツオが産卵のため瀬戸の海に乗っ込む時季。コレ幸いと、上方の鰹やで!と負け惜しみに名付けたんやとか。ほんまかいな? ま、桜鯛みたいに漁獲量が多い旬とも言えますけどね。やっぱり深秋から冬が滅《めっ》法《ぽう》旨いですなぁ。

さて、「捨てない贅《ぜい》」と題したテーマも残りわずかやけど、今月のマナガツオほど歩留まりのええ魚は他に無い。頭も軟骨質やさかい、捨《ほ》る部分はヒレと目ん玉だけ、という大阪人好み。「真魚《まな》」と呼ぶ所以《ゆえん》やろか。さて、私流はこのマナガツオを丸ごといただく仕立てだす。

中骨の周りの身や切れっ端を集めて、頭は内臓や細い中骨の枝骨と共に細かく切ってから摺《す》り合わせる。みじん切りにした玉ネギやセロリも混ぜて崩し(つみれ)にするんだす。これを揚げて、淡口醤油で煮ておくれやす。少しくらい小骨が障《さわ》っても、よう噛んでたら、どんどん旨みが出てくる。何でもかんでも柔《や》らこうするんやなく、じわじわと噛んでいただけば旨み倍増や。おっと、上身が残ってましたな。梅酢と淡口醤油で煮付けにし、この煮汁で仕立てた梅肉あんをかけまひょ。ほんのり赤みが差し、魚の色が透けて、なかなか美しいでっしゃろ!

❶ マナガツオを三枚におろす。中骨の身をかき取って切れ端と合わせ、塩を少量加え、すり身にする。

❷ ヒレ・目の硬い部分・エラブタを除いた頭や内臓、中骨の細い枝骨を細かく切ってから、すり潰す。

❸ ❶に❷・玉ネギとセロリのみじん切り・山芋とろろ・浮き粉・卵白を加えて混ぜ、つみれにする。片栗粉をまぶして揚げ、油抜きしておく。

❹ ❶の中骨を昆布だしで約20分煮出して漉す。半量取って酒・淡口醤油・砂糖で濃いめの淡口甘八方地とし、タカノツメを加えて❸を煮る。火を止め、そのまま煮汁に浸しておく。

❺ マナガツオの上身の皮側に飾り庖丁をし、霜降りする。❹の残りの半量のだしを酒・淡口醤油・砂糖・梅酢で塩梅して煮付けにし、器に盛る。

❻ ❺の煮汁を少し取り、梅肉を溶き入れる。葛を引いて梅あんにする。

❼ ❹にレモン汁を搾り、❺に盛る。❺の煮汁を注ぎ、❻をかける。5cm長さに切った芹を❺の煮汁で早煮して添え、針ショウガを天に盛る。

12月 白菊かぶらの白煮《はくに》

蕪《かぶら》の話やけどネ、昔は「蕪菁」と書いてカブラナと読んだそうで、春の七草の中で言う、菘《すずな》のこと。「菘菜」や「蔓菁」も蕪のことで、読み方はアオナ。いずれも「菜」の音が付くのは、当時、根よりも葉の方に重点を置いてたからのようだす。「いやいや、人の頭をカブリとも言いまっしゃろ? 蕪も頭のように丸いから、カブラと音変化したって聞きましたでェ」。ホンマやろか? 貴方《あん》さん、カブリを縦に振りまっか?

ところで、「食材の真味は難所にあり」と言いますけどネ。捨《ほ》ってしまう部分に、案外と旨みがおますのや。特に天王寺蕪《てんのうじかぶら》は白い根のとこはもちろんやけど、皮や葉茎にも大事な栄養がありますねんで。それを余さず使い切ってこそ、真に始末がエエってことやおまへんか? 茹で汁を煮汁に変え、皮や葉をピューレにして共あんにしても、この色にして、この味わい。そう、己が威張ることなく持ち味を引き出してくれるヒガシマルの淡口醤油は、切りくずまで上手く料理に使えて、蕪の株まで上げてくれる優れもんですわ。

今の日本は「お金あるんやから、そんな面倒臭い食べ方せんでも」と、食材を余所《よそ》の国から買うことも多い〝加工食〟ばやり。ホンマに、それでええのん? 近くにある質のええ食材をとことん食べ尽くすことこそ、ホンマの始末よしと違いまっか? 家族の健康を思い、一家団欒《だんらん》の楽しい食卓を演出することに誇りを持てる貴方さんこそが真の料理人でっせ。始末の心は一生、大事に持ってくださいよ。でも、たまには癒《いや》されに料理屋にも来てよネ。

❶ 天王寺蕪の皮をむき、直径7cmの小蕪状（楕円体）にする。表面全体に切り込みを入れ、菊形に飾り切りする。

❷ ❶の皮と切りくずを昆布だしで柔らかく茹で、裏漉ししてピューレにする。茹で汁は残しておく。

❸ ❷の茹で汁で❶を下茹でし、おか上げする。

❹ ❷の茹で汁に花ガツオを加えてだしをとる。酒・淡口醤油・塩・みりんで濃いめの淡口八方地にし、❸を煮る。

❺ 天王寺蕪の柔らかい芯葉を茹で、❹の淡口八方地に浸す。外葉は柔らかく茹で、庖丁で叩いてから裏漉しし、蕪葉のピューレを作る。

❻ ❷のピューレに練りゴマを混ぜ、❹の煮汁・淡口醤油少々で味を調える。半量を取り、吉野葛を溶いて葛あんにする。残り半量には❺の蕪葉ピューレを混ぜ、同様に葛あんにする。

❼ ❹を盛り、柚子皮のみじん切りを花芯にする。❺の芯葉を添え、❻の二色あんを温めて流しかける。

好きな言葉、三つ

不易流行《ふえきりゅうこう》

あれは昭和五十年代、私が45歳の時やった。大阪万博（昭和四十五年）をきっかけに東京で流行したフレンチの波が、関西にも押し寄せてきましてネ。こりゃ、和食は危ないゾ、何とかせなアカン！と敵情視察。幸いにも、この頃、若手のシェフ達との付き合いがあって、フレンチのことを教えてもろたんだす。

こうして、オープンしたのが『割烹レストランKIGAWA』。合鴨ロースにオレンジのソースを添えたり、「豚の角煮加哩《カレー》風味」に、マグロとアボカドを和えた「トロカド」。今見たら、なんともお恥ずかしい品書きですけどネ。

本店の法善寺横丁の割烹でも、フレンチ風の一品をお出しするようになりましてん。シェフの仲間には「なんで上野さん、そんな洋風の料理を…」と言われたけど、「今は真似ごとやけど、そのうちきっちり和食と融合させせまっさかい、ちょっと目を瞑《つぶ》っといておくれやす」と言い訳してネ。

ところが、この洋風の料理がえらい人気になって、「『㐂川《きがわ》』は半分洋食や」なんて評判が立ってしもた。こりゃ、やりすぎたかな、と思案に暮れていた時に、辞書で見つけたんが「不易流行」という言葉だした。

――新味を求めて変化を重ねていく流行性こそが、永遠に変わることない不易の本質であり、不易と流行は根本において一つである。

これは松尾芭蕉が唱えた「蕉風俳諧《しょうふうはいかい》」の理念の一つ。つまり、芭蕉の門流の俳風のことですねん。新味＝洋風の味を求めて変化を重ね、不易＝和食の本質を探ってきたといえば聞こえはええけどネ。この言葉には随分と救われましたな。

当意即妙《とういそくみょう》

「えらい俏《やつ》して、どこ行かはりますのん？」と尋《たん》ねられて、「ちょっとミナミまで」と答えるのがエエ気分やった時代がおましたな。道頓堀《どうとんぼり》を挟んで南北の界隈は、大阪で最も古くからの盛り場で、陽が落ちたら色とりどりのネオンや提灯《ちょうちん》。その所々に「即席料理」を謳《うた》う店があったのをご存知やろか。

「即席料理と部立《ぶだて》せしは、先魚《まず》をえて、さて其《その》魚に依《よっ》て趣向するゆへに名づく」と、江戸初期の料理書『料理早指南』におます。ふむふむ。要するに「当意即妙」に料《はか》るべしってことだすな。

「当意即妙」を辞書で引くと、「すばやくその場面に適応して、機転を利かすこと」とある。料理の場合は、食材は下拵《したごしら》えに留め、食べ手の好みに応じて即座に仕立てを考えるってことだけや無《の》うて、食材を最も生かした料理と捉えることもできますな。

採長補短《さいちょうほたん》

カウンターに立ってた頃は、毎朝欠かさず、市場に仕入れに行ったもんだす。旬というのは、本来短いもんですねん。一概には言えまへんが、日数にして10日ばかりのことやそうだす。その短い旬を捉えて、献立を考えるのに、モノを見なけりゃ話になりまへん。

市場で希少な魚を見つけたら、「今夜来はる、珍しもん好きのあの方なら喜んでくれはるかな」と、1尾、2尾を買い求めたもんだす。老夫婦のお客さんなら、量を少し減らしたり、柔《や》らかめに炊いたりしてネ。呑むのん好きな方やったら、自家製の珍味を小鉢でちょっとお出しする。

割烹はカウンター商売でっさかいネ。お客さんの食べる姿を見て、ピンッと勘を働かせて、苦手なもんを除いたり、盃《さかずき》の進む塩梅に変えたりするのんが楽しかったんだす。「当意即妙」こそ割烹の醍醐味。私ゃ、今でもそう信じてますねん。

他人《ひと》さんの優れている点を取り入れて、自分の短所を補う。「採長補短」ってエエ言葉ですわな。

先行く者は、後者を導かにゃなりまへん。そして、さらに道を切り拓《ひら》くことが務めですわな。互いに足りないとこを補い合って社会は成り立っているんでっさかいネ。

この考えは、そのまま料理に置き換えられると私ゃ思てますねん。「和合物《あえもの》」とも書く和え物や、野菜や魚介など様々な具を用いる雑炊は、「採長補短」の最たる料理や。まさに助け合いの世界ですわな。

貝原益軒《えきけん》は『養生訓』の中で、「味すぐれたる野菜は、只《ただ》一種煮食すべし。他物と両種合わせ煮れば、味おとる」と書いてますけどネ。江戸時代に比べて、今の野菜は野性味が少ないはずや。山の菜を山菜、野の菜を野菜と呼ぶなら、さしずめ菜園で育てた「園菜」。持ち味が優しいでっさかいネ、混合の味に仕立てる必要がおますねん。そこが料理屋の腕の見せ所でもありますよってネ。

とはいえ、「味すぐれたる野菜」を手にしたら、味を補う必要はおまへんわな。それより、その味わいをもっと際立たせる演出を考えるのも「採長補短」やと思いまへんか？

『天神坂 上野』時代は、春には泉州《せんしゅう》は木積《こつみ》の筍を欠かさず使《つこ》てましたけどネ。その持ち味を生かすには、直煮《じかに》に直焼き。只一種食すべき、と思てましたナ。そこで、直煮やったら、煮上げた筍を大皿に並べ、お客さんの前でばーっと粉鰹《がつお》を振る。なかなか迫力おまっせ。直焼きやったら、目の前に七輪を置いて刷毛で醤油ダレを塗りながら焼き上げたら、香ばしさも煙も味のうち。料理は五感で味わうもんやからネ。カウンター割烹の臨場感というのんは、料理を何倍も美味《おい》しくしてくれますねんで。

上野修三

【第八章】２０１３年

重ねだし　おかず麺

鰹《かつお》節と昆布のおだしは万能やけど、頼りすぎたらあきまへんな。そこで私ゃ、いろいろな素材からだしをとったもんやけど、料理の主役素材から旨みをちょっと拝借するのが手っ取り早い。例えば、鴨肉が主役なら、手羽と野菜でだしをとり、鰹昆布だしに重ねる。若竹やったら、筍の煮汁でワカメを煮て、その煮汁を昆布だしに重ねるって塩梅だす。名付けて「重ねだし」。海老の頭やカニのガラ、魚のアラと、だしの出る素材は捨てるとこが多いから、有効活用できて地球にも優しいでっしゃろ。今回は、この重ねだしで、具だくさんの「おかず麺」を仕立ててみましてん。

1月

鴨難波《なんば》うどん

南蛮《なんばん》風の調理法で仕立てた鴨とネギの汁蕎麦を「鴨南蛮」と言うけれど、大阪ではうどんで「鴨難波」と書く。これには理由がおますねん。「葦辺《あしへ》行く 鴨の羽がひに 霜降りて」と『万葉集』にもあるように、かつては冬が近くなると、大阪の葦原にも鴨が飛んで来てましてネ。時は流れて明治期、難波辺りは青ネギが名産で、ネギと言えば難波となりましてん。

さて、「難波葱《ねぎ》」も鴨も今が旬。真鴨が手に入らへんかったら、合鴨でもよろしいな。脂肪の少ない胸肉を選びまひょ。細い串で皮に無数の穴を開け、強火にしたフライパンで焼き焦がす。宗田鰹《そうだがつお》と昆布のだしでキャベツ・玉ネギ・ニンジンなどを煮出し、酒・淡口醤油だけで吸い味より濃いめに味を付ける。先の鴨をとっぷり漬けて15分ほど蒸し煮にしますねん。

指で押して貴方《あん》さんの頬っぺほどの弾力になったら、細い串を刺してみまひょ。淡い肉汁が滲《にじ》めば、蒸し上がりだす。蒸し汁から上げたら、後は余熱で。蒸し汁は捨てまへんで。冷やしたら浮いた脂肪が白く固まるから、これを取り除いて難波葱を炊きまひょ。

ところで、今回から始まる「おかず麺」の主役となる吸い汁やけど、今月は宗田鰹と昆布に、野菜、まろやかな鴨の旨みも含めた重ねだしだす。複合させた味のまとめ役は、持ち味を引き出しても、己を主張しすぎない淡口醤油。ポトポトッと、この雫で味が決まりますな。日本料理の爽やかな味付けは、淡口醤油あればこそ。これ、世界が認める味でっせ。

＜重ねだしで淡口八方地を作る＞

① P13「カツオ昆布だし」の「一番だし」の要領で、宗田ガツオ節と昆布のだしをとる。

② キャベツ・ニンジン・セロリ・玉ネギなどの切れ端を細かく切る。合鴨の手羽元と共に水で1時間煮出して漉す。

③ ①と②を同量で合わせ、酒・淡口醤油・少量のみりんで淡口八方地を作る。

＜合鴨ロースを作る＞

④ 合鴨胸肉の皮に金串数本をまんべんなく刺す。フライパンでキツネ色に強火で焼き、約30分吊り下げて脂を落とす。

⑤ 深バットに③と④を入れ、中火で約15分蒸す。金串を刺して澄んだ肉汁が出たら蒸し上がり。再度、吊るしておく。

⑥ ⑤の蒸し汁を冷やし、脂が白く固まったら、さらしで漉す。⑤の合鴨を浸し、3時間ほど味を染ませる。

＜仕上げる＞

⑦ ⑥の浸し汁に①を加え、うどん汁とする。

⑧ ⑦で難波ネギと芹をさっと煮る。ネギの白い部分に青い部分を巻き、ひと口大に切る。

⑨ うどんを茹で、器に盛る。⑥を食べやすい大きさに切り、⑧と共に添えて⑦を張る。刻みネギを天盛りする。

2月

菱ガニの米麺

＜重ねだしで麺の汁を作る＞

① P13「カツオ昆布だし」の「一番だし」の要領で、マグロ節と昆布のだしをとる。

② 無農薬のホウレン草を茹でる。茹で汁で、洗い米とキャベツの芯を煮出す。漉さずにそのままおいておく。

③ ワカメを軽く茹で、茹で汁は残す。

④ 菱ガニの卵を外す。卵以外を15分ほど蒸し、身をほぐし、カニミソを取る。

⑤ 鍋に①と②の茹で汁を同量で合わせ、③のワカメの茹で汁少々と④の菱ガニのガラを加えて煮出して漉し、重ねだしとする。

⑥ ⑤を適量取り、淡口醤油と少量の酒で濃いめに塩梅し、麺の汁とする。

＜菱ガニの巻繊（けんちん）豆腐を作る＞

⑦ 百合根とキヌサヤを適宜切り、塩茹でする。

⑧ ④の身とカニミソ、⑦の百合根を、⑤の重ねだし少々・酒・淡口醤油・砂糖と合わせ、溶き卵を流し入れて弱火で練りながら煮る。⑦のキヌサヤを加えて海苔で巻き、黄身の多い衣を付けて揚げる。

＜菱ガニ卵のカラスミ風を仕込む＞

⑨ ④の菱ガニの卵を掃除して裏漉しし、卵黄と塩を混ぜて蒸す。ラップをして巻きすで巻き、カラスミのように固める。

＜仕上げる＞

⑩ ビーフンを茹でて器に盛る。②のホウレン草と③、⑧、⑨を適宜切って菱ガニのハサミと盛り合わせ、⑥の汁を張る。

二月に入って節分の明くる日は立春でおますが、まだまだ温《ぬく》いもんが食べたいですわな。今が旬の菱ガニを使《つこ》て、煮麺《にゅうめん》にしまひょ。本名はガザミやけど、岸和田の秋祭で有名な菱ガニの方が名は通ってるやろか。昼は深さ40ｍほどの砂泥《さでい》に身を隠し、陽が落ちると海中や波の上へ餌《えさ》を探しに遠出するから、渡りガニとも呼ばれる。この時季なら、子をたくさん持った雌に、身の味なら雄。どちらも魅力的や。

このカニはミソや卵巣が旨いから、腹側の白いフンドシをまずはこじ開けまひょ。蟹忍《かんにん》、否《いな》、堪忍やでぇ～。グイッと一気に甲羅を外したら、「カニは喰《く》うても、ガニ喰うな」と言われるエラを捨て、卵とミソを取り分けまひょ。卵は裏漉しし、蒸してカラスミ風に。身とミソは蒸して卵地と合わせ、練りながら煮る。海苔巻にして黄身揚げにしておくれやす。

もちろんカニ殻は今年のテーマ、重ねだしの主役やさかい、捨てまへん。煮出してだしをとりまっせ。鰹節《かつお》やなしにマグロ節を昆布だしに合わせると上品なプロの味になりますな。添えのホウレン草とワカメの茹で汁、キャベツの芯や切りくずのだしも一緒に合わせましてん。麺は米の麺・ビーフンでいきまっさかい、洗い米を重湯《おもゆ》にして一緒に煮出したら、米の旨みとろみが出て相性がよろしな。

決め手はやっぱり淡口醤油。この一滴で重ねだしの旨さが際立ちますなぁ。素材の持ち味を生かす日本料理の強い味方でっせ。彩りよく菱ガニのハサミも添えて、万歳！

<重ねだしで麺の汁を作る>

① 昆布を水に2時間以上浸し、弱火で沸騰させずに約30分煮出して漉す。

② 干し帆立を昆布と共に、水に浸す。30分ほど煮出して、だしをとる。

③ ハマグリ、アサリ、シジミを砂出しする。各々別々に①で火が通りすぎないよう煮る。身は外し、殻は残しておく。

④ ③の3種の貝だしと②を合わせて重ねだしとし、淡口醤油・酒で麺の汁を作る。

<3種の真薯を作る>

⑤ タラのすり身・つくね芋とろろ・卵白をすり合わせる。塩で味を調え、3等分する。

⑥ ハマグリはハマグリの煮汁少量、アサリはアサリの煮汁と食紅を各少量、シジミはシジミの煮汁とアオサ海苔を各少量、それぞれ⑤とすり合わせ、3種の真薯地を作る。

⑦ ⑥をそれぞれの身と合わせ、殻に詰めて軽く蒸す。

<仕上げる>

⑧ ②の干し帆立をほぐし、②のだしで硬めに溶いた吉野葛と卵黄を加え、湯煎にかけて固める。粗熱を取り、ひと口大にする。

⑨ 天王寺蕪菜を茹で、②のだしを淡口醤油・塩で濃いめの吸い味に塩梅して30分浸す。

⑩ 春雨を水で戻し、茹でる。器に盛り、⑦・⑧・⑨を温めて添え、④を張る。

3月

難波《なにわ》貝寄《かいよ》せ麺

最古の官寺・四天王寺《してんのうじ》の辺りは高台やさかい、かつては住吉大社の辺りまで眺められたそうな。社の近くまで迫った海は別名・洲崎《すざき》の海と呼ばれ、春には潮干狩りの客で賑わったとか。漁師が洲崎のハマグリをむき身にして売り出すと、大阪人はこれを鱠《なます》にして食べた。雛《ひな》の節句や婚礼には、必ず殻付きのままの「蛤吸《はます》い」を付けるという風習が現在も残ってますなぁ。

季節風で浜に打ち上げられる様々な貝殻を使った造花が、春の四天王寺聖霊会《しょうりょうえ》に供えられることから生まれた季語が「貝寄風《かいよせ》」。今回はその貝寄風にちなんで、ハマグリ、アサリ、シジミ、干し帆立を使い、各々のだしを昆布と合わせた、名付けて「難波貝寄せ麺」だす。

ハマグリ、アサリ、シジミをそれぞれ昆布だしで炊く。その汁を合わせ、干し帆立を昆布と共に戻して煮出しただしを重ねますねん。麺種は、淡泊なすり身とつくね芋のとろろで作った3種の貝の真薯《しんじょ》。ハマグリを白、アサリを桜、シジミはアオサの緑で染めましてん。だしをとった干し貝柱は細かくほぐし、葛と卵黄で固めて添えまひょ。春雨は波に見立ててますねんで。

戦後間もない食糧不足の頃、ある詩人が詠んだ「酔ふほどに 酒持たぬ今日のもてなしは 浅《あさ》利《り》、蛤《はまぐり》、蕪菜《かぶらな》の汁」に比べると、随分贅沢《ぜいたく》で気が引けますけどネ。淡口醤油は威張りすぎることなく、貝の優しき持ち味を引き立てながら、この春色を演出してくれまっせ。最後に、幼い孫との潮干狩りを偲んで思い出した一句を。

「貝寄せや 我もうれしき 難波人《なにわびと》」(松瀬青々《せいせい》)。

＜鯛とエビの桜揚げを作る＞

① 桜鯛を三枚におろし、塩をあてる。脱水シートで2時間挟み、5cm幅にそぎ切りする。

② 才巻エビの殻をむき、叩いてする。薄い塩味を付け、卵白・つくね芋とろろ・浮き粉をすり合わせ、昆布だしでのばす。

③ 桜の葉の塩漬けを水に浸して塩を抜き、みじん切りにして②に混ぜる。

④ 小麦粉・片栗粉・ベーキングパウダー少々を水と合わせ、卵白のメレンゲを加える。

⑤ ①で③を上下から挟み、小麦粉をまぶす。片面に④を付け、みじん粉を赤3：白7の割合で混ぜて振りかけ、180℃で揚げる。

＜鯛とエビの重ねだしをとる＞

⑥ 昆布と干しエビを2時間ほど水に浸す。

⑦ ①の中骨・②の頭と殻に塩をして焦がさないよう素焼きする。⑥のだしに入れ、弱火で約30分煮出す。火を止めてマグロ節を加え、5分おいて漉し、重ねだしとする。

＜仕上げる＞

⑧ 菜種を茹で、⑦のだしに淡口醤油と酒を合わせた濃いめの淡口八方地に浸す。

⑨ 芹を茹で、飾り結びにする。

⑩ ウドを桜の花形に飾り切りし、酢水に放つ。

⑪ ⑦のだしを少量の酒と淡口醤油で吸い味に塩梅し、うどん汁とする。

⑫ 稲庭うどんを茹でて器に盛り、⑤の桜揚げを適宜切って盛る。⑧・⑨を添え、⑩と木の芽をあしらい、⑪を注ぐ。

4月

鯛の桜揚げ饂飩《うどん》

「よこたへて 金ほのめくや 桜鯛」。俳人・阿波《あわ》野青畝《のせいほ》の句でおます。

桜鯛の見目かたち、ほんまに綺麗ですなァ。桜が花から若葉に変わる、八十八夜前後になると、鯛は子孫繁栄の営《いとな》みのため、折り重なるように集まるので、「乗っ込み鯛」とも呼ばれる。桜色に金粉でも振りかけたような肌の色は、婚姻色とも言いますねんで。

子宝って意味ではええけれど、子持ちの鯛の身は食味の点からすると、ちょっとお疲れ気味。むしろ晩秋の紅葉鯛から桜が咲き始める頃までが最盛期や。とはいえ、庶民の食卓にも上るほど豊漁で、手軽な価格の桜鯛。大阪人は、この春の旬魚を、毎年待ちわびてますねん。

さて、今回の「おかず麺」は「鯛の桜揚げ饂飩」だす。桜鯛の薄切りで海老のすり身を挟んで、ピンクのみじん粉を付け、桜の山に見立てて揚げましてん。なにより大事なのは、だしでおます。昆布と干し海老を2時間ほど水に浸し、鯛の中骨とすり身に使った海老の頭を加えて、沸騰させずにゆっくり30分ほど煮出す。ここにマグロ節を削って加えた、重ねだしでおます。鯛の中骨と海老の頭は焦がさんように素焼きにしてから煮出すと、椀種との相性が増して、始末がよろしいな。

味付けはほんの少々の酒に、決め手はなんちゅうても素材の邪魔にならず、旨みを引き出してくれる淡口醤油だっせ。淡く透き通っていて、旨みはたっぷり。麺と寄り添い合って風味が立ち上りますなぁ。

<筍を煮る>

① 米ぬかとタカノツメを加えた水で、筍を竹串が通るまで茹でる。そのままおいて冷ます。縦に切り、皮をむく。

② カツオ昆布だし（一番だし）を淡口醤油・酒・みりんで濃いめの淡口八方地に塩梅し、①を煮る。火を止め、そのまま2〜3時間おいて味を含ませる。半月と板状に薄切りする。

<干しワカメを煮る>

③ 干しワカメを洗い、昆布と水に2時間浸す。そのまま火にかけ、沸騰する前に昆布を引き上げ、ワカメを柔らかく茹で、食べやすい大きさに切る。茹で汁は取っておく。

④ ③のワカメを②の筍の煮汁で炊く。

<重ねだしでうどん汁を作る>

⑤ ③の茹で汁をひと煮立ちさせて火を止め、カツオ節を加えて5分おいてから漉す。

⑥ ④の煮汁と⑤を6：4で合わせ、淡口醤油・酒・みりんで加減して、うどん汁とする。

<仕上げる>

⑦ トビアラの殻をむき、身をぶつ切りする。食紅を差した酒で炒り、塩味を付ける。

⑧ 讃岐細うどんを茹でて器に入れ、②・④・⑦と木の芽を盛り付け、⑥を注ぐ。

5月
若竹うどん

隣の家の竹が地下茎を伸ばして、我が屋敷に侵入して筍となって顔を出した。さて、これは誰のものか…。不法侵入罪で逮捕するか、それともナイショで食べて何食わぬ顔をするか。貴方《あん》さんなら、どうしはる？

なんて戯《ざ》れ言はおいといて、私ら板前が呼ぶ筍とは、地下茎から出る竹の若芽のこと。朝早く、まだ地上に顔を出す前に掘る「白了《しろこ》」が上物ですねん。でも、世間でよく使われる、顔を出してしもうた筍でも、米糠《ぬか》とタカノツメで茹でたら、充分旨いし、お手頃やさかい、これでいきまひょ！

ところで「若竹」は若い竹って訳やおまへん。料理の世界では、ワカメと筍の相性の良さを言いましてネ。その仲立ちを買《こ》うて出るのが、鰹《かつお》と昆布のご夫妻ってワケ。この四者が醸《かも》すだしを重ね合わせたら…と、私ゃひらめいたんだす。鰹昆布夫妻を筍とワカメの煮汁に重ね合わせたのが、今回の重ねだし。色は淡いのに、味に深みがある淡口醤油をぽとりと落としたら、上品でまったりとしたうどん汁になりまっせ。これで「若竹うどん」を仕立ててみたんやけど、どないだす？筍が最盛期やなくとも、充分に美《お》味《い》しゅういただけまっせ。筍とワカメの香りが一層引き立つ、美しく淡い春の色。これぞ淡口醤油の魅力ですなぁ。

こりゃあ、もうお隣から侵入してくる筍なんて待ってられまへんデ。店頭で買うたら、米糠をもらえますよって、我が家で茹でたら、香りもええさかいネ。

＜昆布とアゴの重ねだしをとる＞

① 昆布とアゴの焼き干しを水に一晩浸す。弱火でゆっくり煮出す。沸騰する前に昆布を、沸騰したらアゴを取り出し、火を止める。カツオ節を加え、5分ほどおいてから漉す。

＜翡翠（ひすい）ナスを作る＞

② ナスのヘタの周りと、縦に数カ所、庖丁で切り込みを入れ、サラダ油を塗る。網にのせて強火で焼く。冷水にとり、皮をむく。

③ ヘタを落とし、縦にさく。①のだしを少し取り、淡口醤油・みりんを加え、淡口八方地を作り、2～3時間浸して味を含ませる。

＜穴子を煮て炙る＞

④ 穴子をさばいて霜降りし、タワシで皮のぬめりを洗い流す。①と酒で下煮し、淡口醤油・塩・みりんを加え、柔らかく煮る。

⑤ ④を引き上げ、煮汁をふき取り、身側を天火で炙って乾かす。刷毛で卵黄を塗り、艶出し程度に炙る。

＜重ねだしで蕎麦の汁を作る＞

⑥ ①のだしに④の煮汁を少し加え、淡口醤油で濃いめに塩梅する。葛でとろみを付ける。

＜仕上げる＞

⑦ 自然薯蕎麦（普通の蕎麦でも可）を茹でてザルに上げ、再度、湯に通して湯切りし、温めた器に入れる。⑥を注ぎ、③と⑤を盛り、針ネギをのせる。好みで七味唐辛子をかけていただく。

6月

はかりめ蕎麦

海に沈んだ空き缶や瓶、壺《つぼ》など、とにかく穴が好きで、穴子と申しやす。穴が無けりゃあ、岩の窪《くぼ》みや砂に潜《もぐ》って顔だけ出す。昼は寝て、夜は明かりも点けずに獲物探し。この習性《くせ》を掴んだ漁師に、浅瀬に立てた脚立《きゃたつ》の上から一本釣りされたり、筒状に編んだ籠《かご》に餌《えさ》を入れて沈める壺船漁で狙われたり。やっと食事付きマイホームを見付けたと思ったら、仕掛けの壺に嵌《は》められ、あえない最期となりにけり。

そんな穴子のボヤキは聞かんふりして、料理やと蒲焼、天ぷら。寿司では煮穴子に焼き穴子が定番やけど、蕎麦の具にしても美味。そや、今月は「はかりめ蕎麦」といきまひょ！　煮汁とアゴ（トビウオ）・昆布・鰹《かつお》節と四種を合わせた少々濃厚な重ねだしで食べるって寸法。まったりとした浪速の味になりまっせ。

アゴは昆布と共に水に一晩浸して、弱火でゆっくり煮出すと、クセなく、コクのあるえだしがとれまっせェ。開いた穴子を霜降りしたら、皮のぬめりが白う浮き上がりますよって、タワシで洗い流して、二つに切って炊きまひょ。とろ火で柔《や》らこう炊いて、穴子の白い身がほんのり色付いた頃がよろしな。味付けは濃口醤油やのうて、淡口醤油。穴子に淡い衣装を纏《まと》わせ、持ち味を引き出しまひょ。一旦冷まして、天火で乾かし、卵黄を付けて艶出し程度に炙《あぶ》り、もう一枚黄色の羽織をかけて…。えっ？ なんで「はかりめ」かって？穴子の身体の斑紋《はんもん》が昔の天秤の秤目《はかりめ》に似てるから、異名になったたって噺《はなし》でっせェ～。

＜重ねだしをとり、つけ汁を作る＞

① 干しエビと干しハゼ（無ければ干しアゴ）をそれぞれ昆布だしに半日ほど浸ける。別々に火にかけ、10分ほど煮出して漉す。

② 干しエビだし4：干しハゼだし3：カツオ昆布だし3を合わせ、重ねだしとする。干しエビだしとカツオ昆布だしは残しておく。

③ ②の重ねだし7：淡口醤油1：みりん1.5をひと煮立ちさせて冷やし、つけ汁とする。

＜カンピョウを淡口甘八方地浸しにする＞

④ カンピョウを水中でもみ洗いし、一晩水に浸ける。水を替え、柔らかく茹でる。

⑤ ②の重ねだしを少し取り、酒・淡口醤油・砂糖でやや甘めに味付けして、3時間浸す。

＜車エビの煮凝りを作る＞

⑥ 車エビをカツオ昆布だし・酒・淡口醤油・砂糖・みりんで甘めに煮る。煮汁に2～3時間ほど浸して味を含ませる。

⑦ ⑥の殻をむき、流し缶に並べる。⑥の煮汁に干しエビだしを加えて温め、ゼラチンを溶かして注ぐ。冷蔵庫で冷やし固める。

＜仕上げる＞

⑧ オクラの種を取って刻み、粗くする。つくね芋とろろと混ぜ、淡口醤油・みりんで味を付ける。小鉢に盛り、温泉卵をのせる。

⑨ ⑤・⑦をひと口大に切り、⑧と共に盛る。茹でた三ツ葉・ワサビ・木の芽を添える。

⑩ 冷や麦を茹でて器に盛り、振り柚子をする。③のつけ汁を添える。

7月

煮凝《にこご》り海老冷や麺

冷やし素麺、冷や麦…、暑い時はさっぱり夏の麺がよろしなぁ。素麺の太いのんを冷や麦と言うけど、素麺との違いは太さだけで、昔はうどんも含めて、切り麦と呼んでたんやそうな。切り麦を熱い汁で食べるのが熱麦《あつむぎ》で、冷やして食べるのが冷や麦となった。そう言やァ、浪速では冷やし素麺を冷や麺と呼びますな。

幕末の大坂町奉行だった久須美祐雋《くすみすけとし》や、『南総里見八犬伝』などを書いた作家の滝沢馬琴は共に江戸っ子やけどネ。この二人に「上方のうどんは旨い」と言わしめたのは、どうやらだしの旨さにあったようでっせ。浪速名物・うどんの魅力は喰《く》い味にある。まったりとした味付けがウケたんやろな。

冷や麦をざる蕎麦みたいなつけ汁で食べるのもええけど、その時の麺種に合う重ねだしで食べたらもっと旨くなるのと違うやろか？と考えたのが今作だす。おかず麺やさかい、具だくさん。旬の車海老の煮汁もちゃんと食べてほしいから逃さず、煮凝りにしてネ。つけ汁には干し海老のだしをたっぷり加えて、さらに冬の内に干しといたハゼと鰹、昆布のだしを合わせた重ねだしでよばれまひょ。

味付けはやっぱり淡口醤油でっせェ。クリスタルガラスの器に盛ったら、この琥珀《こはく》色！煮凝りもきれいに澄んで海老の赤が透けて見えまっちゃろ。干瓢《かんぴょう》をここまで白う炊いても味がえのは、「色を付けずに、ええ味付ける」ヒガシマルのおかげ。冷や麺というても豪華なおかずになりまっせェ。馬琴さんもビックリやろな。

<重ねだしで蕎麦のつけ汁を作る>

① 干し貝柱と昆布を一晩水に浸け、そのまま沸騰させないよう約30分煮出す。

② 鱧の骨を素焼きしてから半日ほど干す。昆布を2時間ほど浸した水に加え、沸騰させないよう約1時間煮出す。昆布を引き上げたらひと煮立ちさせ、マグロ節を加え、5分ほどおいてから漉す。

③ ①と②を3:7で合わせて重ねだしとする。重ねだし7に対し、淡口醤油1・みりん1.5で味を付け、つけ汁にする。

<鱧平を作る>

④ 開いた鱧の皮を下にして置き、尾の側から頭に向けて、庖丁で身をこそげ取る。小骨を取り除き、少量の塩を入れて身をする。つくね芋とろろ・浮き粉・卵白と昆布だし少々を加え、柔らかくすりのばす。

⑤ ④を2つに分け、一方に抹茶を加え、どちらも棒状にする。2つを重ね合わせ、ラップで巻いて穴を数か所開ける。15分ほど弱火で茹で、冷やしておく。

<仕上げる>

⑥ 茶蕎麦を茹で、水洗いして冷水にとる。水気を切り、氷を敷き詰めた器に盛る。

⑦ ⑤の鱧平、椎茸の旨煮、三度豆の淡口八方地浸し、錦糸玉子、梅干しを適宜切って盛る。ワサビをあしらい、③を添える。

8月

茶切り鱧平《はむぺい》蕎麦

はんぺんのことをアンぺか安平《あんぺい》、大阪ではこう呼びますな。元を正せば半平《はんぺい》で、江戸時代に駿河《するが》の国の半平という料理人が創作したことから、その名が付いたそうや。それが訛《なま》って半片《はんぺん》になったらしいと、本山荻舟《もとやまてきしゅう》の『飲食事典』にある。この説がホンマかもしれまへんな。

白身魚のすり身に塩少々、とろろや昆布のだしを加えて、耳たぶほどの柔《や》らかさまで擂《す》りのばす。すくって、煮え立つ前の湯に落とし入れ、ゆらりと浮き上がってきたら出来上がり。ふわふわのをそのまま椀種に、または冷やしてワサビ醤油で。これを大阪では昔から鱧《はも》でやってましたな。鱧は強烈に噛《は》むことから、鱧の半平を「はむぺい」と呼びますねん。白い鱧平を二つに分け、一方に抹茶を加えて二色を抱き合わせたら、きれいでっしゃろ。茶蕎麦も茹でて、「茶切り鱧平蕎麦」にしまひょ！

つけ汁のだしには、焦がさないように焼いた鱧の骨。半日ほど干したのを、昆布と沸騰させずに煮出してだしをとる。骨はあらかじめ焼き干ししたのを冷凍保存しといたら便利でっせ。

つけ汁を冷やす場合は、だしの味付けは濃いめがよろし。鱧だしとよく馴染む、干し貝柱のだしを合わせると、さらにコクが深まって美味でっせェ。塩梅は言わずと知れた淡口醤油。味醂と酒も少々加えると、どないでっか、この清涼感。白い鱧平の、その白さも透《とお》すつけ汁の淡い色。それでいて、ちゃんと素材を生かしてくれる淡口醤油ならではの夏料理。まぁひと口啜《すす》ってみなはれ！

＜鮎とマグロ節の重ねだしをとる＞

① 鮎の頭と骨を焼き、干して水分を飛ばす。

② 昆布を水に一晩浸けておく。

③ ②の半量に①を加え、弱火で 30 分ほど煮出し、昆布を引き上げる。マグロ節を加え、5 分おいてから漉し、重ねだしとする。

＜子持ち鮎を煮浸しにする＞

④ 子持ち鮎を遠火でゆっくり焼く。

⑤ 竹の皮の真ん中あたりに竹串でいくつかさき目を入れ、鍋底に敷く。④をのせて板昆布をかぶせ、②を加えてひと煮立ちさせる。煮汁を麺つゆ用に少し取っておく。

⑥ 番茶を袋に包んで⑤に入れる。多めの酒と米酢少しを加え、骨が柔らかくなるまで炊く。番茶を引き上げ、淡口醤油と少量の砂糖・みりんで味を付けて煮含める。

⑦ 鮎をおか上げし、おぼろ昆布をのせ、⑥の煮汁に浸して冷ます。半分に切る。

＜仕上げる＞

⑧ ③の重ねだしに⑤で残した煮汁を少し加え、淡口醤油・酒・みりん少々で塩梅した麺つゆを冷やしておく。

⑨ 素麺を茹でて氷水で冷やし、器に盛る。⑦と焼きミョウガ・錦糸玉子を添え、芽ネギをあしらい、⑧を注ぐ。好みで七味唐辛子か柚子皮を振ってもよい。

9月

鮎《あい》の子宝冷や麺

　秋、鮎の雄は赤っぽく背は黒うなって、錆《さび》鮎や渋鮎と呼ばれる。卵を孕《はら》んだ雌の腹は黄色みを帯びた茶色。産卵のため、川を下ることから、落ち鮎とも言いますな。

「鵜《う》の嘴《はし》を のがれのがれて 鮎さびる」。

　鵜の目を逃れても、簗《やな》の仕掛けにかかって、御陀仏《おだぶつ》となる。一茶《いっさ》の一句を見つけて、風流さとは裏腹に、何やら生き物の哀れや悲しみを感じましたんや。

　子持ち鮎は、夏の盛りの鮎とはまた別の風味がありましてネ。今回は昆布を利かした煮浸しにして秋とは名ばかり、まだまだ暑い早秋のおかず麺にしまひょ！ ひんやりとした麺つゆの〝ぶっかけ〟でおます。

　子持ち鮎を遠火でゆっくり焼き、昆布だしでひと煮立ちさせる。この時、少し煮汁を取り残しておくんだす。鮎は番茶と一緒にゆっくり炊いたら、骨が柔らこうなりまっせぇ〜。味付けは淡口醤油と少しの砂糖と味醂。番茶で黒っぽく見えるけど、味は爽やかなんがよろしな。

　麺つゆは鮎の骨だしで仕立てまひょ。鮎がたくさん獲れる夏場に、焼き干しして冷凍しとくと重宝しまっせ。鮎の風味を壊さんように昆布だしでゆっくり煮出したら、残しておいた煮汁を加えて、淡口醤油で味付け。茹でて盛り付けた素麺に、この麺つゆをきっちり冷やしてぶっかけたら完成だす。

　〝鮎の子宝〟を食べて愛の子宝に恵まれたら、少子化日本の役に立ちまっせ〜。これで哀れな鮎も成仏ってもんだすなぁ。

＜重ねだしでうどんのつけ汁を作る＞

① 鶏ガラを出刃庖丁で切って水にさらす。水から30分ほど煮出して漉す。

② カツオ昆布だし（一番だし）と①を2：1で合わせ、淡口醤油・酒・みりんで塩梅して、うどんのつけ汁とする。

＜天ぷらを揚げる＞

③ 地鶏または軍鶏の挽肉をすり鉢ですり、淡口醤油少量を加え、さらにする。卵黄・つくね芋とろろ・浮き粉と①の鶏だしを少量すり合わせ、柔らかいすり身を作る。

④ ムカゴをキノコ形にむいて蒸し、竹串に刺す。

⑤ 甘長唐辛子を縦切りし、種を取って結ぶ。

⑥ シメジ、舞茸を小房に分け、片栗粉をまぶし、③を表面に塗り付ける。

⑦ ④・⑤・⑥に天ぷら衣を付け、180℃で揚げて皿に盛る。柚子おろしを添える。

＜仕上げる＞

⑧ 昆布だしを薄めて細うどんの生麺を茹で、そのまま鉢に盛って釜揚げうどんとする。茹でた菊菜をのせる。

⑨ ②を温め、⑦と共に添える。⑧の茹で汁を蕎麦湯のように②に足して飲んでもよい。

10月

茸鶏《たけとり》うどん

秋の楽しみの一つに、茸狩《きのこ》りがおましたな。私が子どもの時分は、大阪でも松茸狩りができましたんやで。採り集めたさまざまな茸を、大阪の名産だった黄鶏《かしわ》と共に、山の上ですき焼きにして食べたもんです。あまりにもみんなが鶏を山へ持っていくもんやから、「大阪中の黄鶏が山に入ってしまうぐらいや」なんて宣《のたま》う人も。親には「鶏ばっかり食わんと松茸食え～」って叱られてネ。もう昔の話ですなぁ。

今や高嶺《たかね》の花になってしもた松茸とまでは言わずとも、この秋はシメジや舞茸を使った「茸鶏うどん」ってどない？ 黄鶏の代わりはちょっと上等にして、地鶏か軍鶏《しゃも》でいきまひょ。鶏ガラでとっただしを主に、昆布と鰹《かつお》のだしを重ねて、釜揚げうどんのつけ汁に仕立てますねん。塩梅には日本酒を張り込んで、あとはヒガシマルの淡口醤油があったら文句なしや。我が身を忍ばせ、素材を生かす。まさに陰（醤油の異名）の主役だす。

さて、要《かなめ》のつけ汁ができたら、おかず麺の具材の準備や。鶏の挽肉をすり身にし、シメジや舞茸の表面に塗り付け、蒸した零余子《むかご》（山芋のツルに付く肉芽）や甘長唐辛子と共に揚げておくれやす。鶏の旨みを抱いた茸の天ぷらや。麺は細うどんの生麺で。お湯やなしに、薄い昆布だしで茹でまひょ。

見ておくれやす！ 温かいつけ汁の、淡く輝くこの色。うどんの白さも引き立ちますな。重ねだしのコクある旨さも際立って、きっとお仕舞いまで飲み干したくなるはずでっせ。

＜ぐじとろ蒸しを作る＞

① 甘鯛のウロコをすき取り、三枚におろす。中骨と身に淡塩をあてて５〜６時間おき、それぞれ扇風機で半日ほど生干しにする。

② ①の身の皮目に庖丁を入れ、皮目が外になるよう輪を作り、楊枝で留める。淡口醤油・酒を合わせた若狭地を塗り、皮目だけを焼いて軽く焦がす。

③ 自然薯の皮をむき、酢水にしばらく浸けてアクを抜く。すり鉢ですりおろす。

④ 昆布に②の身をのせ、蒸して火を通す。③を輪の中に流し入れ、蒸して表面を熱する。

＜重ねだしで蕎麦の汁を作る＞

⑤ ①の中骨を焦がさないよう、遠火で炙（あぶ）る。

⑥ カツオ昆布だし（一番だし）で⑤を沸騰させないよう30分煮出して漉す。酒・淡口醤油・みりんを加えてひと煮立ちさせ、蕎麦の汁に塩梅する。

＜仕上げる＞

⑦ 茶蕎麦の端を縛って湯の中で振り動かしながら茹でる。端を切り落とし、温めた鉢に盛る。

⑧ ④と紅葉麩の淡口八方煮を盛り、糸切りの難波ネギ・ワサビを添え、⑥を注ぐ。

11月

ぐじとろ蕎麦

「魚店《うおだな》の 甘鯛どれも 泣面《なきつら》に」（上村占魚《うえむらせんぎょ》）。

愛嬌もあるけど、ほんま憐《あわれ》みを誘う顔してますなぁ。大きなおでこに、ずどーんと長い胴体。お世辞にも恰好《かっこ》ええとはよう言わん。昔の大阪では、クズナと言うたそうやけど、今は京都に倣《なら》ってグジと呼びますな。

甘鯛はその名の通り、ほのかに感じる甘みに、上品な味わいがおますな。いっぺん食べはったら、どなたはんでも好きになること請け合いや。一般に白・赤・黄と3種あり、なかでも白甘鯛は高級で料理屋好みやさかい、今回はご家庭向きに赤甘鯛でいきまひょ！

肉質が柔らかい分、ウロコを掻《か》き取るのは優しゅうネ。焼きにくいともいうけど、淡塩を5〜6時間あてて扇風機で乾かしたら、焼き網にくっつきにくくなりまっせ。酒に淡口醤油を垂らした若狭《わかさ》地を作り、下焼きした身に刷毛で塗って焼くと、実に美味。これはやっぱり淡口醤油でこその芸当でっせ。このままでも充分旨いけど、自然薯《じねんじょ》を射込んで蒸し物にし、茶蕎麦を一緒に合わせまひょ。秋深くなると出てくる自然薯に、この甘鯛がよう合いますねん。

蕎麦のかけ汁の底味は、主役の甘鯛の骨を焼いて、鰹と昆布の合わせだしで煮出した重ねだし。淡口醤油とは抜群の相性だすな。甘鯛は身ももちろん美味《うま》いけど、骨からとれる上品なだしにも値打ちがおますねんで。この時、脂が浮いて濁ったりせんよう、ゆっくりゆっくり煮立たんようにしておくれやす。これが〃骨のコツ〃って訳ですわ。

12月

乾菜麺《かんさい》

<どんこ椎茸を旨煮にする>

① 分厚いどんこ椎茸の乾物を２日ほど水に浸して戻す。石突きを切り落とし、戻し汁を漉す。戻し汁に昆布を２時間浸す。

② 昆布を引き上げ、椎茸を柔らかく茹でる。

③ 茹で汁を半量取り、カツオだしを少し加えて酒・たまり醤油・砂糖・みりんで塩梅し、②を煮る。煮汁に浸して味を含ませる。

<干瓢と薄揚げのゼンマイ巻を作る>

④ ゼンマイ（燻煙乾燥を施した青干しがよい）を丁寧に洗い、水に１時間浸す。水を替えて半日かけて戻す。

⑤ カンピョウを丁寧に洗って水に浸す。塩もみして洗い、水を替えて茹でる。爪で押して切れない程度に弾力を残すこと。

⑥ 薄揚げの三方を切り落として茹でる。巻きすに広げて④を簾（すだれ）のように並べ、渦巻き状に巻く。さらに⑤を上から包帯のように巻き、数カ所をヒモで縛る。

⑦ カツオ昆布だし・酒・淡口醤油・砂糖・みりんを合わせた淡口甘八方地で⑥を煮る。そのまま煮汁に浸して味を含ませる。

<重ねだしでうどん汁を作り、仕上げる>

⑧ 干しエビを水で一晩戻す。弱火で半量になるまで煮出して漉す。

⑨ ⑧と③の椎茸の煮汁・⑦の煮汁を合わせただし１にカツオ昆布だし２の割合で合わせる。淡口醤油・みりん・酒各少量で塩梅し、うどん汁とする。

⑩ きし麺を茹で、椀に盛り、⑨を注ぐ。③を二つ切り、⑦を輪切りにして盛る。菊菜を塩茹でして添え、針柚子を天に盛る。

月日の経つのは早いもんで、だしを重ね、味を重ねて十二度《たび》。今年も暮れ月でおます。おかず麺、お気に召していただけましたやろか？

食を楽しむってことは、贅《ぜい》を尽くすばかりやない。質素であっても楽しゅう、意義ある食事にすることが大事や。食事の塩梅の良し悪しが日々積み重なって、人間の心身が築かれていくと私は考えますのや。今は皆、前ばかり見て、古き良さを忘れてやしまへんか。今や、「古きが新しい」時代でもあるんでっせ。そこで今月は枯れた素材で、枯れかけた人の心を蘇《よみがえ》らせようやおまへんかってワケ。乾物を使い、それも精進風に。題して「乾菜麺」でおます。

今回はきし麺でいきまひょ。おかずは、同じような帯状にした干瓢《かんぴょう》と薄揚げでゼンマイを巻いて、狐《きつね》うどんのお揚げさんのように柔《や》らこう炊いたんと、冬菇《どんこ》椎茸の旨煮。重ねだしには、この椎茸のだしを利かせますねん。干瓢が無漂白の天日干しやったら、その戻し汁を重ねてもええネ。あとは鰹《かつお》節に昆布、ちょいと贅沢《ぜいたく》して干し海老のだしを……、えっ？　精進でやれって？　でもネ、精進とは「一つのことに精神を集中して励む」「一生懸命に努力する」って意味もおますわなぁ。まぁ、いずれにしても何百年も重ねた精進の上にでき上がった、ヒガシマルの淡口醤油が決め手ですわ。

干すことにより旨みが増した乾物の味わい。ここに淡口醤油と昆布、鰹のだしで味を重ねて生まれた、ほのかに旨そうな色合い。美しゅうて美味《うま》し。まさに「美味」の色でっしゃろ。

【第九章】２０１４年

惣菜椀

心尽くしの淡口風味

惣は「すべて」「総じて」という意味がおますな。菜はお菜、転じて、おかず。つまり惣菜は、平素のおかずのことを指しますねん。総菜とも書き、京都ではお番菜とも呼びますな。そこでお題は、具だくさんで、量もたっぷりのおかずになる「惣菜椀」。コレ、私の造語ですけどネ。食べ手の心身を労《いた》わるように、心を尽くして仕立ててほしい、という願いを込めたサブタイトル付きだす。名月や菊見立て、惜秋と、風流な料理名を付けたんは、日本の四季をお椀の中に感じていただきたいという想いから。けど、「夫婦の操《みさお》」や「幸運嘉喜《かき》寄せ」ってのは、やりすぎましたかな。

早や新年。陽気東方に動いて万物《ばんぶつ》初めて生《な》るって、意義深い年の初めですよってネ。ところで東方っていえば、ヒガシマルの商標の(東)は、東の空に昇る朝日を意味するんやそうだす。その心を通わす淡口醤油で仕立てる本企画も、心を新たにして本年は常食、つまり家庭料理の大切さを…と考えた次第でおます。

そこで、「食とは何ぞや！」と、その字を分解したら、人に良しとなる。そのよろしきことを行うのが、「食事」であり、付け加えるなら、三食のうちせめて一食は家族との会食が望ましいですなぁ。

料理は食材のバランスも大事やけど、「忙しゅうて、そんなん考えてる暇が無い！」って言わはるゥ？ でもネ、心身の根源たる食事を疎《おろそ》かにしたらあきまへんでぇ。「幼児には、徳育よりも知育よりも体育よりも、食育が先」と宣《い》うた古人もあるくらいでっさかいネ。三つ子の魂、何とやら。人は子どもの頃から食卓を通じて生き方を学ぶんでっせ。料理は「心身を料《はか》り理《おさ》める」って意味がおますよってねェ。

さて、本年のお題は「惣菜椀」。一月は、鱈の親子で仕立てるお椀だす。

1月 鱈《たら》の雲子《くもこ》重ね椀

「雲子の真薯《しんじょ》に鱈を重ねたお椀。アオサの香りが広がりますな」

鱈の子は、その形状から雲子と呼ばれますな。これを蒸して裏漉しし、鱈のすり身と合わせて真薯にしますねん。ひと塩あてた鯛の切り身と真薯地をミルフィーユ状に重ねてから、丸めて蒸し上げたんが、椀の主役でおます。

吸い地のだしは、鱈の骨を素焼きにして、昆布だしで煮出したものに、鰹《かつお》と昆布の一番だしを合わせてますねん。味の決め手は、言わずと知れた淡口醤油。アオサ海苔で香りも添えて仕上げまひょ。

どないだす、これなら家族みんな笑顔になること請け合いでっせ。

雲子を蒸して鱈のすり身と合わせ、真薯にする。ひと塩し、そぎ切りにした鱈と交互に重ね、葛粉をまぶし、昆布の上にのせて蒸し上げる。鱈の中骨のだしにカツオ昆布だしを合わせ、淡口醤油と酒で味を調え、吸い地とする。湯葉と梅ニンジン、アオサ海苔、ワサビを添えて。

2月

神鳥さわ煮椀

「天《あま》の岩戸を開かせた霊鳥の椀。
二色の親子焼がキレイでっしゃろ」

　節分を年越しって昔風に言うと、なにやら感慨深い思いになるんは年波のせいやろか。一夜明けたら立春とは言えど、すぐさま春めく訳でもないし、まだまだ冬の寒さに戻る日もおます。さらに衣服を着重ねることになるからと、「衣更着《きさらぎ》」が「如月」の元ことばやとか。こんな時は熱い汁で身体の芯から温《ぬく》もって風邪ひかんようにしまひょ！

「沢煮椀」ってご存知やろか？　豚と野菜の細切りを仰山《ぎょうさん》入れた汁物やけど、今月の「惣菜椀」は豚を鶏に取り替えて、そのササ身を摺《す》り込んだ玉子焼き地を椀種に。ササ身と卵で名付けて親子焼。半量にホウレン草の青寄せで色を付け、二色に焼いてクルッと渦《うず》に巻きましてん。立春はもう一つの夜明けでっさかい、高天原《たかまがはら》の堅固な天の岩戸を開けるのに一役買《こ》うたという美声の軍鶏《しゃも》系の地鶏親子焼を主にして、まだ混沌《こんとん》としてたはずの地球に何かが生まれそうな気配を感じてもらう、なんて大仰《おおげさ》やろか。

　吸いだしは、鶏ガラだしと鰹昆布の合わせだしに酒も少々。白いボトルが目印のヒガシマル「超特選丸大豆うすくち　吟旬芳醇《ぎんしゅんほうじゅん》」は、一段とまろやかで旨みに奥行きがあるし、何せ外気に触れへんさかいに酸化せえへん。琥珀《こはく》の滴《しずく》が食材の持ち味だけやのうて、自然の色を生かしてくれますな。この淡口醤油が味の決め手でおます。

　時を告げる霊鳥にちなんで、是呼んで「神鳥さわ煮椀」。たとえ神棚が無《の》うても、東の空に向けて供えて掌を合わせたら、「ん、我が子孫達、なかなかやりよるわい！」と神々もびっくりしはるんと違うかな。えっ阿《あ》呆《ほ》らしって？　そやかて高天原を支配する天照大御神《あまてらすおおみかみ》とは日の神、太陽のこと。その神に生かされてる私ら生き物は感謝あるのみでっせ。

同量の鶏ササ身と全卵をすり合わせ、鶏だしで溶いた葛粉を加え、淡口醤油とコショウで調味。半量を玉子焼き鍋で下面を焼き、天火で上面を焼く。残りの半量にホウレン草を加えて流し入れ天火で焼き抜く。巻きすで巻き、ゴボウ・ニンジン・筍のせん切り、椎茸薄切り・ホウレン草と共に盛る。鶏とカツオ昆布のだしを淡口醤油とコショウで塩梅し、吸い地に。

昔の話やけど、住吉の浜はハマグリがよく獲れたそうで、汐干狩りと共に有名やった。住吉大社の近くまで海が迫ってた頃は白砂青松《はくしゃせいしょう》、実に美しかったようで、この浜を思うて俳名にしたのか、大阪人の岡本松浜《しょうひん》は「からからと 蛤《はまぐり》量る 音すなり」と詠んだ。当時は、魚屋のようにハマグリ屋も天秤棒を担いで振り売りしていたようですな。

住吉の浜は洲崎《すざき》の浜と言われて、ここのハマグリは「洲蛤《すはまぐり》」として、むき身で土産として売られていた。汐干狩りの客は、鱠《なます》や蛤《はま》吸《す》いにして食べたようだす。松瀬青々《せいせい》も食べたのか、こんな句もおますな。「貝寄せや我もうれしき 難波人《なにわびと》」。貝寄せを「貝寄《かいよ》風」とも書くのは、雛の頃や春の彼岸に吹く西風が様々な貝を吹き寄せることからで、春の季語にもなった。

さて、雛節句の蛤吸いは潮仕立てやけど、今回はちょいと変わった趣向でいきまひょ！

昆布水を桃色にして塩味を付け、道明寺糒をひたひたに浸けて一晩おく。温めて浮き粉を加えて練り、昆布水で茹でたハマグリを包む。吸い地はこの煮汁7に対して干し帆立貝のだし3。椀種に糒や海藻が入ることで複雑な味わいになるけど、海藻の香りを大切にしたいから、味付けは酒少々に淡口醤油。三種のトサカ海苔の磯の香を殺さず、西海のハマグリ、北海の帆立貝の真味を見事に媒介してくれましたナ。色は淡いけど、まろやかな味でっせェ。

ところでハマグリは、「浜栗」とも書くだけに、栗色の物が殻も薄うて味もええ。この殻は対の貝殻でないとピタリと添わぬため、互いの貞操を守るようにとの戒《いまし》めから婚礼に用いるそうな。なのにテレビを見れば、ついたり離れたり…。いとも簡単ですな。ハマグリ食べんかったん？

3月

夫婦の操《みさお》、雛《ひな》の椀

「桃色の道明寺《どうみょうじ》糒《ほしいい》で包んだハマグリの桜餅風。夫婦和合を願った、雛節句の椀だす」

大ぶりのハマグリを昆布水で茹で、口の開いたものから引き上げる。道明寺糒は塩味を付け、食紅で色付けした昆布だしで戻し、軽く温めてから浮き粉を加えて練り上げる。この桃色の糒で先のハマグリの身を包み、蒸して殻に戻す。三色のトサカ海苔、菱形ウド、木の芽をあしらい、吸い地にはショウガ汁を落としていただく。

4月

鯛と若牛蒡《ごぼう》の白子とじ椀

「〝おごんぼさん〟への感謝を込めて、桜鯛と若ゴボウを競わせてみましてん」

「牛蒡」のゴの字は、なんで午《うま》や無《の》うて牛やねん！ ゴボウの和名「宇《う》末《ま》布々岐《ふふき》」は「馬蕗《ふき》」の意味やから、馬の好物らしいのに…。これが長年の疑問ですねん。それはさておき、蕗もゴボウもキク科やそうだす。蕗のように茎を食べる若ゴボウは、根茎が矢尻のように小さいので「矢ゴボウ」とも、八尾名産や言うて「八尾ゴボウ」とも書きますな。字が異《ちご》うても発音は同じ。このヤーゴンボ、他府県では冬から出荷してるけど、三～四月の露地作りが味も香りもよろしいなぁ。

食べもんを大切にする大阪人は「お鯛さん」とか「お昆布さん」と崇《あが》めて呼ぶけど、「おごんぼさん」と言わんのは何でやろ？ そりゃちょっと依怙贔屓《えこひいき》や！ と、今回は若ゴボウも鯛と同格に扱《あつこ》うた「惣菜椀」だす。

塩身の鯛は賽《さい》の目切りと、アラを素焼きしてせせった身を合わせてネ。白子も加えた真薯《しんじょ》地にして、ヤーゴンボに絡めて蒸しましてん。吸い地は、素焼きしたアラの骨を昆布だしで煮立たぬように煮出したのが1、鰹《かつお》とお昆布の濃いだしが2、菜の花の茹で汁0.5って割合でっせ。え？ 塩梅はって？ それは言わずと知れた「うす紫」。これは私とこだけの呼び方でネ。実は淡口醤油のことだす。醤油を「紫」って呼ぶのに対しての「うす紫」。自然の色を生かし、持ち味を立たせてくれますよってね。桜鯛は白子と共に味おうてこそ値打ち、すなわち子宝ってワケでねェ。ここに春の香りと色を添えるのがヤーゴンボ。

そう言えば、ゴボウの生まれ（原産国）は海の向こうやけど、食用に改良したんは日本らしいから、固有の野菜としてもええのと違うやろか。よくぞ我が国へお越しいただき、馴染んでくれはったなァ、おごんぼさん。

真薯地は鯛の白子、素焼きにしたアラの身、塩をした上身のサイの目切りなどを合わせ、塩と少しのみりんで味付け。茎を細くさいて２㎝に切ったヤーゴンボを、香りと食感が立つよう生のまま片栗粉をまぶして絡め、蒸し上げる。添えは菜の花茹で浸し、桜花生麩、木の芽。鯛の骨だしを利かせた吸い地は、淡口醤油と塩・酒少々で塩梅する。

春を告げる鳥と言やァ鶯《うぐいす》のこと。春告魚なら鰊《にしん》でおますわな。でも鰊は北国の魚で、西国ではメバルやでェと頑張り、その食味は煮ても焼いても、揚げても眼を見張るほど旨い！少ぉし褒《ほ》めすぎやろか？

メバルには、黒メバルと金メバルがあって、棲む処によって体色が変わるんやそうだす。赤メバルとも言われるのはガシラ（笠子《かさご》）の赤いのんで、メバルはこの仲間のフサカサゴ科に属するんでっせ。眼が飛び出したように上瞼《うわまぶた》（？）の大きなガシラよりも、ひと回り大きな眼玉がその名の由来。ええ活けもんが入ったら、ぜひお造りにしていただきまひょ！つけダレは、淡口醤油でお願いしまっせ。鰹《かつお》と昆布のだしで割るとよろしいな。メバルの黒衣の下の透ける白い肌、繊細な身を生かすにはコレが一番や。

さて、お造りも旨いけど、最近の魚離れ、箸離れに危機を感じて、今回は敢えて姿のままの「惣菜椀」に。骨からだしも出るさかい、ええ酒のアテにもなりまっせ。

メバルはまずウロコを丁寧に掻《か》き取り、エラと汚れを洗い流すことが肝要だす。ヒレの脇と胴に切り目を入れたら、身離れがよろしおますな。一番だしと水を同割にして白板昆布を下煮して引き上げ、その煮汁を吸い味にしますねん。落とし蓋をして弱火でメバルに火を通しておくれやす。味付けは、淡口醤油で決まりだすな。椀盛りの際には、先ほどの白板昆布を敷いとくんなはれや。トゲやヒレ先でお椀に傷つけんためにネ。

「冷たき物は冷たく、熱き物はあくまで熱く」。利休さんの言いつけを守り、「ふうふうして食べるのヨ！」。可愛い幼子のうちに、箸の使い方も魚の食べ方もしっかり教えとかなあきまへんでェ。

5月

目張《めばる》の昆布蒸汁仕立

「目を見張るほど旨い黒メバルを姿のまま白板昆布を利かせて羹《あつもの》に」

メバルは塩をして5～6時間おき、しっかりと身に塩味を付けておくこと。霜降りにしたら、一番だしを使った白板昆布の煮汁で、その煮汁が濁らないようさっと炊き上げる。塩梅は淡口醤油と少しの酒、かすかにみりん。山ウドの短冊、貝割れ菜に梅干し、たっぷりのおぼろ昆布と共に。

6月 干し鮎の清汁《すまし》椀

「若鮎を干して炙《あぶ》って香ばしく。
年魚《ねんぎょ》の短い生涯に想いを馳せてみまへんか?」

世は平成に変わって間もない頃やった。当てもなく船で四国に渡りましてネ。タクシーに鮎を食べさせてくれる店へと頼むと、細い雨がそぼ降る中、吉野川上流へと走り出した。「こんな山奥に店があるのん?」。運転手は「あの山を越えたとこじゃ!」と答えたけど、雲助の駕籠《かご》に乗ってしもうた気分でネ。着いた所は村の食堂。二階の部屋に一人、窓から釣り人を眺めつつ待つこと30分。背越しに塩焼きと続くその旨さに「待たせてる運転手に差し入れを…」と、雲助から仏さん扱いに変わってしもた。締めの白飯と共に出た味噌汁の中にも鮎が一尾。これが美味やったな。

明くる日、若鮎の目刺しを軽い風干しにしてみたんだす。客前で炭火焼きにし、煮切り酒1、昆布だし1、淡口醤油1に味醂0.5のタレに叩き木の芽の風味でえらく喜ばれましたな。今回の「惣菜椀」は、あの吉野川沿いで食べたお汁を干し鮎で…と考えたもんだす。若鮎の風干しは、特に頭をポリポリッと香ばしゅう焼きまひょ。絹ごし豆腐は二番だしの吸いだしで含め煮に。桂剥《む》きの越瓜《しろうり》を衣のように被《かぶ》せて、花柚子の香りを添える。吸いだしは鮎の香ばしさを生かすため、一番だしに淡口醤油だけというシンプルな清汁。どや!これぞ淡口醤油にこそ為《な》せる一椀、酒にも飯にも合いまっせ。

鮎は十月頃、川の中流で孵化《ふか》して稚魚となり、海に出ると4〜5㎝で川を上り、まずは水生昆虫、次は岩や石に付く珪藻《けいそう》を食べて育つ。その藻の青い香りがするから香魚と言われますけどネ。翌年の十月、川を下り、産卵すると、生涯を終えるので年魚とも呼ばれる。その短いお命をいただくわけやから、若鮎から落ち鮎まで成長に合わせて料《はか》り方も変えて、心して味わいまひょ。

若鮎を背開きし、たて塩に浸して半乾きの風干しにして焼く。絹ごし豆腐は二番だしを吸い味より少し濃いめに塩梅し、沸騰させずに煮含める。越瓜は桂むきにして昆布だしで茹で、冷水で粗熱を取り、冷やした茹で汁に浸しておく。これらを盛り付け、淡口醤油のみで味を付けた一番だしを注ぎ入れ、吸い口に花柚子を添える。

昔から日本人は、穀物を主食に魚介と野菜・海藻の食生活やった。ときたまは薬喰《ぐ》いとして獣肉を食べていたようやけど、仏教伝来以後は長らく獣肉の食用は禁じられていた。それでも戦国武士などはお構いなく肉食をしたというから、戦いの闘争心を煽《あお》るために必要やったのかな。それなら、いま穏やかで平和な日本での肉の過食はどない？ 考えもんやと思いまへんか。

お国柄、禁じられた物もおますな。聖書に「……鰭《ひれ》と鱗《うろこ》のあらざるものは、汝《なんじ》ら之を喰うべからず。之は汝らに汚《けが》れたるものなり」とあるように、ウロコが無いとされたものは、イカやタコのほかに仰山《ぎょうさん》あるけど、鰻もしかり。日本では「……夏やせに よしというものぞ 牟奈伎《むなぎ》とり召せ」と『万葉集』にも詠まれて、鰻は獣肉同様、薬喰いの扱いやった。昔から精力食やったわけやから、食べすぎんことでっせ。

今年もじきに土用丑《どようのうし》が来ますなぁ。夏やせ回復として、とは分かるけど、何事も過ぎたるは何とやら。薬喰いというのは必要なとき食べるもんで、片寄った物喰いはかえって体調を崩《くず》しまっせ！ そこで考えた今回の「惣菜椀」は、家庭では難しいかな？ ま、私の塩梅を見とくれやす。

鰻は上質もんをちょこっと。ご存知ヒガシマルの「超特選丸大豆うすくち吟旬芳醇《ぎんしゅんほうじゅん》」と長～い名で、長い鰻の味をさらに引き立てまひょ。淡口醤油をベースにした半透明のタレでサッパリと香ばしゅう焼いたら、椀物に似合うんだす。湯婆卵どうふにのせて盛り、お露《つい》は上等の一番だしにこれまた先のヒガシマルのみで、ええ味になりまっせェ。本葛でとろみを付けて、たっぷり張りましてん。天盛りのワサビがピリリと効いて…。こんな塩梅はどないだす。

7月 鰻羹《うなかん》の龍野《たつの》仕立

「淡口醤油で蒲焼きにした鰻に湯婆《ゆば》卵どうふを合わせた大椀だす」

「超特選丸大豆うすくち 吟旬芳醇」2、酒1.5、みりん0.5。これに鰻の素焼き骨を加えて煮出したタレを、素焼きした鰻に塗って淡口醤油の蒲焼きに。湯婆卵どうふは、汲み上げ湯葉をあたり鉢でとろとろにし、カツオ昆布だしと溶き卵を加えて淡口醤油で塩梅し、型に流して蒸し上げる。薄葛汁をかけ、結び三ツ葉、ワサビをあしらう。

8月

精進澄汁《すまし》

「椀種も吸い汁も精進の〝お盆の椀〟。
家族の繋がりを願った仕立てですねん」

大阪のお盆は月遅れですよって、八月になりますすわな。せめてこの盆の二～三日ぐらいは、親族が寄り合い、先祖の霊を迎えて故人を偲《しの》んでほしいもんだす。

そんな折の食べもんは、生臭もんを避《さ》けて雑念を払い、仏に合わせた「精進料理」でと、私ゃ昔から考えてますねん。随分と前のことやけどネ。父の新盆《にいぼん》に会席料理を仕立てましてん。だしに鰹《かつお》を使《つこ》うたものの、食材はすべて精進ものでやったんやけど、何やら物足りなさそうな顔、顔。若かった私の未熟さやったのかなぁ。今どき寺町の仕出し料理でさえ、「普通の会席で…」との注文が大半やと聞くけど、仏事ならそれらしい気持ちの表現があるべきやと思いまへんか。

例えば、椀種も吸い汁も精進で、飯は丸い仏にぎり一個、香の物はタクアンのみを朱塗の器で。この後に般若湯《はんにゃとう》（酒）をいただくとしても、料理屋で軽い会席料理を食すにしても、まずはこの食儀式を行ってからっちゅうのんはどないだす？

そこで今回の「精進澄汁」。まず、昆布とざっと洗《あろ》うた無漂白の干瓢《かんぴょう》に干しニンジン、干し平茸を一晩水に浸しておく。甘蘭《かんらん》（キャベツ）と煎り米を加えて火にかけ、卵白を浮かせて煮出したら、澄んだ精進だしがとれまっせ。椀種は、だしに使うた干瓢と平茸、豆腐を湯葉で巻いたもんに、粟麩の揚げ煮、蓮根と蓮の花びら形の百合根など。各々に精進だしで下味を付けるんが肝要ですねん。淡口醤油で、繊細な色目を残して、深い味を付けまひょ。

江戸期の儒学者・貝原益軒《えきけん》は「味すぐれたる野菜は只《ただ》一種煮食すべし」と書いたけど、多種の野菜をあえて炊き合わせ、複合の味を創ることで、家族の繋がりを表現してみたんだす。感じてもらえましたやろか。

豆腐の湯葉巻、カンピョウ三ッ葉、粟麩揚げ煮、新レンコン、蓮弁百合根、平茸などの椀種はすべて、昆布やキャベツなどからとった精進だしで別々に煮る。精進だしの塩梅は、淡口醤油・塩とほんの少しのみりん。だしにも使う平茸は、天日干ししてから扇風機で風干しすること1日半から2日の自家製。あしらいは、貝割れ菜と松の実。

9月 魚是《うおぜ》名月椀

「湖面に浮かぶ名月を萩とすすき越しに愛でる。
なかなか風流な椀物でっしゃろ？」

萩やすすきなどなど、秋の七草の咲き乱れる長月《ながつき》の半ば、陰暦の八月十五日を中秋と呼び、我々はこの夜の満月を名月と称えて尊んできましたわな。古代の主食であった里芋と、現代の主食の米で作る団子を供えて祈ることで、神仏のお陰を被《こうむ》ろうとしたのは、月が農耕民族日本人の信仰の対象やからでっしゃろな。こんなお噺《はなし》を、月世界に旅行もできる時代に持ち出したら、若者たちに嗤《わら》われるやろか。でもネ、世は移り変われど月の美しさは昔も今も同じ。「月々に 月見る月は 多けれど 月見る月は この月の月」という短歌がおますけど、この月こそ陰暦八月十五夜の名月のことですねん。

そこで、家庭の食卓にもあえて体裁つけて、水面に映る満月を萩やすすき越しに眺める情景を愉しんでほしい、そんな想いを込めての「名月椀」。何でもかんでも理屈で渡る今どき世代に「ちょっとええ話題を」って目論見《もくろみ》やけど、どないだす？

まず、直径7㎝・深さ5㎝の丸抜き型を用意して、その内側にサラダ油を塗りまひょ。ウオゼ（イボダイ）を三枚に卸《おろ》して塩をあて、その皮面を張り付けた中に卵豆腐の地を流し込むって寸法だす。割合は、溶き卵4に対して鰹《かつお》昆布のだしが3、味はお決まりの淡口醤油に、ほんの少しの味醂。あとは茶碗蒸しの要領で蒸しとくれやす。

海老そぼろの花に枝豆の葉で萩、大根の葉茎は薄く切り込んですすきに見立てましてん。味の決め手は、柔《や》らこう茹でたワカメをミキサーにかけてピューレにし、鰹昆布のだしでのばしたワカメ汁。塩梅は淡口醤油のみの薄葛仕立てだす。

「名月や 池をめぐりて 夜もすがら」。松尾芭蕉の句が浮かびまっしゃろ。迷月やないでェ、名月や。

萩とすすきをあしらった満月は、ウオゼでくるんだ卵豆腐。抜き型に流し込み蒸し上げるが、型の下の部分を輪切り大根に押しつけて、底を作ってから卵豆腐の地を流すときれいに仕上がる。熱々のうちにウオゼと型の間に金串を入れ、くるりと回して外す。湖水に見立てたワカメ汁は、淡口醤油のみで塩梅し、葛を打った淡葛汁。

10月

鱧《はも》菊見立て 冬瓜《とうがん》摺《すり》流し

「鱧で白菊、冬瓜で流水を描いた 菊慈童《きくじどう》伝説にちなんだ重陽《ちょうよう》のお椀だす」

　九月九日は菊の節句やなんて今どき…と笑いはる？　でもネ、もういっぺんおさらいしてみまひょ！　中国は周の王に愛されていた侍童《じどう》が罪を犯して追放されたが、菊の露を集めて流れる川水を飲み、いつまでも年を取らん「慈童」となったというお噺。これが高い山に登って菊の酒を飲んで厄払いをする風習となり、日本の宮中に伝わると、菊花を生けて臣下が詩を詠んだ後で天皇から菊酒を賜《たまわ》るという節会《せちえ》となる。さらに、民間に下って、大輪の菊に絹綿を被《かぶ》せて夜露にあて、この菊の被《き》せ綿で顔を拭《ふ》いたり、和服に縫《ぬ》い入れて長寿を願う風習になったんだす。

　陽数の九が重なるため、この日を「重陽」または「重九」としたようやけど陰暦のことやさかいネ、新暦では菊には早過ぎますわなぁ。

　こんな伝説に基づいた風習、阿呆《あほ》らしいと言やァそれまでやけど、これも日本の心やさかいね。そこで今月の「惣菜椀」、この菊慈童伝説にちなんだ鱧の白菊仕立てだす。鱧の真薯《しんじょ》地で鱧の一枚落としを包んで茶巾にし、その絞り口に黄菊のお浸しをのせたら、どや、白菊に見えまっしゃろ。冬瓜は皮に近い緑の部分と中の身に分けて昆布だしで茹で、細う切った皮の部分は冷水で色止めして、菊慈童の飲んだ川水に見立てる。中身は特に柔らかく茹でて裏漉ししまひょ。鱧の骨を焦がさずに焼いて、この冬瓜の茹で汁に入れてとろ火で煮出し、花鰹を加えて合わせだしをとる。濃いめに塩梅して先の皮の部分を浸し、その浸し汁も加えて加減し直した合わせだしに、裏漉しを加えて葛汁に仕立てるんだす。この風流な椀は、鱧や冬瓜の淡泊な滋味を生かしてこそでっせ。淡口醤油に感謝せにゃなりまへんなぁ。

鱧のすり身に塩を加えてよくすり、山芋・浮き粉・卵白を加える。この真薯地で鱧の身を包み、ラップで茶巾絞りにして弱火で茹でる。冬瓜は緑の部分を麺状に、中身を適宜切って昆布だしで茹でる。その茹で汁で鱧の骨だしをとり、淡口醤油・塩で塩梅し、緑の部分を浸す。冬瓜のすり流しにはその浸し汁も使い、小菊子芋、菊菜をあしらう。

秋山が色付き、舞姫のようにひらりひらり。やがて時雨《しぐれ》に打たれて散りゆく紅葉や黄葉。

「渓《たに》の流れに 散り浮く紅葉 波に揺られて離れて寄って 赤や黄色の色さまざまに 水の上にも 織《お》る錦」。

この唱歌のように、豪奢《ごうしゃ》な錦織《にしきおり》が心に浮かぶ情景を、錦秋とも呼びますな。錦の字を当てるのは、神聖な女性が機《はた》を織り、神のご来降を待つという古い信仰があったからやそうでおます。

錦織を深海の舞姫と称される金目鯛の緋《ひ》の衣（皮）で表現したらどないやろか？と拵《こしら》えたのが、今月の「惜秋椀」。金目鯛のすり身に、その赤い皮と干し桜海老の粉末で色を付け、薄く焼き抜いて紅葉型で抜きますねん。切れ端は粒切りにして、茹でたキクラゲと一緒に塩雲丹《うに》味のすり身に混ぜて、金目鯛の上身で巻き、渓流の岩に見立てる。青海苔の苔をまぶしてネ。

そこへ、はらはらと落ちたるは、先の金目鯛の楓《かえで》に、南瓜《なんきん》の銀杏《いちょう》、紅葉麩。お露《つい》は、金目鯛の中骨を素焼きして昆布だしで煮出し、花鰹《がつお》を加えてとった混合だしに、ほんの少しの酒を落として、淡口醤油をぽとぽとっと…。なんせ素材の色は変えずに持ち味を引き出し、ええ色付けてくれる優れものですわ。

さて、金目鯛が演じる苔生岩に赤や黄の落ち葉を纏《まと》わせて蒸し、椀に配したら、その周りには渓流がないと絵にならん。文豆《ぶんどう》麺でいきまひょ！温かいお露をたっぷり注いで、三ツ葉の軸や柚子の香りで、さあお上がりやす。

春雨を文豆麺としたのは、ワシのこだわりやけど、錦秋の椀でっさかいね。庖丁人として、料理でも献立でも、四季のある日本らしい表現を工夫するのも大事とちゃうかな？

11月

惜秋椀

「渓谷の苔生《こけむし》岩に落ち葉がはらり。金目鯛を主に錦秋の椀を仕立てましてん」

金目鯛の上身に塩をして、斜め切り。その切れ端で真薯（しんじょ）地を作る。一部を取って、茹でた金目鯛の皮（頭の皮も含む）、桜エビ粉とすり合わせて伸ばし、天火で焼き抜き、紅葉形に。余りを粒に切り、残りの真薯地に混ぜ、塩ウニとキクラゲを合わせ、先の上身で巻く。青海苔、先の紅葉、銀杏形のカボチャなどを付け、蒸し上げる。茹でた春雨と共に盛り、淡口風味の金目鯛の混合だしを張る。

12月

幸運嘉喜《かき》寄せ椀

「〃ん〃の付く野菜を抱き込んだ牡蛎寄せで、目出度《めでた》い朔旦冬至《さくたんとうじ》の運を掻《か》き寄せまひょ！」

師走《しわす》の「惣菜椀」は、冬至に掛《か》けてのひと料《はか》りでおます。

冬至とは年間で昼が一番短い日で、陰暦では約二十年に一度、十一月一日に当たる。これを「朔旦冬至」と言いますねん。それがネ、なんと今年に当たるんでっせ。奈良時代の桓武《かんむ》天皇の代には、「朔旦冬至、これ歴代の希遇にして王者の休祥《きゅうしょう》（兆し）なり」と喜ばれ、祝宴が開かれたそうだす。これより宮中の公事になり、国民も餅や団子を作って祝うようになったと聞きますな。

南瓜《なんきん》を食えば中風にかからぬ。柚子風呂に入れば無病息災。コンニャク粥を食べる風習も生まれたけど、〃ん〃が二つ付く食材を七種食えば幸運間違いなし！なんて、欲深い考えも生まれたんですな。ちょいと阿《あ》呆《ほ》らしい気ィもするけど、「うん、運」と頷くことにして、「幸運嘉喜寄せ椀」と洒落てみましてん。

牡蛎を掻き寄せた真薯《しんじょ》に蓮根、南瓜、ニンジン。それぞれ塩茹でし、その茹で汁は取っておく。茹でた饂《うん》飩《どん》（うどん）をラップに並べて片栗粉を付け、下準備した銀杏《ぎんなん》を加えた先の牡蛎真薯を巻き込み、空揚げして太鼓《たいこ》切りにしまひょ。

え？　二つ〃ん〃の付く食材の残りの二種はって？　金柑《きんかん》と寒天やけど、そう欲張らんでもよろし。冬至（冬に至る）の表現は、雪輪紋様にした蓮根の八方煮に、氷餅（凍らせた餅）の粉をまぶしてネ。ニンジンの若葉と柚子を吸い口としまひょ！

残しておいた野菜の茹で汁やけどネ。これで昆布だしをとって、鰹昆布のだしと同割にして吸い汁を作りまひょ！　味はお馴染みのヒガシマル、「超特選丸大豆うすくち　吟旬芳《ぎんしゅんほう》醇《じゅん》」に酒を一滴。牡蛎寄せを崩《くず》せば見事に吸い汁と融合し、これぞ二重の美味なるぞ！

ニンジン・レンコン・カボチャは細かく刻んで塩茹で、ギンナンは米と茹でて吸い汁で下味を付ける。牡蛎と白身魚のすり身・卵白などでつなぎ、真薯地を作る。茹でてラップに並べたうどんで真薯地を包み、巻きすで形を整えて蒸す。空揚げにし、湯をかけ油抜きする。吸い汁は、野菜の茹で汁を用いたカツオ昆布だしに淡口醤油と酒で塩梅する。

【第十章】2015年

惣菜碗

心で支える淡口風味

二〇一四年は「惣菜椀」と題したお椀がテーマだしたけど、本企画は最後の一文字を「碗」に変えて、蒸し物や煮物を主にお届けしまひょ。新年を寿《ことほ》ぐ「宝の入船碗」から師走《しわす》の「年繋ぎ蕎麦」まで、淡口醤油で仕立てた12品。食べ手を想う心を忘れたらあきまへんでぇ〜と、自分への戒《いまし》めも込めて〝心で支える〟とサブタイトルを付けましてん。「山吹き」「春色」に「紫陽花《あじさい》」とは、なかなか詩的な料理名を付けたもんだす。お盆には故人をしのび、菊の節句には長寿を願うという、昔ながらの風習も忘れてほしゅうない。料理屋は四季の風景や習わしを料理に映し、おもてなしする場所でもおまっさかいネ。

1月
宝の入船碗

青海波形の天王寺蕪を昆布だしで茹でる。その茹で汁で七草を茹で、すり流しに。伊勢海老は腹側にのし串をし、強めの塩をあてて15分ほど蒸し、赤い薄皮を除いて細くさく。ガラは七草の茹で汁で煮出し、淡口醤油などで塩梅、濃いめの白味噌汁とする。先の天王寺蕪はこの汁で煮浸しにし、伊勢海老、岩茸、柚子皮と共に盛る。白味噌汁に七草すり流しを加え、重湯と葛粉でとろみを付ける。

正月とは一年の最初の月でっさかいネ、何はともあれ、めでたいのでござりやす。商都の大阪としては、商いに芽が出るようにと「芽出《めで》度《た》し」、また商いに目が利くようにと八方睨《にら》みの目を突き出したいことから「目出度し」と当て字を用いるようやけど、ホンマのとこ「愛でたし」から転じたそうでっせ。兎《と》にも角《かく》にもこの月は、目の飛び出した海老やら、芽付きの慈姑《くわい》など芽物野菜が引っ張りだこや。

さてさて、今回からは木偏やのうて石偏の惣菜「碗」。第一回は、井原西鶴が『世間胸算用』に「伊勢海老なしの蓬莱《ほうらい》を飾りがたし」と書き、俳人の吉田冬葉が「伊勢海老や四海の春を家の内」と詠んだ、海老の王様のお出ましや。硬い甲羅にするどい棘《とげ》、長い角を持つ威風の堂々たる姿から「竜海老」とも書くけど、腰を曲げると長寿の象徴となることも「愛でたし」。長寿といえば、「お前百までわしゃ九十九まで、共に白髪の生《は》えるまで」と願うた諺《ことわざ》がおますやろ。そこで、伊勢海老の身を白髪にし、七福神をのせた龍神の船首を持つ宝船に見立てた甲羅に盛りまひょ。

天王寺蕪《てんのうじかぶら》で青海波《せいがいは》を拵《こしら》え、その青葉（菘《すずな》）と田辺大根（清白《すずしろ》）、芹、薺《なずな》、御形《ごぎょう》、繁縷《はこべら》、仏の座を合わせて青菜のすり流しにし、七草粥の変形として重湯《おもゆ》でとろみを付けまひょ。

その元だしとなるのは、伊勢海老のアラと昆布に少々の花鰹《がつお》。天王寺蕪の茹で汁と、七草の茹で汁もちょっと加えて、味付けは言わずと知れたヒガシマル、「超特選丸大豆うすくち 吟旬芳醇《ぎんしゅんほうじゅん》」で、伊勢海老も七草も淡泊な滋味が生かされて、真の味が揃いましたな。目出度く、宝船の入港でおます。

2月 早春詩《し》思《し》碗

「曙《あけぼの》や白魚しろきこと一寸《いっすん》。」

松尾芭蕉の余りにも有名なこの句は、貞享《じょうきょう》元（一六八四）年の師走《しわす》に桑名で詠んだというから、陽暦では一月後半から二月にかけてのこと。大阪では、江戸から上った河村瑞賢《ずいけん》が淀川の治水工事を始めた年に当たりますな。この時代は大阪もまだ人口は少なかったし、水も澄んでたはず。「大坂の白魚は姿は立派なれど味は…」なんて評が何かの書に載っていたり、西宮の白魚漁の絵《え》も残ってるから、白魚は大阪の佃島《つくだじま》の漁師達の獲物やったのかなぁ。

そんな佃の漁師を江戸に招いた徳川家は新しい佃島を作り、隅田川の白魚漁をさせた。こちらは味もよろしく、初漁もんは必ず家康に献上する風習となったけど、家康が何よりお気に召したのは、白魚の頭に徳川の家紋「三つ葉葵《あおい》」に似た紋様があることやったそうな。江戸で名を挙げた白魚は、なんと芭蕉が詠んだ桑名の海から運んで放流したことに始まったそうやけど、あの時代にどないして運んだのかなぁ。

さて、早春の風景を映した今回の「惣菜碗」。主役は梅酢風味の白魚甘煮、車海老の若衆の才巻海老との共演を得て、引き立て役の黒子にはキクラゲ。春に魁《さきが》けた野菜としては、早くも若茎を伸ばした水芹、柔《や》らこうて香り高い軟白《なんぱく》栽培の大阪は北部の三島独活《うど》。紅梅形の生麩を添えたら、どれも箸をのばしとうなる色でっしゃろ。この食べ色にして、各々の持ち味を引き出してくれる醤油といやあ淡口醤油。食指を動かす艶色を食材に与える調味料なんですな。

花屋の店先には黄梅が出てきたから、我が郷里の小川の猫柳も白う膨らんでる頃かなあ。まだ寒いけど、やがて鶯《うぐいす》も囀《さえず》ることやろう。

白魚を揃えて並べ、軽く蒸す。鍋に並べて梅酢・煮切り酒・淡口醤油・砂糖にごく少しの塩で甘煮にする。才巻エビは殻をむき、背を開いて葛をたたき付け、カツオ昆布だし・煮切り酒・淡口醤油・塩・砂糖で葛煮。たまり醤油の八方地で煮たキクラゲ、ウドと梅麩の淡口八方煮、淡口八方地浸しの芹と盛り合わせ、針柚子を天にあしらう。

3月 鮃《ひらめ》の山吹き煮

フキは茹でて淡口八方地に浸し、ウドは淡口八方煮にする。ヒラメは、身は卵巣を、卵巣は身を芯にして巻く。中骨を焼き、昆布だしで煮出し、追いガツオをしたら、先のフキの浸し地とウドの煮汁を合わせ、淡口醬油・酒・砂糖・みりんで塩梅する。2種のヒラメの卵巣巻を霜降りして煮る。ひと口大に切り、フキ、ウドと共に盛り、木の芽、針ショウガをあしらう。

「三月鮃は犬も喰《く》わぬ」なんて諺《ことわざ》がおますな。でも、あれは旧暦でのお噺《はなし》。新暦で考えると四月のヒラメのことで、産卵後で親の身はお疲れって訳やけど、新暦での三月は孕《はら》み始めやし、その卵巣が鯛の子を凌《しの》ぐ旨さでっせ。いただけるんなら喜んで！って代物や。

ところでヒラメとカレイの見分け方を「左鮃に右鰈《かれい》」と言いますな。頭を上にして左に眼が寄っていたらヒラメ、右ならカレイ。ところが、北海道では2mにもなる「大鮃《おひょう》」は右寄りやし、「舌鮃」は左寄り。実はどちらもカレイ目なんやからややこしいな。ちなみに眼が片寄ってるんは、親を睨《にら》んだ罰やって謂《いわ》れがあってネ。良寛和尚《おしょう》が幼少の頃、「ヒラメになるぞ！」と親に叱られて、海辺でヒラメになるのをジッと待ってたって噺は有名ですな。高知では「親にらみ」、大分では「親不孝」とも呼ばれて不名誉やけど、身はもちろん子の食味はまさに右に出る者無しや。

そんな自信の子の持ち味を生かし、さらに美味《おい》しゅう、美しゅう煮上げるには、やっぱり淡口醬油しか考えられまへん。まず、卵巣は縦に開いて薄皮を上にし、細長く切ったヒラメの身を芯に細い方から巻いていく。身の方も卵巣を芯に巻き、共に霜降り。独活《うど》八方煮と蕗《ふき》の八方地浸け、各々の煮汁にヒラメの中骨のだしを合わせて追い鰹《がつお》。酒・砂糖・味醂と決め手の淡口醬油で、ヒラメの子の色がきれいに映えまっしゃろ。

新暦三月は、野山に山吹の花が咲く頃や。鯉《こい》や鮒《ふな》の刺身にその卵を炒ってまぶした山吹鱠《なます》（子附鱠《こづけ》）は、昔から川魚料理の御馳走《ごっつお》ですな。そこで、今回は山吹鱠ならぬ山吹き煮。ヒラメの子を潰して身に絡めて、どうぞ。

4月
鯛の春色茶碗

桜鯛の身は皮目を焼いて、淡口八方煮。白子はカツオ昆布だし・淡口醤油・酒で軽く煮て裏漉しし、その煮汁と合わせ、牛乳・卵白で茶碗蒸しの地を作る。食紅で色付けして碗に張り、先の桜鯛、下煮した筍と春子椎茸を加えて蒸す。鯛の煮汁に葛を引いてあんとし、一部に青寄せを混ぜてかける。才巻エビのそぼろを散らして。

草木が弥々《いよいよ》生《お》い立つ。弥生《やよい》は新暦の四月だすが、大地は緑に変わり始め、水は温《ぬる》み、花が咲く。自然界はもとより、生き物も心華やぐ恋の季節、青春でもありますなぁ。

魚たちは白子や真子を孕《はら》んで、内海の浅瀬に子孫繁栄の営《いとな》みに押し寄せる。いわゆる「乗っ込み」ですな。この頃の鯛は、婚姻色で金色に輝くから「金山鯛」。外海から来るため、水圧の変化で浮き袋の調整がきかず、浮き上がるので「浮き鯛」とも呼ばれますけどネ。その鯛が群れをなし、島ができるとして、この頃を「魚島どき」と言いますねん。鎌倉後期の『夫木和歌抄《ふぼくわかしょう》』に「行く春の さかひ（堺）の浦の 桜鯛 あかぬかたみに けふやひくらん」という歌がおます。「行く春の…」と、桜も散る晩春の子持ち鯛を「桜鯛」として、特に大阪人は好んできた。たくさん獲れるこの時季は、高級魚の「お鯛さん」も安価になって、庶民の口にも届いたんだすな。

けど、子孫を残す営みの真っ只中で囚《とら》われの身となる鯛にとっては大迷惑。青春を謳歌する中に落とし穴があったって訳やなァ。ならば、その夢の続きを繋いでやらにゃと考えたんが、今月の「惣菜碗」。あんじょう成仏してやァ。

鯛はひと塩あてて、皮目に美味《うま》そうな焼き色を付けてから淡口八方煮。白子は鰹と昆布のだしに少量の酒と淡口醤油で煮ておくれやす。白子には色を付けず、ええ味付けてくれまっせ。これを裏漉しし、煮汁に卵白、牛乳を加えてほんの少し食紅を差して茶碗蒸しにすると…。どうだす？この桜色、きれいでっしゃろ。海老の花を散らし、葛あんの一部に青菜の青寄せを混ぜて葦《あし》に見立ててネ。「鯛の春色茶碗」の完成だす。

5月 朝掘り筍の直煮《じかに》

竹に旬の字を合わせて筍。辞書によると、旬とは「魚介や蔬菜《そさい》、果物の最も味の良い出盛りの時季」。では、筍を歳時記ではどう扱《あつか》うてるかと見ると、食材としては「春筍《しゅんじゅん》」と書いて春の季語。単に「竹の子」とすれば夏の季語になるけど、こっちは植物としてで食べられまへん。

最近じゃ正月明けから筍が出回りますやろ。コレ、旬でもなけりゃ「走り」でもない。走りとは「鮮度が落ちぬ間に、または市場のセリに遅れないように走り届ける」って意味でっせ。寒いうちから筍食べすぎたら、いよいよ旬って時に「もう飽きた」。これ、勘弁してや。関西の筍の出盛りは四月中旬から五月初めでっせ！

ここでちょっと悪口。「竹の子医者」ってご存知？ そう、お察しの通り「藪《やぶ》にもなれぬ」って意味やけどネ。未熟やと困るんは、医者も食材も同じ。なんぼ日本人が初物好きやからって、促成もんを早《はよ》う出荷してひと儲《もう》けを…なんて、そりゃあ走りすぎってもんや！

さて、わしの気に入りは、大阪は泉州《せんしゅう》の木積《こつみ》の筍。外気に触れるとえぐ味が廻るからと、朝まだ暗い時に掘って、すかさず麻袋に巻いた白子《しろこ》。これが本当の朝掘りや。昔から「筍は湯を沸かして掘りに行け！」って言いますやろ。まあ、都会暮らしでは掘りたてとはいかんから、せめて八百屋はんに「直煮で食べられますか？」と選《よ》って買うしか手がおまへんな。

ええ朝掘りが手に入ったら、糠《ぬか》も唐辛子も無し。下茹でせんと直に炊きまひょ！ 絹皮も一緒に入れて昆布だしで煮始め、途中でたっぷりの追い鰹《がつお》。あとは酒と淡口醤油に少しの味醂でじっくりと。淡口醤油が朝掘り白子筍の白さと深い持ち味をさらに深くしてくれまっせ。

朝掘り筍は、絹皮や切りくずと昆布だしで茹で、追いガツオをしたら酒・淡口醤油・みりんで塩梅し、じっくり炊いてそのまま冷まして味を含ませる。この煮汁で空豆を強火でさっと早煮。新ジャガは油炒めし、カツオ昆布だしに鶏ガラスープを加えて、淡口醤油・みりん・酒・砂糖少々に濃口醤油をぽとりで香り付け。木の芽の風味で。

6月

紫陽花《あじさい》帆立の餡《あん》被《か》け

真薯地の塩梅は、淡口醤油にみりんと塩少々のみ。冬瓜は硬い皮を厚くむき、緑色の部分を1.5cm厚に切って葉形にし、白い部分は分厚い桂むきをうどん状に切って、双方茹でる。干し帆立・干しエビ・昆布のだしに淡口醤油・塩・みりん・酒で濃いめに味を付けて半日浸す。この浸し地をベースに葛あんを作り、すべて冷やして盛り合わせる。

南から梅雨入りの知らせが北上して東北に至る頃、ご当地では帆立貝が美味となる。細木芭角星《ほそきばうかくせい》って俳人の「帆立貝の 帆にさからへる 潮かな」とは、この貝が深い方の殻を舟に、浅い方を立てて帆にして海面を走る姿を、まるで見てきたような句ですけどネ。実は、コレ真っ赤な俗説やとか。

その赤い嘘の白い貝柱で、梅雨に咲く紫陽花を表現しようと考えたんが、今回の「惣菜碗」。この花の古名は「あずさい」ってご存知? アズ(集まる)サイ(藍《あい》色)という意味で、青い小花が集まっている様を表しているそうやけど、藍では食欲をそそらんから、字のごとく薄紫でいきまひょ! まず、貝柱は一部を繊維に沿うて細い角棒に切り、半生の酒煎りに。その煮汁に梅漬け紫蘇《しそ》を入れて色が付けば漉し、貝柱を浸して表面を染める。残りの貝柱と切れ端にすり身を合わせ、つくね芋のとろろ・卵白・浮き粉を加えて淡口醤油を主に塩梅し、真薯《しんじょ》地を作る。食感に刻んだ白キクラゲを混ぜて、丸に取って蒸し上げまひょ。

さて、紫蘇色の貝柱は粒切りにし、ラップに並べて片栗粉を付ける。すり身を糊《のり》代わりにして先の真薯をくっつけ、茶巾絞りにして再び蒸したら、紫陽花の完成だす。葉は、冬瓜《とうがん》の緑の部分で拵《こしら》えまひょ。白い内側のところも麺状に切って一緒に茹でておく。あ、その前に。干し帆立のだしを用意しといてや。昆布・干し海老と共に戻して煮出しただしのことでっせ。淡口醤油で濃いめに加減したら、どちらの冬瓜も半日浸して味を含ませておくんだす。その浸し地に、ちょっと残しておいた干し帆立のだしを合わせて葛あんに。紫陽花真薯、冬瓜と共にきんと冷やして、冷たい器に盛り合わせ、おろし生姜《しょうが》でどうぞ!

7月 茄子と蝦《えび》の冷し煮麺《にゅうめん》

冷蔵庫のない昔のおかずの話やろけどね。真夏の灼熱に耐えて実る河《かわ》内《ち》名産の、形が揃わず出荷できんかった中長茄子を、泉州《せんしゅう》で跳荒蝦《とびあら》といわれるサル海老と鉄鍋で炊いてネ。食べた残りを井戸の釣瓶《つるべ》に吊るして保存しておいたら、あら何と、昨日畑で艶々と照り輝いていた茄子紺色がグレーがかった濃いブルーに変わってて美しい。誰が名付けたか「茄子の忘れ煮」。この茄子と素麺を合わせて炊くと、これがまた旨い。その昔にはまだ枚方《ひらかた》の津田や交野《かたの》あたりで素麺作りが盛んやったから、この「河内素麺」と大阪長茄子との出逢いも当然の成り行きか…。

でもネ、茄子の色は美しいけど、その煮汁に染まった素麺の色はどうもねぇ。ほな、茄子は翡翠《ひすい》色にし、素麺は純白の色を生かして…と考えた次第でおます。

まずは跳荒蝦ですり身を作りまひょ！頭や殻は焼いて、干し海老と鰹《かつお》昆布だしで煮出す。この合わせだしを加えて柔らかい真薯《しんじょ》地を作っておくれやす。梅干し大に丸めて、素揚げして油抜き。先のだしに淡口醤油と酒・味醂を加えた八方地でさっと炊く。この淡口八方地で煮麺にするから、素麺はコシの強い太めの半田素麺がよろしな。どちらも煮浸しにして、茄子は素揚げして皮を剥《む》き、淡口八方地浸しに。すべて冷蔵庫で冷やしとくんなはれや。あ、夜にお上がりの時は熱うしたほうが身体によろしな。

「忘れ煮」も旨いけど、この淡い茄子の緑、蝦団子の桃色の断面、きれいでっしゃろ？関西の料理は色も大事な味のうちでっさかいね。それもこれも淡口醤油のお陰や。こんな風に昔のおかずも現代流に仕立て直して、次の時代に残してほしい。そんな願いも込めた今回の「惣菜碗」だす。

トビアラと白身のすり身を3:1で合わせ、浮き粉・卵白・とろろに玉ネギのみじん切りを少し。トビアラだしも加えたら、素揚げして油抜きする。このエビ団子や半田素麺を淡口醤油・酒・みりんで加減した先のだしで煮る。翡翠ナスは、少し濃いめに塩梅し直した淡口八方地に浸したもの。器に盛り、柚子七味をかける。

8月

精霊今生《しょうりょうこんじょう》の睦碗《むつみ》

お盆月でおますな。大阪は月遅れですよって八月十三日から四日間やけど、東ではもう済ましはったんでしょうな。

初盆は、玄関先に青々とした今年竹を飾り、苧殻《おがら》(麻の皮を剝《は》いだ芯)を焚いて、私とこは仏さんをお迎えしてましたな。精霊棚に初もん野菜や果実を盛って、近親の方々が持ち寄った素麺やら高野豆腐などの乾物に仏飯を供える。茶湯《ちゃとう》(茶もしくは白湯《さゆ》)や、線香、灯明は絶やすことなく。お坊さんの読経に皆が倣《なろ》うて新仏を慰《なぐさ》めるんだす。

この盆会《ぼんえ》は特別やけど、毎年のお盆は先祖を尊ぶ大切な機会。けどね、孝行したい時に親はなしって言いまっしゃろ。生きてるうちに我が親だけでなく師にも、今生(現在)あることへの感謝を伝えるべきとちゃうかな。お宅を訪ね、贈り物をする。赤飯や蓮の葉に包んだもち米、「刺し鯖」と呼ばれる塩っ辛い二尾一対の鯖の天日干しなどを贈るのが習いやったそうな。現代では略されて「中元」という形に変わってしもたけど、これで意味を成してるんやろか?

元々は今生と霊界の一年一度の睦み逢いの会ですよってねェ。この日ぐらいは生臭さ生活を省《かえり》みて精進の料理を…。家庭で叶わんのなら、ここで儂《わし》から一つ提案。馴染みの料理屋に精進の膳を作らせるってのはどないやろ。祖先の位牌を白布で巻いて持参し、卓上に祀《まつ》って、両親や師と共に会食を楽しむってワケや。

今回は、茶筅《ちゃせん》茄子に大徳寺麩、揚げ湯葉と精進の炊合せ。少々甘口の仕立てだす。蓮華《れんげ》形の長芋は梅漬けの紫蘇《しそ》の色。青味の大角豆《ささげ》まで、淡口醤油なら素材の原色を残してさらに旨色に仕上がりますやろ。

長芋はレンゲの花形に切り、切りくずと共に昆布だしで茹で、カツオ節を利かせて淡口八方煮に。花形は梅酢で色付け。切りくずは潰し、油抜きして淡口八方地で煮た大徳寺麩で挟む。小ナスを茶筅形に切り、生湯葉は巻き、共に素揚げして油抜きし、別々に淡口八方煮に。ササゲは塩茹でし、淡口八方地に浸けて切りゴマを。針ミョウガと共に盛る。

「老人の 日の父昏《く》れて をりしかな」（岸田稚魚）。

すでに八十路《やそじ》の私ら夫婦にゃ「まだ昏れてなぞおらんわい！」とは言えまへんが、初めて孫夫婦から贈られた盛花は言祝《ことほぎ》（寿）として嬉しゅうおましたなぁ。

「敬老の日」は、昭和二十二年に兵庫県の村長が、九月十五日を「としよりの日」として提唱したことが起源とか。これが全国に広がって国民の祝日になった。そこで今月の「惣菜碗」は、長命を敬い寿ぐ一碗として命名。魚介の少ない月やけど、和歌山方面の若鯛が旨いから「若さを取り込んでもらいタイ」との駄洒《だじゃ》落《れ》を利かせてネ。「老人の健康をも養う」ことから山芋とろろをかけて蒸した料理を〝養老蒸〟と言うから、それで仕立てまひょ！

威勢のええ鯛を焼き霜にして、その切れ端を加えたとろろ地を巻いて蒸す。ここに今度はとろろだけをかけ、半生に蒸すんだす。赤飯の小さい結びに白髪昆布（とろろ昆布の白い部分）を添え、ホウレン草の軸で「千歳緑《ちとせみどり》」を表す。菊の露を飲み、不老不死となった「菊慈童伝説《きくじどう》」にちなみ、淡葛汁には菊花を加えまひょ。東北の「かきのもと」や「もってのほか」なんて異名のある赤紫色の食用菊でも美味やね。合わせる鰹《かつお》と昆布のだしの塩梅は、ヒガシマルの「超特選丸大豆うすくち 吟旬芳醇《ぎんしゅんほうじゅん》」を張り込んでおくれやす。

「敬老日 とは煮小豆を ことことと」（及川 貞）なんて昏れた暮らしよりも、「生き抜いて 年寄の日のかく集ふ」（山畑禄郎《ろくろう》）の方が儂《わし》はいい。そやな、孫や子に敬ってもらうのもええけれど、長命を喜び合う同窓会ってどないやろ。それもこの日やったら意義が深いってもんでっせ。

9月
長命言祝碗《ちょうめいことほぎ》

若鯛の上身を焼き霜にする。頭と中骨を塩蒸しして取った身と皮を、上身の切れ端・白身すり身・卵白・浮き粉・とろろと合わせ、上身で巻いて蒸す。とろろを再びかけ、半生に蒸し上げる。中骨は塩をして焼いて昆布だしで煮出し、追いガツオしてだしをとる。淡口醤油で塩梅し、菊花を加えて薄葛汁にする。赤飯結びに白髪昆布、ホウレン草を添え、露ワサビで。

10月 山海之幸 淡口碗

赤グジの中骨を焼き、カツオ昆布だしで沸騰させずに煮出し、卵白を浮かせて漉すと澄んだ清汁に。塩梅は淡口醤油と煮切り酒・みりん少々。柚子の白ワタ煮、岩茸・キクラゲ・ニンジンを刻んですり身・豆腐と合わせて浮き粉を加え、塩・みりん・酒で味付け。赤グジで巻き、舞茸と共に五割程度蒸す。先の清汁を注ぎ、松茸、菊菜を加えて蒸し上げる。松葉柚子を添えて。

「魚店《うおだな》の 甘鯛どれも 泣面《なきつら》に」（上《うえ》村占魚《むらせんぎょ》）。なるほどねェ。言われて見たらどれもベソかいてる。俳人先生、おもろい見方をしはる。

甘鯛はコズナとかクズナって呼ぶ地方もあるそうやけど、京都や大阪ではグジという。種類は三種あって、料理屋で使うのは赤と白。京都では赤グジが好まれ、白グジは「白皮」とか「白川」と呼ぶ。一方、大阪はグジといえば白。赤は略して「赤アマ」と呼んでたけど、今じゃそんな贔屓《ひいき》も無くなったようですな。

甘鯛は海底に穴を掘って隠れ家を作り、海老やカニ、貝を好んで食べる贅沢《ぜいたく》な奴らしく、名のごとく上品で仄《ほの》かな甘みがおますな。旬は松茸が香る頃から冬。そ、今頃からでっせ。今月はこの贅沢な山海の幸の「淡口碗」でいきまひょ！

まず、黄柚子の肌を薄く削るように剥《む》き、白い皮肉を柔《や》らこう茹でて、吸い味で炊く。これを細切りにし、戻して刻んだ岩茸と共に、木綿豆腐の地に混ぜ、淡く塩味を付ける。ひと塩の赤グジで巻き、襞《ひだ》の間に豆腐地を詰めるように塗った舞茸と共に、昆布を敷いた器にのせて五割ほど蒸す。焼き骨の清汁《すまし》の熱々を注ぎ入れたら火の通りが加速しまっさかい、蒸しすぎ禁物の松茸はここで入れまひょ！ 茹でた菊菜は上がり際《ぎわ》に加えたらよろしな。黄柚子の皮を松葉にし、先の清汁を注ぐ。あ、柚子の果汁が残ってましたな。あれ、ポトッと落としたら二度楽しめまっせ。

さて、焼き骨の清汁。赤グジの中骨を焼いて、卵白を使って透明なだしをとるんだす。塩梅はもちろん淡口醤油。淡く澄んだこの佳味《かみ》が、秋の山海の出合いを見事に演出してくれましたな。

ここは夕陽ヶ丘。我が国初の料亭『浮瀬《うかむせ》』があった処は、今は高校で、秋の文化祭の賑わいが風に乗って、私の小さな割烹までよぉ聞こえてきたもんだす。開店した二十年ほど前は、ここらにも落葉樹の林がまだありましてネ。十一月の立冬までの初旬は秋晴れの日が多く、中旬に黄葉が始まる。大阪では箕面《みのお》の山の紅葉に黄葉を楽しむのも束の間で、下旬ともなると急に木枯《こが》らしなど吹いて一晩にして裸木になったり、初雪の頼りも聞いて、一年の内でも最も移り変わりの激しい月でもおます。

「初冬や 訪《と》はんと思ふ 人来ます」。

与謝蕪村のこんな句に、ある秋雨の夕暮れに私の小庵《しょうあん》の客となった和風姿の麗人を思い出し、あの蛇《じゃ》ノ目傘に初雪を…と一碗で表現してみとうなりましたんや。題して「忘れ傘・鶉碗」。え？ 雪には雀《すずめ》やろって？ ん、でもネ。現代では日本の食用の雀は入手困難やし、蕪村の生きた江戸時代では鶉の勇壮な鳴き声が武家衆に大層好まれたとか。鶯《うぐいす》みたいに鳥籠に入れて飼い、鳴き声を競うたというやおまへんか。その上に、実に食味がよろしいですなぁ。

さて、蕪村先生の訪ね人は俳人仲間と思うけど、そこは色付けて女人とするほうが一碗の味もまた格別。底味を出すには、鶏のササ身と昆布の混合だしに酒をたっぷり、鶉の骨を煮出してネ。スッポン風の吸いだしに淡口醤油をポトポトと。鶉の持ち味を邪魔することなく喰《く》い味にしてくれまっせ。

鶉すり身に先の丸だしで真薯《しんじょ》を作り、メレンゲを塗って氷餅の雪をかける。庄内麩は枯れ芝に、糸ネギはわずかに残る青草に見立て、傘は金時ニンジンで拵《こしら》えましたんや。どないだす？ 風流でっしゃろ。

11月 忘れ傘・鶉《うずら》碗

ウズラの骨は昆布と鶏ササ身のだし・酒で煮出し、淡口醤油にみりんを少し。身はミンチにし、玉ネギ・先のウズラ丸だし・とろろに卵と浮き粉を加えて蒸す。茹でた卵白を裏漉しし、メレンゲと塩を合わせて塗り、再び蒸して真薯に。ウズラ丸だしで蛇ノ目傘形のニンジンを炊き、庄内麩は浸しに。糸ネギと共に盛り、ウズラ丸だしに薄葛を引く。氷餅をかけ、忍びショウガで。

12月 年繋ぎ蕎麦

十二月に蕎麦の噺《はなし》となると、晦日《みそか》蕎麦ってことになりますわな。晦日は「つごもり」とも読むけど、これは「月隠《つきごも》り」の略やとか。晦日は毎月の末日の意で、その年の最後の月の晦日は大晦日。商家は晦日勘定で、この日は棚卸《たなおろ》しやら集金で忙しい。その労を労《ねぎら》って蕎麦を振る舞ったとか。ほら、先人も宣《い》うたそうや。「商いは牛の涎《よだれ》じゃ！」と。細うて長《なご》うて千切《ちぎ》れそうで切れんことに同じ、地道にこつこつと精を出すことですわなぁ。

そう考えると、現代でも毎月の末日に晦日蕎麦を食べるってのも悪うない。細く長く商いが続きますようにとの願いを込めてネ。ちなみに、これは蕎麦であることに意味があるんでっせ。日本人の主食の米が干ばつなどで不作の時でも、蕎麦は土地を選ばず、夏なら七十から八十五日、秋蕎麦は約九十日で実を結ぶ。米不足の年には主食の代わりとなって何度も我が国の危機を救ってきたんやからねぇ。やっぱり晦日に素麺、饂飩《うどん》ってワケにゃまいりまへん。

さて、師走《しわす》。今年の晦日蕎麦は、ハゼを主役にいきまひょ！難波津《なにわづ》（大阪湾）のハゼを三枚に卸《おろ》し、焼き骨を昆布だしで煮出し、鰹《かつお》の旨みをちょっと足してネ。淡口醤油で塩梅した、淡色の干しハゼ旨だしでおます。上身は黄身の多い天ぷらに。茶蕎麦は竹皮で縛って揃えて茹で、つくね芋（山芋）とろろを巻いて、苞《つと》の形に芹の軸で結ぶ。つくね芋が半熟になるよう、先のハゼ旨だしで温めまひょ。

萱草《かんぞう》の花の佃煮を添えたんは、萱草は忘れ草、忘憂草《ぼうゆうそう》と言いまっしゃろ。今年の憂いは忘れて、また来年。この頁も企画を変えて続きまっさかい、ひとつよろしゅうお願いしまっせ！

ハゼの骨を焼き、半日干す。昆布だしで煮出し、濃いめのカツオだしで割る。淡口醤油でやや濃いめに塩梅し、酒とみりんをぽとり。ハゼ身は卵黄多めの天ぷら衣を付けて揚げる。茶蕎麦は揃えて茹で、つくね芋とろろを淡口醤油で塩梅して包む。先のハゼだしで温め、そのだしごと器に。萱草の花の佃煮、難波ネギ、ハゼ天を盛り、七味唐辛子で。

【第十一章】２０１６年

季を映す

淡口三菜

四季のある日本の料理は季節感を大事にしますけどネ。単に旬の幸を使うだけでは料理屋として芸がおまへん。節句や祭り、折々にある行事を独自に表現してこその季節感。さりげなく奥ゆかしく、工夫を凝らして季を映したいもんだすな。そこで「淡口三菜」。「初日之出」に桃の節句の「貝寄風《かいよせ》」、梅雨時の「さみだれ」と月々に名付けた、三品の盛合せだす。立春や桜の頃、秋の回で映したのは、ふる里・河内《かわち》長野の風景ですねん。魚介も使ってますけどネ。姿を見えんようにして、野菜を主に仕立てましてん。淡口醤油で持ち色を生かしたら、春には春の、秋には秋の色合いに仕上がりまっせ。

陽気東方に動いて万物《ばんぶつ》始めて生《な》る。まずは、明けましてお目出度《めでと》うさんでおます。中国の「神仙思想」ってご存知？ 山東半島の東の海に浮かぶ蓬莱山には、不老不死の妙薬を持つ仙人が住んでたって話やけど、蓬莱山は蓬ヶ島《よもぎがしま》とも呼ばれ、これ日本列島のことやそうでっせ。ほんまかいな。その蓬莱山へ万物生成の根本とされる陽気が初日に誘われて動き、萬物《よろず》事ここに始まるっていうから、こんな目出度《めでた》きことはない。正《まさ》か真逆《まさか》はさておき、「一年の計は元旦にあり」。陽気に受け止めて、新春を寿《ことほ》ぎまひょ！

さて今月から始まった新連載、正月は日の出がテーマでおます。まずは我が国、蓬ヶ島を拵《こしら》えまひょ。淡口八方地で炊いたつくね芋を裏漉し、小豆の甘八方煮と合わせ、山の形に。雲丹《うに》と卵黄のタレを塗って青海苔で化粧するんだす。後ろに配した朱塗り盃《さかずき》で初日を表し、慈姑《くわい》の松毬《まつかさ》に千社頭《ちしゃとう》の竹、ニンジンの紅梅。そう、松竹梅を立ててご光臨をお待ちするって寸法だす。さらに、「千代に八千代にさざれ石の……苔《こけ》の生《む》すまで」の苔は岩苔の一種の岩茸で、極細切りのゴボウは共白髪の意を込めて白髪ゴボウに。不老不死ってワケにゃいかんけど、長寿を願ってネ。

ともあれ、今年の連載は、歳時がテーマの「淡口三菜」。魚介の味はあれども姿は見せず、野菜を主にした三菜だす。名脇役は淡口醤油でっさかい、食材の色を生かして、持ち味をさらに深《ふこ》うしてくれる。どうか本年もよろしゅう頼んます。

1月 初日之出

蓬莱山薯蕷《ほうらいじょうよ》（奥）

淡口醤油を用いた八方地で、つくね芋（山芋）を煮る（淡口八方煮）。小豆の甘八方煮と合わせて山の形とし、ウニ卵地を塗り、青海苔を振りかけて炙（あぶ）る。

神宿木《かみのやどりぎ》松竹梅（左）

チシャトウ（茎レタス）を竹形に切り、塩茹で。淡口醤油と塩少々で加減した昆布だしに浸ける。クワイは松毬にむき、淡口八方煮に。金時ニンジンは梅形にし、淡口醤油・砂糖・昆布だし・梅酢で煮浸しにする。

祝茸《いわいだけ》と共白髪（右）

岩茸は茹でてから淡口醤油・砂糖・カツオ昆布だしで下煮する。柚子果汁を少し加えて煮浸しに。新ゴボウは白髪に見立てて極細くせん切りにし、熱湯をかけてからゴマ酢で和える。

2月 春淡し

春というても名ばかりで、まだまだ寒い日が多い。白梅が一輪、また一輪とほころぶと、外にも出てみるけど、「早春の 庭をめぐりて 門を出でず」(高浜虚子《きょし》)と、また部屋に戻る。こんな休日には、湯豆腐でもアテに一杯やるか。寒シジミの佃煮でものせて熱燗を。家庭の食卓ならそれもよし。でもねぇ、料理屋のあったかい部屋ではそうもいきまへん。ちょっと演出して、凍豆腐を淡口醤油で甘く炊き、金鍔《きんつば》よろしく六方焼きに。早採りのエンドウを鶯あんに仕立ててかける。凍豆腐の鶯も添えたけど、どないだす?

雪化粧の田舎家。庭の梅の古木は八尾の若ゴボウの淡口旨煮。花と蕾《つぼみ》は百合根の白酒風味の甘煮で、花芯は茹でた卵黄の裏漉しでおます。名付けて「鶯宿梅」。我が家の小さな梅の木にも、今年もまた鶯が来てくれるやろか。

遠い昔に離れた故郷の、あの山、あの川、あの土手にも、雪の下から山菜が芽吹く頃。そんな回想をしながらフキノトウを炊いてみましてん。自然の食材を集める業者から仕入れた野生で、栽培もんとは違《ちご》うて香りがええ。取引の八百屋はんは未だに竈《へっつい》さん(かまど)を使《つこ》てましてね。木灰や藁灰をいただけるんだす。これを水に浸して灰が沈殿した上澄みの水でフキノトウを茹でると、そのまま冷ましても適度な緑が残りますねん。濃いめの味付けにし、強火で煮しめ、手早く煽《あお》ぎ冷ました青煮。これぞ淡口醤油の恩恵だす。早春の景色に見えますやろ。

凍《こおり》豆腐鶯《うぐいす》あん(奥)
凍豆腐(高野豆腐)を淡口甘八方地で炊き、一部を鶯形に型抜き。残りを正方形に切り、片栗粉と卵液を付けて焼く。ウスイエンドウを塩茹でし、凍豆腐の煮汁を用いた八方地に浸けてから漉す。淡口醤油・あたりゴマ・白味噌などで塩梅してかける。

蕗《ふき》の薹《とう》青煮(左)
灰汁の上澄みでフキノトウを茹でて、そのまま冷ます。水によくさらし、カツオ昆布だし・淡口醤油・酒・みりんで旨煮にする。

鶯宿梅《おうしゅくばい》百合根(右)
若ゴボウの根と茎を淡口醤油の甘八方地で旨煮にする。百合根は梅形にむき、昆布だし・淡口醤油・砂糖・塩で旨煮にし、白酒を加えて煮浸しに。茹でた卵黄を芯に。

3月 貝寄風《かいよせ》

「貝寄風や 難波《なにわ》の蘆《あし》も 葭《よし》も角《つの》」（山口青邨《せいそん》）。

「難波草」の異名もあるほど大阪には葦（蘆）が多かったらしい。葦に葭。どちらもアシと読むのが正しいけど、「悪《あ》し」につながると忌《い》み、「良し」の意味でヨシと読ませるそうですな。ま、決して綺麗な花とは言えまへんけどねぇ。

三月、難波の浜に吹く西風が貝寄風で、葦の角（芽）を吹かせるとして、浪速人は商いに芽が出るようにと昔はこの葦芽を食したそうだす。春風とは言えども強風で、住之江《すみのえ》の浜では色々な貝が打ち上げられてネ。「貝よせや 散り敷くばかり 桜貝」って車庸《しゃよう》の句がおますが、陰暦二月二十二日の四天王寺聖霊会《してんのうじしょうりょうえ》に用いる造花は桜貝の殻で作ったとか。それ故《ゆえ》か否《いな》か、元禄の頃、四天王寺の西にできた日本初の料亭『浮瀬《うかむせ》』では、七合半も入る鮑《あわび》の貝殻の大盃をはじめ、様々な貝盃が評判だったようだっせ。

さて今月は雛《ひな》の節句ですよって、杉木地の菱形の筥《はこ》に貝の器づくしで、もう一つの「貝寄せ」といきまひょ！ 鮑の器には三色団子。昆布だしで干し貝柱を茹で、その茹で汁に淡口醤油と味醂少々などで道明寺《どうみょうじ》糒を浸し、干し貝柱を混ぜる。これを蒸して三色のみじん粉で揚げまひょ！ ハマグリの器は、花豆の淡口甘八方煮。碓井《うすい》豌豆《えんどう》のあんが映えますな。サザエの器には茹でた菜の花とアサリ。どないだす？ 生臭《なまぐさ》抜きとは言わぬが、野菜が主役。歳時料理は色目も大事やさかいね、淡口醤油抜きでは考えられまへんわ。

糒《ほしいい》之帆立飯三色揚（奥）

干し貝柱を水で戻し、昆布だしで茹でる。その茹で汁を淡口醤油・酒・みりん・塩で味付け、一部を残して道明寺糒を戻し、干し貝柱を混ぜて団子にとる。これを蒸し、三色のみじん粉を付けて揚げる。残りの干し貝柱だしを葛あんに。

菜種浅蜊《あさり》の辛子和え（左）

菜種は茹でて淡口八方地に浸す。アサリは酒煎りし、その地に辛子味噌を溶き、アサリをすり潰して混ぜる。

花豆煮うすい和え（手前）

白・紫二色の花豆を一晩水で戻し、そのまま柔らかく炊き、砂糖と淡口醤油で塩梅する。ウスイエンドウは淡口醤油ベースの蜜煮にしてすり潰し、その煮汁で濃度を調整する。花豆をウスイエンドウの地で和え、松の実を飾る。

4月 惜《せき》春《しゅん》賦《ふ》

花びらを浮かべてゆるゆる流れる大川の土手に、緑が目立ち始めると夏も近い。キヨキヨ、キヨと早くも時鳥《ほととぎす》の声。まだ鳴ききれんのは若鳥やろか…なんて考えてると、和歌の「惜しめども春のかぎりの けふの日の 夕暮れにさへ なりにけるかな」が浮かびましてネ。黄昏鳥《たそがれどり》も魂迎鳥《たまむかえどり》も時鳥の別称やけど、私も黄昏たわいナなんて落ち込む日もある。けどネ。時鳥の「天辺翔《てっぺんかけ》タカ〜」の声を聴くと、春が巡るように人も血を分けて生き続ける、命ある限り後世のために何かを…と思うんだす。これも心の春やおまへんか。

さて今月のテーマは行く春を惜しむ、時をひと昔戻した暮らしの表現でおます。山畑の幸を柴舟に積み、川下の町に嫁いだ娘に届けようとする老いた夫婦（そや、時鳥は「妹背鳥《いもせどり》」とも呼ぶなア）を思い浮かべ、入り江に舫《もや》いだ小舟に、泉州水蕗《せんしゅうみずふき》の柴の束を盛りましてん。炙《あぶ》った干子の粒切りを混ぜた寿司飯を忍ばせてネ。水の流れは、細切りの独活の八方煮に、おろしキュウリ。紫蘇《しそ》酢入り甘酢漬けにした独活の花びらも可憐でっしゃろ。岸辺の苔《こけ》むした岩石は、淡口醤油で煮含め、割り崩《くず》して蕗味噌で和えた筍だす。土手に生《は》えるかのように盛った山菜の白染《はくせん》揚げは、淡口仕立ての天つゆを染ませた大根おろしに、叩き木の芽の香りでどうぞ！

どないだす？ 淡口醤油やさかいできた過ぎ行く春の色。この長閑《のどか》な懐古の風景を、「惜春賦」と名付けましてん。

蕗《ふき》と干子の柴木鮓《すし》 花弁独活《はなびらうど》（奥）

泉州水蕗を茹でて、淡口八方地に浸す。寿司飯に炙った干子のみじん切りを混ぜ、細長い棒状にする。藁苞（わらづと）のように先のフキを並べ、寿司飯を芯にして巻く。三ツ葉で縛り、ひと口大に。シソ酢入り甘酢で桜色に染めたウドの花びらを散らして。

天婦羅《てんぷら》山菜（左）

コゴミ、タラの芽、ヨモギ、フキノトウに、卵白と小麦粉、少しの片栗粉を加えた衣を付け、白染揚げにする。淡口醤油・カツオ昆布だし・みりんなどで天つゆを作り、大根おろしに含ませ、叩き木の芽の風味で。

筍の岩石 流水独活八方煮（手前）

フキの葉を灰汁の上澄みで茹でて、そのまま冷まし、小切りにする。油炒めし、赤味噌・田舎味噌・砂糖・酒で塩梅し、土色のフキ味噌に。これを淡口八方煮にして粗く潰した筍に絡め、岩石に見立てる。流水に見立てた細切りのウドは淡口八方煮、キュウリは昆布で押し、ゴマ風味の土佐酢に浸してすりおろす。

「夏も近づく八十八夜……」。茶摘《つ》み唄を聞いてふと気づきましてん。今年は端午《たんご》と立夏が同日でおますな。新茶を手土産に、今年も我が子の成長を見せようと里帰りして、おばあちゃんの折った紙の兜《かぶと》と、それを被《かぶ》った孫の「エイッ！ヤッ！」と菖蒲刀《あやめがたな》を振る姿に目を細める若い母。そんな光景が目に浮かぶと、殿村莵絲子《としこ》の「新茶汲《く》み たやすく母を 喜ばす」って親孝行する姿の一つも想像してみたくなる。日本はついこの間まで、こんな風情でしたんや。その時々を生きたお人達が居て、現代に至ってるんでっせ。

「春すぎて 夏来にけらし 白妙《しろたへ》の 衣ほすてふ天の香具山《かぐやま》」と、今月は古歌にちなみ、端午の節句に新茶の香を添え、新緑の頃の風情を盛り込んでみまひょ！

大きな瓢《ふくべ》を使った漆の盛り盆を菖蒲池に見立ててネ。黒竹の小さな八ツ橋を架け、「天の香具山」と見ていただけると信じて、蓬《よもぎ》の生麩の蓬粉揚げを盛り、蓬の葉の白染《はくせん》揚げと、百合根の真薯《しんじょ》を添える。菖蒲《しょうぶ》と蓬の水引束ねは、厄除けの薬草として軒に刺した風習にちなんで。後には薬玉として袋に入れ、香袋にしたようだすなぁ。

白妙とした生醋は、帆立貝柱の桂剥《む》きの昆布〆に、独活《うど》の甘酢を合わせたもの。独活の漬け酢に淡口醤油を加えて流し入れるのが決め手だっせぇ。青竹の器には、生雲丹を忍ばせた汲み上げ湯葉。抹茶風味のとろろ汁を流し入れてネ。これも、淡口醤油でちょっと濃いめに塩梅するのが肝要だす。

5月 夏来たる

抹茶冷やしとろろ汁
汲み上げ湯葉 忍び雲丹《うに》（奥）
青竹の器にウニを入れ、汲み上げ湯葉をかぶせる。山芋とろろとカツオ昆布だしを合わせ、淡口醤油で少し濃いめに味を付け、湯冷ましで溶いた抹茶を加えて流し込む。おろしワサビを天に盛る。

八ツ橋厄除け盛（左）
ヨモギ麩は淡口八方煮にし、ヨモギ粉入りの衣を付けて揚げる。ヨモギの生葉は白染揚げ。百合根はシソ漬の甘酢で着色し、甘八方煮に。山芋はカツオ昆布だしで粉吹き芋のように煮て裏漉しする。山芋と百合根を合わせ、白身魚のすり身を加えて花形にして蒸す。淡口醤油と大根おろしを合わせて添える。

白妙《しろたえ》見立生醋《なます》（右）
ゴボウは砧（きぬた）の形に切って固茹でし、さらしで巻いてから淡口醤油に酢・砂糖少々・昆布だし・切りゴマを合わせた甘酢に漬ける。帆立貝柱は桂むきして帯のような形にし、昆布〆に。ウドも桂むきにし、昆布と塩・淡口醤油を加えた甘酢に漬けておく。白板昆布と共にすべてを盛り合わせ、岩茸を天盛り。ウドの甘酢に淡口醤油を加えてかける。

6月 さみだれ

五月雨《さみだれ》という季語は、陽暦だとほぼ六月に当たる。梅雨のことでもあり、長雨になることが多いので「水垂《みだ》れ」の意味も含まれるようだす。

真田幸村の戦死跡之碑のある安居《やすい》神社の近く、天神坂の途中に一本の老柳がおましてネ。五月雨の頃には石だたみに若葉が映えて、ええ風情でした。こんな風景には、蛇《じゃ》ノ目傘とはいかずとも、せめて唐傘、そう和傘が似合いますわな。せやけど、その柳も、お隣にあった桜も今はもうない。淋しいことでおます。

さて、月末から三カ日は「愛染《あいぜん》まつり」こと「勝鬘院《しょうまんいん》」の夏まつり。毎年のように雨が降って「愛染ばらばら」なんて悪口を言われますな。しかも、この雨に逢うと恋が成就するんやって。祭中の一日は、仁徳天皇の兄君・額田大中彦皇子《ぬかたのおおなかつひこのみこ》が大和《やまと》で氷室を見つけはった日やそうな。今月はそんなこんなで「さみだるる頃」を表現したけど、感じ取っていただけますやろか。

ちょうど、柳に蛙蒔絵《かえるまきえ》の蛇ノ目形の筒椀がおましてネ。胡麻豆腐を手水鉢《ちょうずばち》、蓴菜《じゅんさい》は水に見立て、ウルイの軸を筧《かけい》にして、吸いだしは味醂とヒガシマルの淡口醤油で少々濃いめに。琥珀羹《こはくかん》は、梅漬けを塩と酸味を抜いて甘八方煮、その煮汁で鱧《はも》を炊いてネ。梅の種と鱧を入れ替え、煮汁を冷やし固めるんだす。紫陽花見立ての道明寺糒《どうみょうじほしいい》は、紅白のみじん粉を付けて揚げ、吸い味の葛あんを添えまひょ！　鬱陶《うっとう》しい雨期の表現も、ヒガシマルのお陰でこの明るさ…　どないだす？

さみだれの庭（奥）

（石鉢胡麻豆腐 新蓴菜と緑豆麺 筧うるい 冷し葛汁）

磨きゴマに昆布だし・酒・葛を合わせて練り上げ、胡麻豆腐を作る。表面を丸くくり抜いて石鉢に見立てる。そこへ新ジュンサイと茹でた緑豆麺（春雨）を盛り、淡口八方地に浸けたウルイを筧に見立てて添える。カツオ昆布だしに塩と淡口醤油で濃いめに塩梅し、葛を引いてかける。

氷室《ひむろ》開き（左）

（漬梅に忍び鱧の琥珀羹）

梅漬けに針穴をあけて酒に一夜漬け、とろ火で茹でて酸味を抜く。甘めの淡口八方煮にし、その煮汁で鱧をさっと炊く。梅の種を取り出し、そこへ鱧を射込み、煮汁に寒天とゼラチンを溶かして流し缶に入れ、冷やし固める。

紫陽花《あじさい》見立（右）

（糒蒸玉あられ揚 うるい葉白染揚）

干し貝柱の戻し汁に道明寺糒を浸して戻し、茹でた百合根とほぐした干し貝柱を混ぜて丸める。紅白のみじん粉を付けて揚げ、紫陽花に見立てる。その葉は、うるいの葉を葉形に切って白染（はくせん）揚げで表現する。吸いだし程度に淡口醤油で塩梅した葛あんで。

7月 涼み酒

冷房なんて結構なもんが現れて久しいさかい、盛夏の実感が伴《ともな》いまへんな。納涼のつもりやろか、浴衣《ゆかた》で外出するお人も現れましたな。浴衣は文字通り、湯浴みや水浴《あ》びの時に着た帷子《かたびら》、そう、単衣《ひとえ》もんの「湯帷子」やったのに、今ではお洒落着なんて、変われば変わるもんや。「涼しさに四つ橋をよつ　わたりけり」と四ツ橋に小西来山《らいざん》の句碑があるように、昔は橋上も涼み場やった。料理屋では葭簀《よしず》の簾《すだれ》を掛けて氷柱を立て、仲居さんがお客に団扇《うちわ》で涼風を送る。また、芭蕉の句「皿鉢も　ほのかに闇の　宵涼み」のように、燭台《しょくだい》を立て薄暗さを涼の演出としたり。それがリモコンのスイッチをチョン！で暑さ知らず。便利やけど風情おまへんな。たまにゃ一杯やるのに、昔を偲《しの》んでみまへんか？ ちょうど七夕の月ですしネ。

織姫を思わせる五色の糸は、キュウリ、黄ズッキーニ、水前寺海苔に長芋、紅芯大根で、玉造《たまつくり》黒門越瓜《くろもんしろうり》を舟にして盛り付ける。昆布だしと淡口醤油でさっと炊いた跳荒蝦《とびあら》を摺《す》って、太白胡麻油とオリーブ油、酢橘《すだち》汁などで塩梅した海老酢油を流し入れてネ。そして、夏には必ず作った水貝。鮑《あわび》を塩味の氷水に浮かせてコリコリッとした歯触りとほのかな甘みを愉しむ料理やけど、今回は胡麻豆腐で「擬製水貝」。アレッ！と意表を突く柔らかさ。淡口の旨口だしを利かせまひょ！ 小茄子は八方地の揚げ浸し、白花豆のあんを塗ったら団扇に見えまっしゃろ。もちろん、淡口醤油が陰の立役者でっせ！

越瓜《しろうり》舟五色糸膾《なます》（奥）

玉造黒門越瓜の皮目に飾り庖丁をして縦割り、種と身をかき出し、舟に見立てる。固茹でして淡口八方地浸しに。キュウリ・黄ズッキーニ・水前寺海苔・長芋・紅芯大根を麺状に切り、茹でる。長芋は甘酢に浸す。越瓜の舟に盛り、ヤマメの卵を散らす。淡口醤油と昆布だしで炊いたトビアラをすり、煮汁とあたりゴマ・太白ゴマ油・オリーブ油・スダチ汁・米酢・淡口醤油で塩梅して流す。

小茄子花豆餡《あん》（左）

小ナスを半分に切り、皮目に切り目を入れて素揚げし、淡口八方地浸し。白花豆を昆布水で戻し、砂糖とみりんなどで塩梅した淡口甘八方地で煮て、裏漉し。あたりゴマと合わせて小ナスに塗る。

水貝見立胡麻豆腐（右）

胡麻豆腐の生地の一部に黒ゴマペーストと青海苔を混ぜ、二層にして冷やし固め、アワビに見立てる。ひと口大に切り、種を取って塩茹でしたオクラとアワビの殻に盛る。淡口醤油とみりんで濃いめに塩梅した旨だしをかけ、ワサビを添える。

8月 生御魂《いきみたま》の盆

関東のお盆は七月やけど、関西は何でか月遅れの八月。江戸時代にはこのお盆の内に、父母や師匠などに子どもや目下の者から贈り物をしたり、食べ物を調えて饗《もてなし》をしたりする風習があったそうな。つまり、生御魂のお盆という訳だす。その贈り物といえば、蓮の葉で包み、吉祥草《きちじょうそう》(観音草もしくは吉祥蘭)の葉で結んだもち米または赤飯、背開きの塩鯖二尾を頭の部分で刺し重ねて一対とした「刺し鯖」が知られますな。

さて、この意趣を料理屋で表現したら？ というのが、八月のテーマだす。まず新棚《あらだな》(盆棚)を作る時のように新竹で器を作って大豆のご飯を入れ、蓮の葉で包む。吉祥草を飾りまひょ！ え、大豆ご飯？ 昆布だしを熱くして、大豆を煎って浸すと薄皮が取れますよってネ。粳米《うるちまい》ともち米を合わせ、淡口醤油と酒・味醂はごく少量で普通に炊いとくれやす。

精進炊合せは、ゼンマイの生湯葉巻に、素揚げ粟麩の甘口八方煮。干し椎茸は旨煮、百合根は淡口八方煮にして梅肉を添え、隠元豆《いんげん》は淡口八方地浸し。朱塗りの引盃《ひきさかずき》に盛り付けましてん。

蓮の揚げ真薯は、蓮根をぶつ切りにし、縦に桂剥《む》きして蛇籠《じゃかご》目に。切れっ端をみじん切りにし、おろし蓮根、鱧《はも》すり身と合わせ、先の桂剥きで巻いて黄白の白染《はくせん》揚げでおます。唐菓子に見えますやろか。ここでは素盛りとしたけど、淡口醤油の天つゆに新柚子風味の大根おろしを添えたら、ぐんと風味よくいただけまっせ。

蓮《はす》葉包み大豆ご飯（左）

大豆1合弱を煎ってから熱い昆布だしに浸し、もみ洗いして皮を取る。うるち米2合にもち米1.5合、先の昆布だしと大豆を合わせ、淡口醤油・酒・みりん少々で塩梅して炊く。花びら形のレンコンは梅酢入りの甘酢漬けにしてのせ、吉祥草を添えて。

蓮真薯《しんじょ》黄白揚（右）

レンコンは縦に桂むき、その切れ端をみじん切り、残りをすりおろす。このすりおろしとみじん切りは鱧のすり身、山芋とろろを合わせ、淡口醤油と塩で塩梅。蛇籠のように穴が開いた先の桂むきで真薯地を包み、半分は卵白、残りは卵黄を付けて揚げる。

精進炊合せ（右奥）

ゼンマイは戻して淡口八方地で煮て、湯葉で巻いてから再びその煮汁で炊く。粟麩は素揚げし、油抜きして砂糖少々で淡口甘八方煮。干し椎茸は戻し汁と淡口醤油・みりんなどで旨煮。百合根は淡口八方地で直煮（じかに）にし、梅肉をのせる。インゲン豆は塩茹でし、淡口八方地浸しに。

9月 待宵《まつよい》酒

「果報は寝て待て！」と言うけれど、「月は飲んで待て！」と私ゃ言いたい。陰暦八月十四日は、十五夜を待つことから待宵と呼ばれますな。待てど曇れば名月も、出るとこ知らずに迷月や。見れぬやもしれぬ明日の望月《もちづき》を待つより、「西瓜《すいか》ほど まだ斜《ひずみ》あり 小望月」（森川許六《きょりく》）。待宵の月（小望月）を楽しむも一興でっせ。「名月や 畳の上に 松の影」（宝井其角《きかく》）。二夜続けて月見酒が叶うなら、これぞ果報者や。

ン？ 単なる酒飲みやって？ でもネ、夏目漱石も「名月や 無筆なれども 酒は飲む」と詠んでまっせ。蕪村なら「待宵や 女主に 女客」。なんとも艶っぽい句やけど、現代じゃ月見というても三味《しゃみ》の音も聞けまへんなァ。そこで、琵琶《びわ》など奏でて法師の語りに耳を傾けた昔々の風景を映したのが、今回の三菜でおます。

縁側に座敷机を持ち出したら、すすき、萩など秋草を飾って月見団子。芋名月とも言われるように、子芋の衣《きぬ》かつぎも添えまひょ。ここではひと捻りして、淡口八方煮の子芋を糂汰和え。残りの枝豆は海老の鬼そぼろと交互に付けて、乱れ咲いた萩に見立てるって寸法や。蒸した百合根で、海老ミソ入りの田楽味噌を包んで、月見団子ならぬ饅頭に。擂《す》り砕いたみじん粉を付けて揚げ、淡口八方地の薄葛あんで。月は、豆乳豆腐の一部に鶏ササ身を加えて二層にし、淡口味のワカメすり流し汁、香りに青海苔粉。待宵の月見の膳が調いましたで。さぁさ一献！

豆乳満月豆腐 若布《わかめ》すり流し（奥）

豆乳と卵白を合わせ、その一部に鶏ササ身のすり身を加え、どちらも塩で味を付ける。丸型に二層になるように入れて蒸し、満月豆腐に。ワカメを茹でてミキサーにかけ、カツオ昆布だし・淡口醤油などで塩梅したすり流しを椀に注ぎ、先の満月豆腐を浮かべ、青海苔を振る。

百合根蝦《えび》味噌の月見団子
微塵粉《みじんこ》揚げ（右）

トビアラの頭を蒸し、中のミソをしごき取る。白味噌・酒・砂糖を加熱しながら練り上げ、トビアラとそのミソを蒸し汁少々と共に加え、エビ味噌とする。百合根を蒸して裏漉しした生地で包み、すってサラサラにしたみじん粉を付けて揚げる。淡口八方地に薄葛を引いたあんを敷く。

子芋と蝦の糂汰《じんだ》 乱れ萩見立て（左）

枝豆を塩茹でし、粗く潰す。塩・淡口醤油・砂糖などで甘めに塩梅して糂汰の衣とし、石川子芋の淡口八方煮を和える。トビアラの身のぶつ切りを食紅で少し赤くし、酒煎りして萩の花に、塩茹で枝豆の縦切りを葉に見立て、糂汰の衣の上に盛る。桔梗（ききょう）形に切ったカブを、淡口醤油を利かせた梅酢入り甘酢漬けにして添える。

10月 秋山香《かぐわ》し

湖底のふる里に変わって久しいけど、かつては平家の落人《おちゅうど》の隠れ里と伝えられる我が故郷、河内《かわち》長野は滝畑。茅葺《かやぶ》き屋根一軒家の裏山は嶮《けわ》しゅうて、一部に岩壁が見え、麓《ふもと》の菜畑に岩石が崩《くず》れ落ちることもおましたナ。でも、春にはワラビやゼンマイが生《は》えるし、夏は山桃や杏《あんず》、秋は小さいけど柿やら木通《あけび》に、何たって茸たちの香り豊かなこと天下一品やった。山主は、私の父・上野庄次郎に「おぅい！ 上庄《うえしょう》！ そろそろ上る（松茸が生える）頃やな、見てきてくれい！」と声かけてたけど、あれは自分にも採ってきてくれよって意味だしたな。筍の藪主《やぶぬし》も掘れば数本は留守宅の庭先に転がしておいてくれた。炭焼き職人の父は炭や柴でお返しするって按配《あんばい》で、田舎人情ってええもんでしたで。

そんな風情を都会で表現したいと誂《あつら》えた山篭《やまかご》でおます。裏白《うらじろ》羊歯《しだ》を敷いて小皿を落とし込み、松茸やシメジの焼いたんに鶏ササ身、淡口仕立てのポン酢をかけたら、ネ、松茸狩りって感じでっしゃろ？ 淡口醤油なら茸の色を生かしてくれますよってねェ。栗の葉に盛り付けたのは、淡口八方煮にしたシメジの跳荒《とびあら》蝦入り白和え。手塩皿は、皮目を松茸の傘に見立てて作った茸芋。米と共に茹でて掻《か》き回しながら皮を取り、柔らかくムチムチした食感に仕上げた「餅銀杏《ぎんなん》」。零《む》余子《かご》、銀杏南瓜《いちょうなんきん》と唐揚げにしてネ。枯れ松葉を敷いた伊賀焼の大皿に盛り付けて…。どないだす？ 味も色も淡口醤油でこその、この風情。

松茸狩り（奥）
軽く炭火で焼いた松茸を縦にさいて、天然の本シメジは1本に分ける。鶏ササ身は塩焼きにして盛り合わせる。淡口醤油ベースのポン酢をかけ、一味唐辛子を振り、針柚子を添えて。

茸《きのこ》形子芋煮唐揚（右）
皮付きの子芋を松茸に見立てて切り、切りくずと共に淡口八方煮。切りくずは潰して団子状にする。薄く塩味を付けた餅ギンナンには緑のみじん粉を付け、塩蒸しのムカゴと銀杏形のカボチャを、子芋、団子と共にコーンスターチの衣を付けて唐揚げにする。団子には青海苔を振り、柚子皮を加えた大根おろし、天つゆで。

標茸《しめじ》の蝦《えび》白和え（手前）
トビアラを少し濃いめの淡口八方煮にしてすり潰し、裏漉しした豆腐と合わせ、白味噌・練りゴマ・砂糖少々などで甘めに塩梅する。この白和えの地で、塩蒸しして粗くつぶした栗、淡口八方煮にしたブナシメジと紅葉麩、銀杏麩を和える。淡口八方地に浸したホウレン草の軸、松ノ実を散らす。

11月 惜秋の宴

錦秋とは、秋を彩る女神・竜田《たつた》姫の降臨によって燃え染まる紅葉の山々が錦織《にしきおり》にも見紛《みまご》うことから名付けられたそうやけど、それもいよいよ今月初旬で終盤やろか。

「渓《たに》の流《ながれ》に 散り浮く紅葉 波にゆられて 離れて寄って 赤や黄色の 色さまざまに 水の上にも織《お》る錦」。こんな唱歌があったたん憶えてはるやろか。この情景を思い浮かべるだけでも「日本はええ国やなぁ」と目頭が熱うなりますな。

一方、山の鎮守《ちんじゅ》の神様に秋の実りを感謝しての祭りもこの時季だすな。そこで、天空へお帰りの竜田姫もお誘いして、秋を惜しむ宴を開いては…と目論《もくろ》んだのが、今回の「淡口三菜」。瓢形《ひさご》の青磁を瓢徳利《ふくべとっくり》に見立て、祝いの盃《さかずき》を合わせ、秋の野山の幸を按配《あんばい》したけど、どないだす？

その瓢形の青磁には、青海苔粉で化粧した山芋の粉吹き煮。むき栗は淡口醤油で甘八方煮、シメジと楓《かえで》生麩は煮浸しにし、針柚子の天盛り。香茸は黒さをさらに引き立たせた旨煮ですねん。

柿の器の中は、刳《く》り抜いた果肉の一部を拍子木切りにし、残りは摺《す》って胡麻酢と合わせる。蕪の短冊は薄い淡口甘酢漬に、花萱草《はなかんぞう》はもみ洗いし、茹でてから甘酢漬。

朱盃には、海老芋蝦饅頭。小海老を煮て、摺り潰した海老芋で包んでみじん粉揚げにするんだす。銀杏《いちょう》形の南瓜《かぼちゃ》せんべいを添えてネ。秋ものにゃ緑が少ないけど、淡口醤油なら素材の色が映えるから、ええ秋の色を留めますなぁ。

秋の野山の炊合せ（奥）
ひと口大の山芋を昆布だしで茹で、淡口醤油・酒・砂糖を加え、追いガツオをしたら引き上げて粉吹き芋にし、青海苔をかける。干し香茸は戻して旨煮。シメジと楓生麩は淡口八方地で煮浸し。栗は淡口甘八方煮。盛り合わせ、針柚子を天に。

海老芋蝦《えび》饅頭（左）
小エビを淡口八方煮にし、殻をむいて小粒に切る。その煮汁を用いて海老芋を炊いてつぶす。小エビを海老芋生地で包んで丸め、細かいみじん粉を付けて揚げる。カボチャを銀杏形に薄切りし、素揚げして添える。

柿胡麻酢和え（右）
柿を半割りし、中をくり抜き、柿釜にする。その果肉を拍子木切りにし、切れ端はすりつぶして淡口風味のゴマ酢に。カブはたて塩してから薄めの淡口醤油入り甘酢に浸す。干し花萱草は水に浸けて戻し、もみ洗いしてから茹でて甘酢漬。柿釜に盛り合わせ、柿ゴマ酢を注ぎ、軸三ツ葉をあしらう。

12月
一陽来福

歳末いうたら昔は節季仕舞いの月やさかい、何かと忙《せわ》しない。普段はゆっくりの先生や僧まで走り回るほどやったから、十二月は「師走《しわす》」と言うそうですな。二十一日頃には昼が最も短くなり、翌日から米一粒ずつと言われるほどゆっくり日足が伸びる。「冬至《とうじ》十日経ちゃ阿呆《あほ》でもわかる」とされ、「だいぶ日が伸びましたなァ」なんて挨拶が出る。現代の中国では立春が正月やけど昔は冬至正月で、もうすぐ新年ってことから「一陽来福」なる美称が生まれたそうだす。

日本では寒さは今からや言うて、熱いもん食べたり、柚子風呂で温《ぬく》もったり。「運が付きますように…」と〝ん〟の字が二つ付くもんを食べる風習も生まれましてん。そこで今月の「淡口三菜」は、寒天、南瓜《なんきん》、銀杏《ぎんなん》、ニンジン、饂飩《うどん》（うどんの古名）、蓮根と、〝ん〟の幸で仕立てまひょ！

まずは、茶碗蒸しならぬ柚子風呂蒸し。柚子釜に糸ニンジンを加えた鱈《たら》白子の玉子豆腐を入れ、うどんを浮かせて蒸す。淡口醬油で仕立てた柚子ポン酢の薄葛あんをかけ、紅白の水引を飾って、来福を待つって寸法だす。

生醋《なます》代わりは、岩茸淡口甘煮の寒天寄せにコンニャク八方煮、金柑《きんかん》甘酢漬。カニ身入りの白酢をかけまひょ！　勝間《こつま》南瓜はくし形に切って淡口八方煮にし、皮は舟形に。果肉は花蓮根に詰める。米と一緒にかき回しながら餅のように柔《や》らこう茹で上げた「餅銀杏」と共に、片栗粉をまぶして揚げた舟形南瓜に盛り付けましてん。

柚子風呂蒸し（奥）

生の鱈白子を裏漉しし、卵白と合わせて淡口醬油・みりん少々で味を付ける。金時ニンジンの糸切りと共に柚子釜に入れて蒸す。稲庭うどんを茹でて5㎝幅に切り、三ツ葉で束ねてのせ、再び軽く蒸す。菊菜の八方地浸しを添え、柚子果汁・淡口醬油を合わせた薄葛あんをかける。

野菜開運揚げ（左）

勝間南瓜はくし形に切って淡口八方煮。皮を舟形に切り、あおいで急冷し、緑を残す。果肉は裏漉ししてすり身と合わせ、塩・みりんで塩梅して南瓜真薯（しんじょ）にし、花形レンコンの淡口八方煮に詰める。「餅銀杏」は青海苔とみじん粉をそれぞれ付け、舟形の勝間南瓜、花形レンコンと共に白扇（はくせん）揚げにする。

蟹《かに》白酢「ん」和え（右）

岩茸を淡口甘八方地で炊き、寒天寄せに。キンカンは茹でて甘酢漬、コンニャクは淡口八方地で炊き、盛り合わせる。渡りガニを蒸してすり身にし、水切りした豆腐と合わせ、練りゴマ・カツオ昆布だし・酢でのばし、淡口醬油と砂糖で塩梅したカニ白酢をかける。

【第十二章】2017年

うすくち醤油の煮炊き今様

古《こ》今《こん》烹《ほう》肴《こう》

土佐煮、有馬煮、吉野煮…と昔ながらの煮物を、今風に仕立て直そうというのが本企画の趣旨だす。「烹」は煮炊き物という意味でっさかいネ。料理名の成り立ちを改めて考え、私なりの解釈を加えてみましてん。手法は古きに倣《なら》うけど、本来は濃口醤油や味噌で塩梅するところを淡口醤油でやってみると現代的になるんだす。コレは発見でしたな。素材の色が冴え、煮物とは思えん豊かな彩りに仕上がりますねんで。まさに温故知新や。「故（ふるき）を温（たずね）る」と、新たなアイデアが湧いてきますな。ちなみに「肴」は、火を通した魚や肉のことで、ご馳走を表す言葉でもあるんでっせ。

新年の蓬莱《ほうらい》飾りにも用いる伊勢海老は、長い角に頑強な甲羅、胴はまるで具足と鎧兜《よろいかぶと》の戦国武将を思わせるので、「威勢海老」との当て字もおますな。この硬い殻を外さずぶつ切りして、味噌か醤油で炊き上げるのが「具足煮」。ポトッと生姜《しょうが》汁を落としてネ。あの〝甲冑《かっちゅう》〟から旨みが溶け出たところを、しゃぶり付くように食べてこそ醍醐味やけど、骨付きの魚同様、好んで食べるお人も少のうなった。このままでは古人の名料理が忘れられそうでもったいない！　そこで、その意義を学びつつ、遊び心を持って、仕立てては現代好みに…というのが、本企画「古今烹肴《ここんほうこう》」。烹は煮るって意味やさかい、昔の煮物を今風にってタイトルなんだす。

さて、具足煮の現代風。淡口醤油仕立ての「琥珀煮」でいきまひょ！　まずはミソを丁寧に取り出した後の殻を、干し海老・干し貝柱・昆布のだしで煮出し、淡口甘八方地に塩梅する。身を浸して密封し、レアに加熱しておくれやす。この煮汁を葛あんにして絡めるって寸法だす。これなら、伊勢海老を殻ごと炊くからこそ得られる旨みを逃すことなく、その上、食べやすいでっしゃろ。

ミソは卵黄と合わせて煎り煮にし、「富貴草《ふっきそう》」と目出度《めでた》い美称を持つ牡丹に見立てた百合根の花粉にする。その百合根も、伊勢海老のエキスが溶け出た淡口甘八方地で味わい深く炊いてネ。

どないだす？　具足煮が淡口醤油の力を借りて、新年のお祝い料理になりましたで。

1月　具足煮《ぐそくに》▼

伊勢海老琥珀煮《こはくに》

牡丹《ぼたん》百合根海老ミソ添え
高山真菜《まな》長寿煮浸し

干しエビ・干し貝柱・昆布の合わせだしで伊勢エビの殻を煮出し、淡口甘八方地に塩梅する。ひと口大の身をレアに煮て、その煮汁を葛あんとして絡める。百合根は外側を大葉、芯の周りを牡丹形にし、伊勢エビの煮汁で炊く。この煮汁少しに伊勢エビのミソと卵黄を加え、半練りにして牡丹百合根の花粉にする。大葉百合根は梅酢を加えた淡口甘八方地に浸して着色し、その中に先の伊勢エビの身を盛る。高山真菜の八方地浸し、煎り松の実を添えて。

昔から烹、つまり煮炊きの表現に、土佐煮、有馬煮と産地の名を使《つこ》たり、早煮、八方煮など技法名を用いたりしますな。今回は、柔《や》らかい食材や煮崩《くず》れやすいもんを、とろ火で煮たり、煮汁に浸して蒸したりする「含め煮」。梅の咲き始める二月、それも二十五日は天神様（菅原道真公）の命日でもあるからと、「富久梅煮」としてみたんやけど、どないやろ。「東風《こち》吹かば にほひおこせよ 梅の花 主なしとて 春な忘れそ」と、梅をこよなく愛した公も喜んでくれはると思てネ。

独活で天神様の紋どころ・梅鉢紋を作って、山芋は淡口甘八方煮を漉して白魚で巻いて含め煮にしますねん。紫蘇《しそ》風味で香梅煮とも言えるから、「紅梅」に通じまっしゃろ。大粒の漬け梅は無数の針穴を打って弱火で塩抜きした後、淡口醤油で甘八方煮。梅づくしには鶯をと、小松菜の若菜である鶯菜をあしらい、香りとして炙《あぶ》り干子を少しオマケ！ どれもが冴えたええ色に仕上げられたのは、ヒガシマル「超特選丸大豆うすくち 吟旬《ぎんしゅん》芳醇《ほうじゅん》」と銘打つ淡い色の醤油あればこそでっせ。

ところで、初めて中国から渡来した白梅は薬用で、八世紀に入ってから貴族の邸の庭に植えられ、その観梅の宴が花見の魁《さきがけ》になったとか。きっと道真公もなさったことでしょうなぁ。それゆえに京の北野天満宮も大阪の天神さんも、道明寺《どうみょうじ》の天満宮にも梅が仰山《ぎょうさん》！ 道真公ゆかりの神社に梅林がおますのは、左遷された公を悼《いた》むお人が多いってことでおます。

2月 含め煮▼

山芋白魚巻富久梅《ふくうめ》煮

天神紋独活《うど》 煮梅
鶯菜忍干子《うぐいすなしのびほしこ》

白魚は、すだれのように並べて薄塩をあてる。山芋は梅シソ入りの淡口甘八方煮にし、裏漉しして半立て卵白と片栗粉を混ぜる。俵形にして白魚の上にのせて巻き、蒸して山芋の煮汁に浸す。ウドは桂むきにし、芯の部分と共に淡口八方煮にし、桂むきで芯の部分5本を巻く。茹で玉子の黄身に卵黄・片栗粉を合わせ、砂糖と塩で味付けしてすき間に詰めて輪切りにし、梅鉢紋に。炙り干子とウグイス菜の淡口八方地浸し、淡口甘八方煮の漬け梅を添えて。

春じゃ潮干狩りじゃと浮き足立った昔のこと。大潮の頃、船場《せんば》の商家はお得意先を誘うて、船を仕立てて海に出たそうや。初めは船上で雑談を楽しみ、潮が引いたら磯あそび。風流な話ですな。

その昔、住吉の浜では多くのハマグリが獲れて、土地の漁師が住吉詣《もうで》や磯あそびのお土産に売ってたというのは、嘘みたいやけどホンマのことらしい。さて、「磯辺煮」のお話でしたな。コレ、磯や浜で煮炊きをする訳やのうて、貝や鶏肉、骨も食べられる白身の小魚などを早煮し、揉《も》み海苔をまぶした煮物なんだす。簡単な塩梅やけど、なかなか旨いんでっせ！ ちなみに、海苔の佃煮で塩梅したら「江戸煮」ってことで、これも美味《おい》しい。

その磯辺煮を三種の海藻で今風にアレンジしたのが、今月の献立でおます。「蛤の鳴門煮」は、この頃から出回る生ワカメを柔《や》らこう炊いて、その煮汁でハマグリを早煮。鳴門ワカメの名を借りたけど、どないだす？ 淡口醤油で塩梅したら、爽やかな磯辺煮になりまっしゃろ。右下は、大阪でメエと呼び、商売に芽が出るようにと願いを込めて食べたアラメの煮物。昆布の仲間でネ、ここにアサリを加えた「海布の浅利煮」だす。「芽芋の焼海苔煮」は、里芋の芽を軟白《なんぱく》栽培した芽芋が主役。海苔と生湯葉で巻き、煮汁で和えた青さ海苔を天盛りして、海苔の風味を倍増しましてん。

この頃は、大阪でも海苔養殖してましてネ。これちょっといけまっせ。生海苔もあって、料理屋でも使い道が増えますな。

3月

磯辺煮▼

蛤《はまぐり》の鳴門《なると》煮
海布《めえ》の浅利《あさり》煮
芽芋の焼海苔煮

ハマグリは生ワカメを淡口八方地で煮た汁で早煮し、その生ワカメを漉したワカメあんと共に殻に盛り、木の芽を飾る。アラメは水で戻し、アサリと共にみりんを加えて濃いめに塩梅した淡口八方地で炊く。オカヒジキの淡口八方地浸しを添えて。芽芋は淡口八方地で炊き、海苔で巻いて生湯葉でくるみ、軸三ツ葉で結ぶ。青さ海苔とワサビを合わせ、芽芋の煮汁で和えて天に盛る。

春もたけなわの頃、吉野といやァ桜が浮かびますけど、「吉野煮」というたら話は違う。イカや海老、鮑《あわび》などを少しの煮汁で煎り付けるように炊き、水溶き葛粉でトロッととろみを付けた煮物のことだす。「吉野仕立て」とする葛汁（吸い物）や「吉野あん」なる葛あんもおますけど、どの技法にも葛を用いたら「吉野」を冠《かんむり》させるのは、この桜の名所が葛の名産地でもあったっちゅうことですわな。

葛粉は根から取るでんぷんのことやけど、葛の花といえば秋の七草の一つ。それやのに咲き始めるのは夏最中《さなか》、それも大きい三ツ葉の陰に隠れてひっそりとネ。葛は蔓《つる》植物で、蔓同様「かづら」とも読む。思えば私も田舎暮らしの子どもの頃にゃ、刈り取った柴をこの蔓で束ねましたな。

さて、桜鯛の季節でおます。お腹《なか》に孕《はら》んだ真子、白子、これが美味《うま》いんでっせ。真子は身と共に淡口醤油で旨煮。白子は淡口八方煮にして裏漉しし、葛を引いて桜色に着色する。三ツ葉を加えて先の旨煮に被《かぶ》せて蒸し上げましてん。木の芽を散らし、桜の頃の吉野山に見立てたんやけど、どないだす？ 独活《うど》を合わせた菜の花の煮浸しにメレンゲを合わせて軽く蒸し、春霞の菜の花畑とし、そこにサツマイモ（丸十）の蝶々《ちょうちょう》を添えた吉野山の春景色。丸十はクチナシ湯で茹でて、砂糖蜜で炊いた後に淡口醤油をポトッと。ここが決め手で、茶菓子的な丸十が料理に変わりますねんで。仕上げに鯛の煮汁に葛を引いた吉野あんをお忘れなく。

4月　吉野煮▼

吉野山花霞《はながすみ》仕立

桜鯛は皮目を焼き、真子とカツオ昆布だし・淡口醤油・酒・みりんで旨煮。煮汁の一部を取って葛を引き、吉野あんとする。同じ煮汁で白子を煮て裏漉しし、卵白と牛乳少しを加えて葛を引き、色粉で桜色の白子地に。鯛の身と真子、三ツ葉を合わせた上にかけて蒸し、叩き木の芽を散らす。手前は、菜の花淡口八方地浸し、ウドの淡口八方煮を合わせて葛を打ち、卵白のメレンゲをかけて軽く蒸したもの。蝶々形のサツマイモは淡口醤油風味の蜜煮。

5月　有馬煮・早煮▼

若鮎朝倉煮
鳥貝の速煮《はやに》

翡翠《ひすい》空豆共餡《ともあん》ぐるみ

鮎やモロコ、イワシやハゼなどを山椒の佃煮で煮しめるのを「有馬煮」って言いますけど、なんで有馬？　山椒は中国や朝鮮から入ったとか、日本原産やとか諸説あり、国内で歴史が深いといえば、兵庫は養父《やぶ》市八鹿《ようか》町朝倉。棘《とげ》が無《の》うて大粒で、香りもええとて「朝倉山椒」と名が知られたけど、丹波で作られ湯の町・有馬に広まり、「有馬山椒」となったようだす。

歴史ある名産地を忘れんためにも、今回は有馬煮とは煮方を変えて「朝倉煮」でいきまひょ！　花山椒または実山椒を下茹でして辛味を和らげ、素焼きした鮎を炊くんだす。皐月緑《さつきみどり》に仕上がったんは、淡口醤油のお陰様。朝倉山椒は栽培時の振動に弱いため車道の近くはダメで、収穫時は大声どころか鼻唄もダメ!!　せやから産量が少ないけど、私やこっちでいきまっせ。

お次は「早煮」。煮すぎると硬くなる食材や、緑色を失いたくない野菜を短時間で炊き、煮えばなを供す方法はそのままに鳥貝・独活《うど》・春茗荷《みょうが》の「速煮」でおます。とはいえ、鳥貝は開いた身を使いまっさかいネ、60℃くらいの低温でレアに火入れしまひょ！「翡翠煮」は、透き通るような緑色に仕上げる煮方で、今回は河内《かわち》一寸《いっすん》（空豆）の蜜煮。一部をあんにして持ち味を引き立てるよう心がけましたんや。

どないだす？　淡口を使った私流の煮方三法。伝統的な三様の煮方を今様にアレンジするという私の勝手な塩梅ですよってご容赦を…。

若鮎を素焼きし、昆布だし・酒・淡口醤油・みりんで炊く。実山椒を茹でて水にさらし、刻んで若鮎にのせて炊き上げる。鳥貝は、カツオ昆布だし・淡口醤油・みりんでウドを軽く煮た汁で早煮。酢取りにした春ミョウガ(ミョウガたけ)を合わせる。河内一寸（空豆）は外皮をむいて塩水に浸し、その浸け水で柔らかく炊き、砂糖とほんの少しの淡口醤油で塩蜜煮。そっと上げ、あおいで冷やし、煮詰めた煮汁を冷やして浸す。一部を裏漉しし、豆と和えて盛る。

五月雨時でおます。この時季、味がのるコチは「菖蒲鯒」と呼ばれますな。薄造りにしてポン酢も旨いけど、ここは煮魚で、晩秋の「時雨煮」ならぬ、初夏の「五月雨煮」。生姜《しょうが》の代わりに独活《うど》のせん切りを五月雨に見立て、佃煮ではなく、淡口醤油でさらりと煮付けまひょ！ 菖蒲の葉を敷いて盛り、菖蒲独活も添えてネ。

タコの「桜煮」は、皮の色が白い身に移って桜色になることからの命名だすな。この時季にタコは子を孕《はら》むから、これを甘八方煮にしてまぶし付け、雨に打たれる白の卯の花に見立てましてん。その名も「蛸の卯の花煮」ってどないだす？ コレ、濃口醤油でやったらあきまへん。淡口醤油を使うと、グンと味が良うなるんでっせ。花穂紫蘇《じそ》と刻んだ軸三ツ葉を散らして盛れば、梅雨時でも爽やかでっしゃろ。

「土佐煮」は、土佐名物の鰹節《かつお》の粉を筍やコンニャク、ゴボウの煮物に振りかけて喜ばれた料理やけど、今は新ゴボウの季節で味も香りもええので、これでいきまひょ。糠《ぬか》茹でして金串を身と皮の間に刺し入れ、ぐりると回して管《かん》ゴボウ。柔らかい皮だけを残すってワケやネ。旨煮にして板に並べ、粉鰹を振りかける。新ゴボウの香りを生かして優しい醤油味に煮上げるには、これも淡口醤油がよろしいなぁ。卯の花の木は竹のように空洞ですよって「空木」と呼ばれまっしゃろ。これに見立てて「空木牛蒡」と名付けたんやけど、ちょっと穴が大きすぎましたかな？

6月 時雨煮《しぐれ》・桜煮・土佐煮 ▼

菖蒲鯒《しょうぶごち》の五月雨煮《さみだれ》
蛸《たこ》の卯《う》の花煮
空木牛蒡《うつぎごぼう》

コチはそぎ身を酒・淡口醤油・みりんで煮汁少なめに炊き、ウドのせん切りを少し入れて、梅肉で酸味を付ける。菖蒲形に切った生ウドを添える。子持ちダコは、太い足を霜降りにしてから輪切りし、酒・淡口醤油・みりんで酒煎り風に煮る。小さくちぎって甘八方煮にした子に刻み軸三ツ葉と花穂ジソを混ぜてのせ、青柚子の皮をすってかける。新ゴボウはぬか茹でし、管ゴボウにしてカツオ昆布だし・酒・淡口醤油・みりんで煮る。粉ガツオをまぶす。

鮑と大豆の炊いたんを、昔から何故か「大船煮」と呼びますな。いつ頃やったか、昭和十年代の日本料理教本の中にこの文字を見つけましてネ。「鮑を殻からはずして、水一升、酒二合で炊き、煮汁が三分の一になったら砂糖百匁《もんめ》、醤油二勺《しゃく》で味を付ける」とあったけど、大豆が入ってまへんねん。名前の由来もない。

別の話やけど、山梨県の名産に煮貝がおます。あれも鮑やから、混同したのでは？と私ゃ睨《にら》んでるんだす。駿河《するが》で獲れた鮑を生のまま醤油樽に放り込んで、それを山梨まで運ぶ間に馬の背で温められて、ええ塩梅になったという話やけど、これにも大豆が入ってないさかいネ。

ところがある時、大船煮は中国から帰る大船が由来と聞きましてネ。風に任せてゆらりゆらりと進む中で、大豆と鮑をトロリトロリと時間をかけて煮込んだそうな。どちらも中国産なら、鮑は干し鮑ってことになる。それなら味は和食でも技法は中華？私にゃ今も分かりまへん。けどネ、難波津《なにわづ》のあった古墳時代から、大阪は和魂漢才《わこんかんさい》（和の魂をもって漢の技法を取り入れること）で時流に添うた料理を作り続けてきたんだす。とすれば、大阪らしい創作心があればこそ、活け鮑で作る「大船煮」が生まれたのだろうと推測したいけど…どないだす？これを淡口醤油で品よく炊いて、肝を大豆と和え、枝豆も添えて現代流に仕上げたんが、今月の「古今烹肴《ここんほうこう》」。元の濃い醤油仕立てでは、こうはいきまへんでぇ。

7月 | 鮑大船煮《あわびたいせん》▼

鮑おゝ豆煮

大豆は昆布だしに一晩浸し、そのまま茹で上げる。アワビは殻付きで輪切り大根と茹でる。茹で汁を漉し、淡口醤油・酒・みりんで塩梅して、殻から外したアワビと大豆を煮上げる。アワビの肝を裏漉しして煮汁でのばし、適量の大豆と和える。枝豆は茹でてサヤから外し、薄皮を取る。一部の豆は取っておき、残りをすって裏漉し。先の煮汁と合わせて残した枝豆と和え、盛り合わせる。針ショウガを添える。

8月　鳴戸煮《なると》 ▼

穴子の鳴戸煮凝《にこご》り

新蓮根淡口八方煮

渦潮に見立てた渦巻き形の食べ物を「鳴戸（鳴門）巻」と言いますナ。昆布と魚のすり身で蒲鉾《かまぼこ》にしたり、大根やニンジンで紅白にしたり。「鳴戸煮」は鳴戸巻の煮物やけど、私が習《なろ》うたのは、開いた穴子をグルグルと巻いて竹皮紐《ひも》で縛り、酒・だし・たまり醤油・味醂・砂糖などで甘辛く煮付けるって塩梅でした。もっぱら折詰や重詰《じゅうづめ》用やったので、淡口醤油で関西風の煮凝りにして夏料理に、と考えたんだす。穴子は夏が旬やしネ。

開いて背ビレを引いて霜降りにし、ぬめりを取って、焼き骨を煮出した穴子だしで柔らかく煮る。板に挟んで伸ばし、下煮した干しワカメを重ねて渦巻きにして蒸してネ。これをキュウリの桂剝《む》きを淡口八方地浸しにしたものでさらに巻いて、穴子とワカメの煮汁を合わせ、煮凝りに仕立てましてん。淡いだし色が涼しげでっしゃろ。

ところで、穴子南蛮《なんばん》（焼き穴子とネギの蕎麦）ってご存知？　この江戸の料理が大阪では「穴子うどん」となる。焼きダレには濃口醤油を使うけど、吸いだしはサラリッとした淡口醤油の味でネ。その吸いだしをちょっと濃くして、絹ごし豆腐と焼き穴子の小鍋に仕立てると、真夏の夕食によろしいな。関西の漁場は兵庫の室津《むろつ》、高砂《たかさご》沖、明石や淡路と甚《はなは》だ広いけど、獲るのは夜がええとか。というのは、昼は岩の割れ目や穴の中、なければ砂に潜《もぐ》って静かにし、日が暮れるとニョロリと夜遊びに…いや獲物探しに出るそうだす。穴子釣りはそこが狙い目らしいでっせ。

穴子の骨と頭を焼き、カツオ昆布だしで煮出す。この穴子だしを酒・淡口醤油・砂糖・みりんで塩梅して身を煮て、板で挟む。煮汁を和紙で漉して脂分を取り、ワカメを炊き、片栗粉をまぶす。先の穴子にのせて首の部分から巻き、軽く蒸してから、淡口八方地浸しのキュウリでさらに巻く。輪切りにし、ゼラチンと寒天を溶かしたワカメの煮汁と共に流し缶に入れて冷やし固める。新レンコン淡口八方煮を添え、みじん切りのミョウガにレモンを少し搾ってのせる。

おかず塩梅の手法に「いとこ煮」がおますわな。ゴボウや慈姑《くわい》・里芋・小豆・大根・豆腐などを硬いものから順に入れ、一つの鍋で煮て、醤油や砂糖で味付けをする。つまり、追い追い煮ることを、甥《おい》と甥にかけて従兄弟《いとこ》煮って訳やけど、私ゃひねくれ者ですよってネ。「ほな姪《めい》と姪のいとこはどないするのや」ってことで、「従姉妹煮」を考えてみたんだす。オイオイじゃなくメイメイ。そう、銘々って塩梅になりますわなぁ。

でもネ。考えてみると、これって普通の炊合せ？　そこで菊月の仕立てにしてみたんだす。針イカの上身に切り目を付けて茹でて、菊花を芯にして巻く。鰹《かつお》昆布だしを酒・淡口醤油・塩・砂糖で塩梅して、甘口に炊くんだす。この煮汁を取り出し、あたり胡麻で風味を、葛粉でとろみを付けてネ。南瓜は菊花形に剥《む》き、鶏だしを使った淡口甘八方煮。菊の葉は、裏側に白身魚のすり身を薄く付けて揚げ、八方地浸しでおます。これに子芋の煮揚浸しと、車海老の甘煮を添えましてん。車海老は「超特選丸大豆うすくち 吟旬芳醇《ぎんしゅんほうじゅん》」で炊いたから、名付けは「龍野煮」。どうだす？　ご異存はおまへんよねぇ。

ところで、いとこ煮は昔、味噌で塩梅したようでっせ。江戸時代、「事八日《ことようか》」の日に無病息災を祈って食べた「お事汁《ことじる》」という野菜たっぷりの味噌汁にそっくりやそうで。けどネ、色鮮やかで、味も爽やかに仕上げるなら、やっぱり淡口醤油。ヒガシマルに軍配を上げますよねぇ。

9月　いとこ煮▼

従姉妹煮《いとこ》

車海老龍野煮《たつの》　烏賊《いか》の花巻煮　子芋の煮揚浸し
菊花南瓜《なんきん》淡口甘八方煮　裏白菊葉浸し 針柚子

車エビは酒・淡口醤油・砂糖・みりんで甘煮。石川子芋は淡口八方煮にしてから素揚げし、油抜きして煮汁に浸す。カボチャは、カツオ昆布だしに鶏だしを合わせ、淡口醤油・酒・みりん・砂糖で淡口甘八方煮に。菊の葉は裏に片栗粉を付け、白身魚のすり身を薄く塗り、さらに片栗粉を付けて揚げ、先の子芋の煮汁に浸す。車エビの殻をむき、イカの花巻煮、他の煮物と共に盛り合わせる。車エビと子芋の煮汁を合わせてかけ、針柚子をあしらう。

水が浅く溜《た》まり、草が茂っている場所や、山間の小さな渓谷を〝沢〟と呼びますな。この風情を映すように、笹《ささ》がきゴボウや野菜の細切りと豚肉をさらっと塩味で煮上げたのが「沢煮椀」だす。白身魚の塩身を、同じく細切り野菜と煮た「沢煮」もあって、塩蒸しした鶏ササ身を細く裂《さ》いて使っても美味ですわな。沢煮椀の豚肉を尾羽毛《おばけ》（さらし鯨《くじら》）に替えると「栖鳳椀《せいほう》」。コレ、私の好物ですねん。京都生まれの日本画家・竹内栖鳳が、ある料亭で作らせたのが始まりと聞きますな。

〝沢〟の字は、沢山《たくさん》という意味もあってネ、具も汁もたっぷり仕立てるのが、沢煮の主流だす。古い羹《あつもの》の椀は大きいものが多かったから、今でいう煮物碗に近かったんと違うやろか？　昔のお人はよく食べたんだすな。

さて、十月の「沢煮椀」は秋色の椀に仕立てますけど、塩梅は私流ですねん。まずは、甘鯛の中骨を焦がさず素焼きし、昆布・干し平茸でコンソメ風に合わせだしをとる。主役は甘鯛の塩身で、茸の王者「香り松茸　味湿地《しめじ》」を、細切り野菜の代わりに添えてネ。シメジを下煮した煮汁も、吸い地に生かしまひょ。熱々をお椀に張ったら、細く細く裂いた白髪松茸の香りが広がるって寸法でっせェ。木ノ葉人参《にんじん》を添えてネ。え？　こんな沢煮らしゅうないって？　む、でも茸の風味で、秋味満載でっしゃろ。吸い地は淡口醤油で色を付けずに味付ける。あ、そうや、同音で「爽煮椀」といたしまひょ！

10月　沢煮▼

甘鯛と茸《きのこ》の爽煮椀《さわに》

白甘鯛の中骨を素焼きし、干し平茸と昆布だしで煮出し、淡口醤油・塩・少しのみりんで塩梅する。身はひと塩し、皮目に強火で焼き目を付けてから蒸す。シメジとナメコを先の甘鯛のだしでさっと煮る。松茸の傘は薄切り、軸は極細くさく。甘鯛のだしにキノコの煮汁を加え、淡口醤油などで味を付けて吸い地に。甘鯛とキノコを盛り、吸い地を注ぎ、塩茹でした軸三ツ葉・松葉柚子・木ノ葉形のニンジンをあしらう。

藤原忠平が嵯峨《さが》の秋を「小倉山 峰《みね》のもみぢ葉 心あらば 今ひとたびの みゆき待たなむ」と詠んだように、小倉山は昔から紅葉の名所でおます。小倉といえば、食べもんでは小倉餡《あん》。小豆のこし餡に大納言《だいなごん》小豆の粒餡を混ぜたもんだすな。

平安京ができて間もない頃には、小倉餡を作っていたようでっせ。その後のいつの時代なのか？ 小豆と共にタコや鮑《あわび》を煮込んだ「小倉煮」、大納言小豆を蜜煮に練り混ぜた「小倉羊羹《ようかん》」が生まれた。コレ、どうやら羊羹の方が先輩のようですな。なぜかといえば、花札にヒントがありますねん。

花札には一月から順に、松と鶴、梅と鶯《うぐいす》、藤と時鳥《ほととぎす》が描かれ、十月は紅葉と鹿。ほら、鹿ノ子絞りって、鹿の背のまだらに似た絞り染めがありまっしゃろ。あの文様を鹿ノ子紋と呼ぶけど、小倉羊羹の切り口に似てますねん。これで、小倉が紅葉、紅葉が鹿、鹿が羊羹と繋がったってワケや。

そこで今回は、小倉煮から転化しての「鹿ノ子煮」。イカ飯のもち米に小豆を入れると…、切り口はまさに鹿ノ子紋。小豆の煮汁も使《つこ》たイカ飯の塩梅には淡口醤油を用いたさかい、米によく合う上に、明るい色合いに仕上がったと自負してますのや。細長《なご》う切った干し大根は茹でてから束ね、油抜きした大判の薄揚げで巻きましてん。コレ、信田巻やけど、干し大根の戻し汁に鰹《かつお》昆布だしを合わせ、淡口醤油・酒・砂糖で甘口に炊いてますねん。もう少し小ぶりにして会席の一品に入れたら、何やらホッとしますやろ。

11月 小倉《おぐら》煮 ▼

烏賊《いか》飯鹿ノ子《かのこ》煮

干大根信田《しのだ》巻
姫青梗菜《ちんげんさい》　青漬け山椒

大納言小豆を昆布と一晩水に浸けて戻し、その水で茹でる。割れた小豆などを煮つぶして裏漉しする。茹で汁でもち米と小豆を合わせて炊く。スルメイカはツボ抜きし、霜降り。ゲソを粒切りにし、先の小豆おこわに混ぜてイカに詰め、楊枝で口を閉じる。小豆の茹で汁の残りにカツオ昆布だしを合わせ、漉した小豆も加えて、淡口醤油・酒・砂糖で塩梅し、イカ飯を炊く。干し大根の信田巻、姫チンゲン菜の淡口八方地浸し、実山椒の醤油漬けを添えて。

スッポンのことを上方では「丸」と呼びますな。「月とすっぽん」という諺《ことわざ》がありまっしゃろ。同じように丸いけど、片や夜空に美しく浮かび、片や泥の中。比べものにならん違いがあるという意味で用いますな。スッポンは中国語で「忘《ワン》八《パア》」とも呼ぶそうで、これは儒教でいう八徳を忘れた者という意。中国では下等な生き物とされているようやけどネ、滋養に富み、佳味《かみ》であることから、「甲魚」とか「団魚」という魚名に隠して、古くから食べていたようでっせ。

我が国でも江戸の初期から秘かに食べられてきましてん。随筆『浪花《なにわ》の風』にも「…すっぽんは土人（土地の人）賞翫《しょうがん》する故《ゆえ》に四時（周年）ともにあり、されど其調理江戸と違て羹《あつもの》となして、露沢山《たくさん》に仕立て、江戸にて鼈煮と言うものの調理方は絶えてなし…」云々《うんぬん》とある。調理法が残酷ゆえに、「こしらえる のを見てすっぽん思いきり」なんて川柳もあってネ。代用として、スッポンを使わない「鼈煮」が生まれたのと違うかな？ 別名は丸仕立て。酒と水に醤油・砂糖または味醂で炊く煮付けだすな。

さて、最終回は奮発して、コラーゲン豊富で味は上品な高級魚、オコゼでっせ。淡口醤油と酒を張り込んだ丸吸い仕立てでいきまひょ！ 皮もヒレ皮も内臓も卵の茶巾に包んでネ。難波葱の白茎を青葉で巻いて添え、白髪ネギを天に盛ったら、露生姜《しょうが》をポトリ。あぁマッタリまろやか。淡口醤油がええ味出してくれますなぁ。

12月 鼈煮《すっぽん》▼

虎魚《おこぜ》の丸仕立て

結び生湯葉焦がし
難波葱巻《なんばねぎ》

酒・水を同割にして昆布を２時間浸し、淡口醤油で塩梅し、皮を引いたオコゼの上身と骨をとろ火で煮る。オコゼのワタは小さく切り、ヒレ皮や骨周りの端肉と共に茶碗蒸しの地に加えてラップで包み、とろ火で茹でて茶巾寄せに。生湯葉は結んで焼き目を付け、オコゼの煮汁で軽く煮る。難波ネギは茎を焼き、茹でた青葉を巻いてオコゼの煮汁に浸す。椀種を温めてお椀に盛り、吸い味に調えた煮汁を張る。白髪ネギを天に盛り、ショウガ汁を落とす。

【第十三章】２０１８年

淡口仕立て

果実割烹

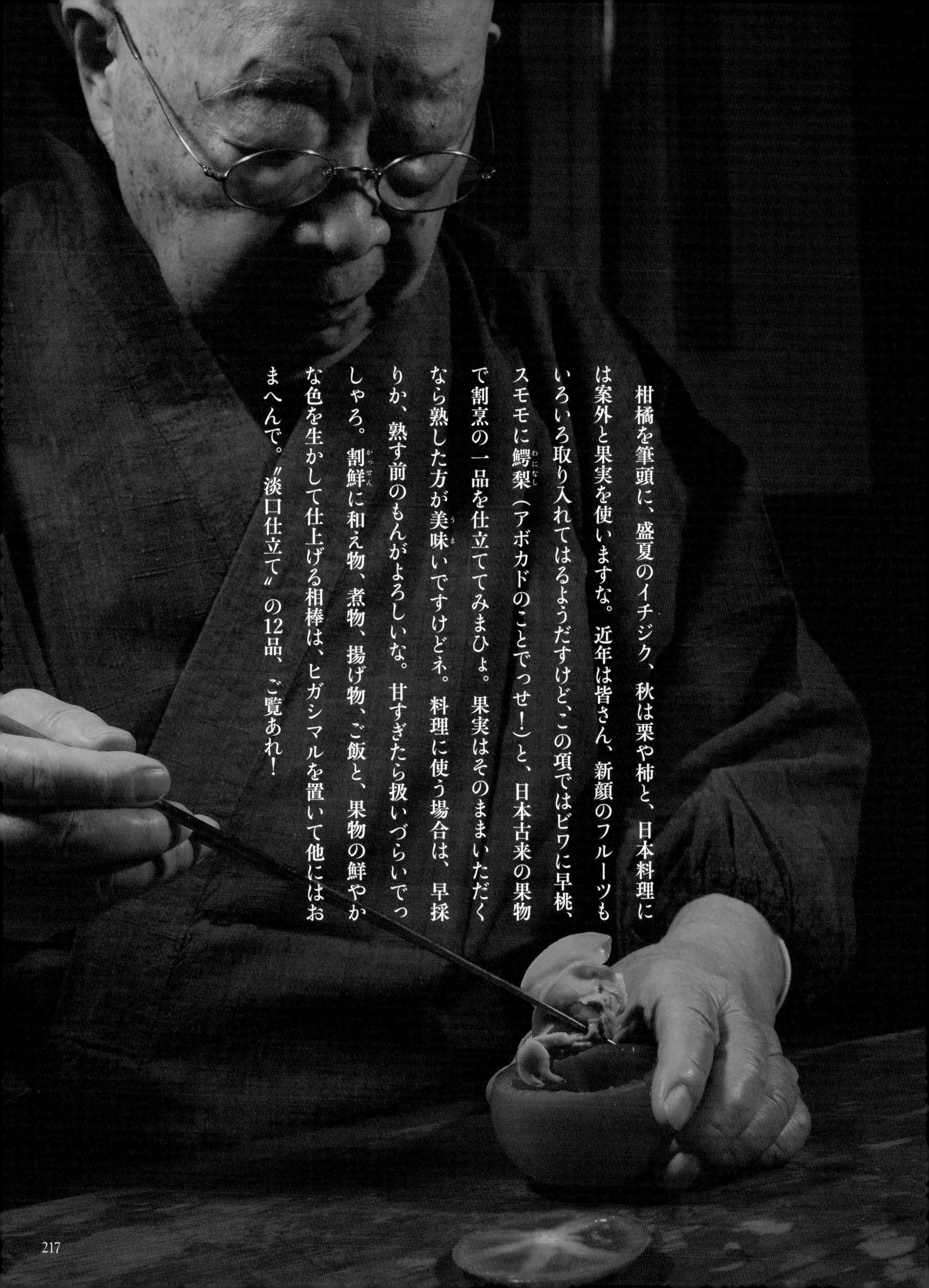

柑橘を筆頭に、盛夏のイチジク、秋は栗や柿と、日本料理には案外と果実を使いますな。近年は皆さん、新顔のフルーツもいろいろ取り入れてはるようだすけど、この項ではビワに早桃、スモモに鰐梨《わになし》（アボカドのことでっせ！）と、日本古来の果物で割烹の一品を仕立ててみまひょ。果実はそのままいただくなら熟した方が美味《うま》いですけどネ。料理に使う場合は、早採りか、熟す前のもんがよろしいな。甘すぎたら扱いづらいでっしゃろ。割鮮《かっせん》に和え物、煮物、揚げ物、ご飯と、果物の鮮やかな色を生かして仕上げる相棒は、ヒガシマルを置いて他にはおまへんで。〃淡口仕立て〃の12品、ご覧あれ！

果実が熟すことを黄熟《おうじゅく》といいますな。これを「あき」と読ませた昔があったようだす。つまり果実と暮らしの語源は「黄熟を行う」、つまり果実と暮らしに必要なものを物々交換したことやそうでっせ。商い甘味料が生まれる前の時代、実りの秋が待ち遠しかった古《いにしえ》の人は、果実を永く楽しみたいと菓子を生み出した。源は自然の中にあるんやでぇと、果実の古称「果子」に草冠《くさかんむり》を付けた字を当ててネ。対して果実は「水菓子」としたんやから、ややこしい話ですわなぁ。

さて本年のお題は「果実割烹」。え？　果物を料《はか》るとは…って？　そこは淡口醤油の力量の見せ所、ご期待あれ。まずは睦月《むつき》、年の初めでっさかいネ、「代々」を語源に持つ「橙」が主役だす。第十一代の垂仁天皇の命を受けた田道間守《たじまもり》が求めた、時を超越する香り高い果実「非時香果《ときじくのかくのこのみ》」は橘《たちばな》と言われるけど、これは橙の古名でネ。熟し始めの冬には橙色となり、そのまま枝につけておいても落ちることなく、初夏にはまた緑色となるので「回青橙《だいだい》」の字も当て、神秘の果子とされてきた。

その橙の、ちょっと苦《にご》うて厚い皮の表面を薄く剥《む》いて茹で、一晩水に晒《さら》し、蜜煮にする。柚子皮の蜜煮とはまた違った風味でよろしいで。鶉は開いて挽肉を塗り、太白胡麻油で焼いてから、骨でとっただしに淡口醤油で塩梅したタレ、蜜煮した橙皮を加えて煮付けるんだす。橙の果汁を少し加えてネ。橙釜に盛り付けたら、どないだす。淡口醤油やさかい、蜜煮の色も爽やかに仕上がりましたやろ。こりゃあ、幸先ええわ。

ウズラの骨と鶏ガラ、香味野菜で濃厚なウズラだしをとり、淡口醤油・酒・砂糖で塩梅してタレを作る。ウズラを開き、肉薄の部分にみじん切りの玉ネギを合わせた挽肉を塗り、吉野葛を打って焼く。先のタレ、ダイダイの皮の蜜煮とその煮汁も加えて煮詰め、ダイダイの果汁で酸味を付ける。ダイダイ釜に盛り、粒辛子を添え、白髪ネギをあしらう。

1月

鶉《うずら》の橙《だいだい》煮

月初めには立春やというのに、寒気はさらに厳しおますな。この時季に熟す果実はないから、今回は出回り時期の長いリンゴの中から、青リンゴの代表格・王林でいきまひょ！

我が国には平安時代からリンゴがあったようだす。和リンゴという粒の小さな野生種でネ。明治初期に西洋リンゴが欧米から伝わると、次第に廃れてしもた。その西洋リンゴ、バラ科と知って驚きましたな。今では、紅玉に富士、デリシャス、陸奥《むつ》に国光《こっこう》と様々な品種がおますけど、如月《きさらぎ》といえば、リンゴは終わりの時季。でもネ、王林はこの時季もええんでっせ。甘い中にも酸味や香りがあってネ。この甘酸《かんさん》が、旬の魚介の持ち味を引き立たせるんだす。料理に使うリンゴは甘すぎたらあきまへん。それにこの淡い緑色、立春に相応《ふさわ》しいでっしゃろ。

魚介は、大阪好みの隈《くま》海老（足赤海老）と牡蛎で、近江の茶人・北村祐庵《ゆうあん》の考えた幽庵《ゆうあん》漬けに知恵を借りて醤油の地に漬ける。本来は濃口の地やけどネ、王林の香りを生かすなら淡口醤油がよろしいな。生産地の名を借りて、龍野漬け。この隈海老と牡蛎に片栗粉をまぶして揚げると…龍田揚げならぬ龍野揚げって、どないだす？ 祐庵先生！

王林は縦に切り、船形に刳《く》り抜く。その中身をすりおろしたリンゴ酢の塩梅は、レモン汁に米酢・砂糖少々、ここでもやっぱり淡口醤油。船形に龍野揚げとリンゴの切り身を盛り付け、リンゴ酢をかけて完成だす。名の通り、淡口醤油無しではでけへん一品になりましたな。

リンゴを縦に割り、舟形にくり抜く。レモン汁を加えたたて塩に浸けておく。中身は一部を残してすりおろし、淡口醤油などで塩梅してリンゴ酢に。クマエビと牡蛎を別々に淡口醤油1：酒4：みりん少々の地に漬け、その地をふき取り、片栗粉をまぶして龍野揚げに。リンゴの舟形に、リンゴの切り身と龍野揚げを盛り、リンゴ酢をかけ、クレソンを飾る。

2月

龍野《たつの》揚げ 林檎《りんご》酢

未開の異民族の茄子で「蕃茄」。赤い茄子やというて「赤茄子」と呼んだのは、大正末期までやそうだす。これ、トマトの和名だすな。ナス科の多年草で、赤く熟すけど果実じゃないし、果物屋はんも扱いまへんが、今回は特別出演。

大阪に「三箇牧《さんがまき》トマト」という名の、二〜三月が旨い自慢の品がおます。これを若採りしてもろたんだす。まず縦に切って刳《く》り抜く。抜いた中子《なかご》(種の部分)と別に赤黄のミニトマトをそれぞれ裏漉しし、いずれも太白胡麻油と淡口醤油などで調味して、三色の蕃茄醋油《トマトドレッシング》を作る。三個のトマト釜に赤貝、鳥貝、酒煎りアサリを盛って、それぞれ蕃茄醋油を流し、三色のミニトマトをあしらうって寸法だす。

ところで今頃のトマトは、色も形もとりどりで、味も甘酸《かんさん》いろいろですな。日本料理にもお馴染みになりましたわ。そもそも原産地はペルーのアンデス山脈で、標高2000mという乾燥地。「雪が流れ、低地に広がったと考えられる」と『野菜探検隊世界を歩く』という本にあって、日本へは十七世紀に中国を通じて渡来したそうな。初めは観賞用、明治期に食べ始めたとか。私の子どもの頃は郷里の裏の畑で自家用を作っていて、これが水っぽうて青臭い。なんせ調理法も知らんからウスターソースをかけるだけ。閉口しましたなァ。

でも今回の和風佐良妥《サラダ》とも言える「蕃茄生醋」は好評で、面目躍如というところ。これもひとえに淡口醤油のお陰。醤油は陰と言いまっしゃろ。

若採りの青トマトを縦に切ってくり抜き、熱湯に通して色出しし、昆布とたて塩に浸ける。中子、黄・赤のミニトマトに、それぞれ太白ゴマ油・淡口醤油・レモン汁・みりんを合わせ、三色のドレッシングを作る。先のトマト釜に赤貝、鳥貝、酒煎りアサリを盛り、それぞれドレッシングをかけ、赤黄緑のミニトマトを半分に切って飾る。中央に、淡口醤油と昆布だしでお浸しにした擬宝珠(ぎぼし)をあしらう。

3月

蕃茄生醋《ばんかなます》三様

文旦とは別名で、中村汀女《ていじょ》の句「ふる里も南の方の 朱欒《ざぼん》かな」の通り、標準和名は朱欒。特に大きい種類は晩白柚《ばんぺいゆ》といいますな。分厚い皮を砂糖漬けにした「文旦漬」って菓子がおますけど、コレは九州生まれのようでっせ。亡母が鹿児島県の出生でしたので、私が初めて口にしたのは文旦漬やった。この淡黄色の柑橘を見ると、「ザボン色した宵の月 南京祭りの笛の音と～」と長崎の歌にある光景が想像されて、母を思い出しますねん。

あ、否《いや》、ここは土佐文旦のお噺《はなし》やった。こちらは高知の文旦で、昭和初期からの栽培やそうだす。爽やかな香りに上品な甘さ、果肉の粒々感がよろしおますなぁ。この季節に卵を孕《はら》んだ菱ガニの蒸したんを文旦の果汁で食べてみたら、これがええ塩梅でしたんや。

それで、入学祝いにどうやろ？と思いついたんが文旦鮓。花釜に刳《く》り抜いたら、ちょうど1人前の大きさですねん。酢飯は、昆布とカニガラだしで米を炊き、文旦の果汁と米酢、淡口醤油をぽとり、少々の砂糖を合わせて、人肌ほどに温めてネ。果肉の粒々、好みで酢漬け生姜《しょうが》のみじん切りを混ぜて、文旦の釜に詰める。蒸して裏漉しした菱ガニの内子（卵巣）とむき身、菜種やエンドウ、ラディッシュの針打ちなどを盛り付けたら、ええ見栄《みば》えになりましたわ。

少々の手間は掛かるけど、何も難しい塩梅やおまへん。ヒガシマルの「超特選丸大豆うすくち 吟旬芳醇《ぎんしゅんほうじゅん》」の〝淡にして味わい深し〟、これが決め手だす。

土佐文旦の皮に切り目を入れ、果肉を取り出す。果肉を一部搾り、その果汁に米酢･淡口醤油･砂糖を合わせて文旦酢に。菱ガニを蒸し、身をほぐして、内子は裏漉し。残ったガラと昆布でだしをとり、米を炊く。文旦酢で味を付け、酢漬けショウガと文旦の果肉を混ぜて、文旦釜に詰める。茹でて昆布に挟んだ菜種松前漬、桜葉に模したウドの酢漬、エンドウの淡口八方地浸し、ラディッシュ、菱ガニの身と内子を盛り付ける。

4月

菱蟹《ひしがに》の文旦鮓《ぶんたんずし》

5月

枇《び》杷《わ》の海老射込み 黄味衣揚げ

ビワは四国や九州に自生するようで、我が国の固有種があったと聞きますな。一方、天保年間（一八三〇～一八四四）に長崎は茂木町《もぎまち》の三浦嘉平次の妹が、南支那《しな》からとするビワの種子をもらい、嘉平次の畑に蒔《ま》いたそうな。この栽培種の「茂木枇杷」が著名になったため、自生種が日の目を見るに至らなんだってことやろか？

私のふる里を流れる石川上流の川っ縁《ぷち》に、一本のビワの木がおましてネ。子どもの頃、この季節になると竹竿《たけざお》で実を落とし、小さなビワを拾い集めたもんだす。そのわずかな甘みが、戦時下の飢えた舌を楽しませてくれたことを覚えてますナ。

大粒のビワを見たのは料理修業に入ってからのことで、茹で海老と共に白酢和えにするのが常だした。和え衣は、水切りした豆腐を裏漉しして、米酢・胡麻・砂糖・塩で作る白酢で、師匠は「忍びに淡口醤油や！」と、いつも言うてましたナ。豆腐の白色を変えずして、味にまろみを付ける淡口醤油は、戦後の時代にも大切に考えられていたんだすなぁ。

さて今回は、海老のすり身を詰めたビワの黄味衣揚げでおますが、この衣にひと工夫。コーンスターチと小麦粉、卵黄を合わせた中にメレンゲを加えると、ふんわり仕上がりまっせ。海老のすり身は、生ハムが隠し味。これをビワの種を取った後の窪《くぼ》みに射込み、紙で包んで七分蒸しにしてから揚げまひょ。ビワの葉皿にビワの甘酢葛あんを敷いてから、盛り付けてみましてん。

エビのすり身に卵白・山芋とろろを加え、淡口醤油・みりん・塩で塩梅し、生ハムこま切りを混ぜる。ビワを縦に切り、種を抜いて片栗粉をまぶす。先のエビすり身を詰め、元の形に戻したら皮をむき、さらしで巻いて七分蒸しに。ボウフウは葉の裏と軸、ビワは全体に黄味衣を付けて揚げる。別のビワを裏漉ししてカツオ昆布だし・淡口醤油・酢・砂糖を合わせ、ひと煮して葛を引いたあんを敷き、黄味衣揚げとボウフウ白染（はくせん）揚げを盛る。

『古事記』にも記されているけど、桃は中国から渡来した時は花を観賞するものやったそうだす。だから、果実より花を見て「桃色」と言うのやろか？ 果実は美味やなかったんでしょうな。

早桃、すなわち早生《わせ》種から栽培が始まったとされてるけど、年々技術が上がって昔より1カ月近くも早く出回るようになった。今じゃ、五月後半でも美味《おい》しい桃が仰山《ぎょうさん》おますわなぁ。

さて今回の「果実割烹」やけど、なぜに果物として美味しいもんを調理するのん？と責められるかもしれまへんな。でもネ、同じ一本の木に生《な》る桃でも、すべて一級品とは限りまへん。果物としてはお勧めしがたい末生《うらな》りもおます。そんな果物にちょぃと手を加えて、日の目を見せるのがこの頁の目的ですよってネ。ほら、水っぽい西瓜《すいか》に塩を振ったら甘みが引き立つように、ここは淡口醤油で足りない味を補い、持ち味を引き出しまひょ！ 美しい実の淡黄色はそのままにネ。

桃は早採りや未熟のもんを選んでおくれやす。半分に割って種を取り、皮を剥《む》いたら、淡口醤油入りの甘酢に浸しておく。一部は裏漉しし、豆腐と合わせて白酢にしてネ。鮑は薄切りにし、淡口醤油を利かせた酒煎り。独活《うど》のせん切りや肝の真薯《しんじょ》と桃の舟に盛り付け、先の桃白酢をかけまひょ！

この白酢にも桃の実にも鮑にも忍ばせたのが、淡口醤油。薄口じゃなく淡口と書くように、淡い色の中にどんな素材にも調和する、秘めたる力がありますのやなぁ。

早桃は椀形に切り、レモン汁入りたて塩に浸けてから、淡口醤油・レモン汁・昆布を加えた甘酢漬けに。別の早桃を裏漉しし、水切り豆腐の裏漉しに先の桃の漬け酢を合わせ、淡口醤油やレモン汁・砂糖で加減して桃白酢とする。アワビは薄切りにして肝と共に淡口醤油・みりん・酒で煎る。身は先の桃の漬け酢で洗う。肝は裏漉しし、すり身と合わせて淡口醤油少々で塩梅し、蒸して真薯に。椀形の桃にアワビの身と真薯、せん切りウドを盛り、桃白酢をかける。

6月

早桃と酒煎鮑《あわび》の桃酢あん被《か》け

「李も桃も桃の内」って早口言葉がおますわな。貴方《あん》さんはコレ、すらすらっと言えまっか？私が子どもの頃は今のような大玉で美味《おい》しいスモモはおまへんでした。「酢桃」「酸桃」とも書くけど、その字のごとく酸っぱいのんばかりでネ。明治になってアメリカで品種改良され、逆輸入されて日本でも本格的に栽培が始まったため、「米桃《べいとう》」「郁李《いくり》」とも呼ばれるらしい。サンタローザやソルダムってのも、元は日本のスモモらしいでっせ。

子ども時分は、スモモといえば「巴旦杏《はたんきょう》」。ちょっと大きな玉でネ。その木が我が家の裏の畑に三本だけありましたんや。熟すと実を持って川へ行き、山から湧き出す岩清水《いわしみず》で冷やして河原で齧《かじ》ったのが懐かしい。現代人は巴旦杏なんて見向きもしまへんが、甘味料はおろか、砂糖さえ手に入らんかったあの時代にゃあ、有難～いオヤツでしたんや。

さて、そんな巴旦杏を思わせる、ちょっと酸っぱいスモモを、好みに塩梅して煮炊きしたのが、今回の「果実割烹」。日本には「色を付けずにええ味付ける」淡口醤油がおますよってネ。まずは、芯まで甘みを入れるため、淡口醤油入りの甘酢に一晩漬けて、昆布だしに砂糖とレモンも少し加えて蜜煮。一部を裏漉ししてネ。夏鴨といえば昔から合鴨のことやけど、コレ、大阪特産なんでっせ。合鴨を炊いたところへ、スモモの蜜煮とその裏漉しを加え、柔らかくなるまで煮るんだす。どないだす？　醤油味が必要でも、スモモの色はキレイに残りましたでェ。

スモモは皮を薄くむいて塩を振り、昆布・淡口醤油入りの甘酢に一夜漬ける。昆布だし・淡口醤油・砂糖・レモン汁で蜜煮にし、一部を裏漉しする。合鴨モモ肉は皮に針打ちし、玉ネギ・キャベツを加えて酒と水で2時間ほど茹で、冷蔵庫で脂を冷やし固めて取り除く。その茹で汁で合鴨モモ肉を再び炊き、スモモの蜜煮と裏漉しを加え、淡口醤油・砂糖・酒で塩梅して煮詰める。オクラは種を取って茹で、淡口八方地に浸して盛り合わせ、粒辛子を添える。

7月

李《すもも》と夏鴨の煮込み

ちょいと見では花が無い。「無花果」の字はそこからの果名らしいが、実は果実の中にちゃんと小粒の花が密集してるんでっせ。

イチジクが日本に入ったのは寛永年間（一六二四〜一六四四）で、今も九州、四国、山陽で作られる「蓬莱柿《ほうらいし》」って種類らしいけど、今回塩梅したのは、明治時代に桝井《ますい》某《なにがし》氏が持ち帰ったとされる「桝井ドーフィン」種。糖度は「蓬莱柿」より少し低いと言われるけど、上品な甘さが料理向きやと考えて、ワイン煮、レモン煮、天麩羅に白酢和えとよう使いましたな。

南河内《かわち》の羽曳野《はびきの》は、砂地やけど保水力が高く、イチジク栽培に適しているんだす。なにわの伝統野菜を探して農家を回っていた頃に出会ったんが、故・藤井恒治《つねじ》氏だした。「ワシのイチジクはあまりに旨いさかい、ついつい食べすぎてのう。お腹《なか》をこわしたわい」と笑わされたもんだす。この主力は「桝井ドーフィン」だしたな。

今回は、透明感が高《たこ》うて、淡口醤油とは思えぬまろやかな味の「超特選丸大豆うすくち 吟《ぎん》旬芳醇《しゅんほうじゅん》」で「桝井ドーフィン」本来の持ち味を生かしながらも、鶏ササ身のすり身の射込み揚げに。イチジクの皮を剥《む》いて縦に切り、種を刳《く》り抜いた穴にササ身のすり身の玉を蒸して入れ、元の形に戻すんだす。茹で小豆の衣を付けて揚げてネ。芯のササ身には火が入ってるから、イチジクは半生程度に揚げてや。仕上げに敷いたのは、鶏スープと鰹《かつお》昆布だしを同割にして淡口醤油・味醂を加えた葛あん。生姜《しょうが》汁を忍ばせると、夏向きの味になりまっせ。

鶏ササ身をすり身にし、淡口醤油・みりんで塩梅しておく。小豆を一晩水に浸し、柔らかく茹でて裏漉しし、黒すりゴマ・卵黄と先のササ身すり身を少し合わせ、淡口醤油・浮き粉を加えて衣を作る。残りのササ身すり身を丸にとって蒸し、イチジクの種をくり抜いた中に小麦粉を付けて詰め、小麦粉をまぶして先の衣を絡める。種を取ってササ身のすり身を詰め、みじん粉を付けた青唐辛子と共に揚げる。葛あんを器に敷き、イチジクの葉と共に盛り付ける。

8月

無花果《いちじく》と青唐辛子 笹身射込み揚げ

「最も栄養価の高い果物」とギネスブックに登録され、世界に700種以上もあるというアボカド。原産地はコロンビアかメキシコで、日本には大正時代に渡来したそうな。クスノキ科ワニナシ属と辞書にあるけど、「鰐梨」という和名は、ワニの好物だから？ それとも、食べ頃まで熟すと表皮にワニ肌のような皺《しわ》ができるからやろか？

お馴染みのアボカドはメキシコ産のハス種やそうで、年中なんでか味が変わらず、周年出回ってますわなぁ。ちなみに、「ベーコン」って種類もあるそうで、こちらは私も使ったことがおまへん。

季節感を重視する日本料理にアボカドは…との考えもおますけどネ。「森のバター」と言われるこの果実、醤油と相性がええのんご存知？ 昭和五十年代の初め頃やったか、赤身に挟んで「鮪亜母門造り《まぐろあぼかど》」と品書きしたんだす。ところが注文がおまへん。そこで、ひと口小皿に盛って「次の料理ができますまで…」とお薦めしたら、「美味《おい》しいネ」って喜ばれて。それからアボカドを造りによぉ使うようになりましてん。

今回の仕立ては、タコの花造りだす。アボカドは中身を刳《く》り抜き、一部を裏漉ししますねん。あたり胡麻を加え、レモン汁をポトリ。これを、吸盤を忍ばせた皮の舟に敷き入れて、タコの湯洗いを花形に盛っておくれやす。卵黄を花芯にしたら、ホラ！ 白牡丹《しろぼたん》のようでっしゃろ。アボカドのお造りと吸盤も脇盛りにしておくれやす。添えダレは、淡口醤油に昆布を浸してネ。これをちょいと付けて、どうぞ！

タコの吸盤を霜降りし、身は湯洗いしてからそぎ切り。アボカドは縦に割り、中身をくり抜いて一部を乱切り、残りを裏漉しして、あたりゴマとレモン汁を合わせる。アボカドの皮に吸盤と糸長芋を入れ、先のアボカドペーストをかける。その上に、タコの身を白牡丹のように盛る。ウズラの温泉卵の黄身に茹で玉子の卵黄の裏漉しをかけ、花芯とする。アボカドの切り身と吸盤の残りを盛り合わせ、ワサビ・ハマボウフウをあしらう。淡口昆布醤油を添えて。

9月

鰐梨《わになし》の花蛸《だこ》造り

「嚇々《かくかく》と 大毬栗《おおいがぐり》の 口中よ」（井沢正江）。

大毬栗といやぁ、能勢《のせ》の名産・能勢栗。またの名を銀寄栗。大粒でカアッと開いたそのイガの口は、ほんに人を威嚇《いかく》しているようにも見える。普通は三粒入りやけど、この栗はイガが大きいのに二粒入り。一粒で中を占領するものもあって、こりゃもう粒とは言えまへん。その見事さもさることながら、料《はか》りやすさもあって料理栗としても人気でっせ。お隣の丹波の亀岡町が集散地だったため、丹波栗の名で取引されたけど、大方は能勢産だったと『飲食辞典』におますな。現代では銀寄栗の栽培が広まって、平成二十六年産の栽培面積比は、熊本県と愛媛県が共に21％、兵庫県は10％、茨城県と大阪府は7～8％となったそうな。

この大粒栗は、クチナシの実を加えて着色しながら煮る蜜煮が定番やけどネ。クチナシは無しにして砂糖蜜で直煮《じかに》し、淡口醤油をポトポトッと落とすのも、栗の自らの味、そう持ち味が生きて旨いんでっせ。今回は、そこにシラサエビの旨みを加えるって寸法だす。

頭と殻を焼いて鰹《かつお》昆布だしで軽く煮出し、淡口醤油と酒・味醂・砂糖を加えて銀寄栗を直煮。その煮汁に再び淡口醤油を落とすと風味がよおなりまっせ。シラサエビのそぼろと枝豆も炊き、吉野葛でとろみを付けたら、ほら、萩の花みたいでっしゃろ。イガの中は、栗の裏漉しで大粒のシラサエビを包んで丸めた抹茶入りの白扇《はくせん》揚げ。これには塩味もよろしいけど、先の萩あんを付けるとなお美味でおます。

銀寄栗の皮をむき、淡い塩水に酢一滴を落として浸す。シラサエビのだしを使った淡口甘八方地でゆっくりと直煮し、その煮汁に淡口醤油を少し加えて萩あんに。先の淡口甘八方煮と同じ要領で、少し濃いめに炊いた銀寄栗を裏漉しし、卵黄と吉野葛を混ぜて生地を作る。残りの淡口甘八方地でシラサエビを甘煮にし、ぶつ切りにして銀寄栗の生地で包む。片栗粉・コーンスターチ・卵白のメレンゲに抹茶を加えた衣を付け、みじん粉を振りかけて揚げ、栗のイガに盛る。

10月

銀寄栗《ぎんよせぐり》の八方煮 萩餡《あん》かけ 栗饅頭抹茶揚

山野に自生していた昔は、すべてが渋柿やったそうでっせ。甘柿が出来たのは鎌倉時代とかで、渋柿の種を殖《ふ》やしたか、改良したようだすな。初夏には淡黄がかった白い小花を咲かせ、秋には実ってこの時季の風物詩となる。松尾芭蕉が「里古《ふ》りて 柿の木持たぬ 家もなし」と詠んだ風景にあるのは大方、卵形の久保柿か、先の尖《とが》った渋柿の大木でしょうな。そういえば、私の祖父は渋柿に甘柿の接《つ》ぎ木をして「四～五年で生《な》るんじゃ！」と言うてたけれど、これがホンマに一本の木に甘渋が分かれて生った。あれには驚きましたナ。

ところで「御所柿《ごしょがき》」ってご存知？ 奈良の御所《ごせ》村から出たものやとか、京都の木練《こねり》（木に生《な》ったまま完熟させたもの）で御所に献上されたとか、はたまた、美濃の熟柿《じゅくし》が徳川家康に賞味され「御所柿」と呼ばれるようになったとか。諸説あるそうやけどネ。この柿を改良したのが、今回の主役「富有柿」でおます。柿はアルコール分を中和させるそうやから、左党向きの塩梅でいきまひょ。となると、肝はやはり色を付けずに味を深める淡口醤油。まずは、柿の果肉に熟柿も加え、レモン入り甘酢に淡口醤油・練り胡麻で柿酢を作ってネ。蒸した菱ガニと、唐草形に切ったイカを酒煎りして、柿釜に盛り、先の柿酢を流し入れて完成だす。

針イカも菱ガニも泉州《せんしゅう》産で、共に旬真っ盛り。ゲソは軟骨と共に切って酒煎りし、柿釜の底へ忍ばせても美味。カニガラは昆布だしで煮出し、淡口醤油をポトリ。これがまた旨いんでっせ。

富有柿の果肉をくり抜いて5㎜厚の釜を作る。果肉の一部を輪切りにし、釜と共にたて塩した後、レモン入り甘酢に漬ける。残りの果肉に熟した柿があれば少し加えて裏漉しし、先のレモン入り甘酢に、淡口醤油・練りゴマを加えて柿酢とする。菱ガニを蒸してさばき、針イカは唐草形に切って塩味の酒煎りにする。柿釜に先の柿酢を流し入れ、菱ガニのほぐし身とイカを盛り付ける。菱ガニの卵を蒸して裏漉ししたものをまぶし、軸三ツ葉を添える。

11月

蟹《かに》と針《はり》烏《い》賊《か》の富《ふ》有《ゆう》柿《がき》鱠《なます》

「柚子が黄色くなれば医者が青くなる」という諺《ことわざ》がおますな。柚子が色付く頃は食欲の秋、身体が健やかになれば、医者が暇になって青ざめるってことだす。冬至《とうじ》には、冷えや風邪予防に柚子湯に入る。昔は街の銭湯にもぷかぷか浮いてましたんやでェ。

関西の産地では京都の水尾が有名やけどネ、大阪の箕面《みのお》市北端にもええ柚子があると聞いて、『あまから手帖』編集部と共に訪ねたのは二〇〇四年やったかな? 同行の現「浪速魚菜《ぎょさい》の会」の笹井良隆氏曰く、止々呂美《とどろみ》地区は100戸余りの集落で、まだ百年に満たない栽培歴とか。実生《みしょう》で育てた故《ゆえ》か、「器量よしではおまへんが、ええ香《かざ》でっしゃろ」と自慢げやったのは、今は故人の西林利次さんだした。柚子の棘《とげ》で付いた傷跡だらけの手首を見せて、「どや! ワシの勲章や!」と言ってはったな。

あの日以来、止々呂美柚子を使《つこ》うてるけど、ほんまにええ香するんでっせぇ。この芳香とほのかに甘みのある果汁を生かして、「果実割烹」最後の一皿は、日本料理の主菜である割鮮で、ちょいと贅沢《ぜいたく》に。冬籠《ふゆごも》りのために柚子で体調を調えつつ、持ち味の強い鯛と車海老を召し上がれ!

淡口醤油に煮切り酒・味醂を合わせ、昆布を一晩浸けてネ。この漬け地に、車海老は湯引き、鯛はサクで2時間ほど漬け、野菜と共に柚子釜に盛る。漬け地に柚子の果汁を加え、柚子皮と切り胡麻をぱらり。鯛も海老も持ち味が冴え、なにより柚子の香を生かすには、淡口醤油に限ると納得がいくはずでっせぇ。

淡口醤油1.5に対し、煮切り酒1・みりん0.5を合わせ、昆布を一晩浸ける。車エビは湯引きにして殻をむき、鯛の上身と、柚子皮を加えた先の漬け地に約2時間漬ける。香茸は淡口八方地で煮る。大根・ニンジン・千社唐(ちしゃとう)は昆布たて塩に浸してせん切り。柚子釜に車エビと鯛の造り身、添え野菜、ワサビを盛り、釜の縁と葉付き蓋に氷餅粉を付けて雪に見立てる。先の漬け地に柚子果汁を合わせ、柚子皮おろしと切りゴマを散らして添える。

12月

車海老と鯛の柚子釜割鮮《かっせん》

食は人の天なり

味の原点は水でおます

　平家落人《おちゅうど》の隠れ里と言われる河内長野《かわち》市滝畑。私の故郷でおます。その昔、仁徳天皇によって河内平野に石川の水が引かれて稲田が広がったそうやけど、その石川の起点となるのが滝畑でネ。我が家の飲料水は、源流に近い谷川から孟宗竹《もうそうちく》の水道管を通して引き入れてましてん。

　そんな田舎で生まれ育った私が、大阪はミナミの道頓堀《どうとんぼり》川北にある繁華街で料理修業を始めた時、まず困ったのは水の味やった。カルキ臭がきつくて、飲めまへんねん。修業先の仕出し屋が元川魚商だったため、幸いにも手漕《てこ》ぎポンプ付きの井戸があって、この水は飲むことができたんだす。数年後には水道が改良され、私も大阪の水道水に慣れてしもた。再び、水のことが気にかかるようになったんは、独立して小さな割烹を始めた頃だした。市内の名に残る井戸を探したけれど、みな枯れてましたなぁ。

　そんなある日、茸《きのこ》狩りに行った山で飲んだ湧き水が美味《うま》くてねぇ。やっぱり自然水に限ると思って探していたところ、あるお人が大阪北部の石清水《いわしみず》を見つけてくれたんだす。嬉しかったですなぁ。それまでは、高価な浄水器を使《つこ》てたけど、きれいな水になるだけで、味がない。料理に大切なだしが出ない。お茶も出ない。無学の私にゃ小難しいことは解《わ》かりまへんが、「水清ければ魚棲まず」ってことですわなぁ。

　無味無臭のようでいて、水には味があるんだす。私ゃ、先の石清水を『天神坂上野』で庖丁を置くまで使い続けましてん。長男の営む『浪速割烹 㐂川《きがわ》』では、今もこの水でだしを引いてますねんで。それ、味の原点は水にあり、と言いまっしゃろ。

真味只是淡《しんみはただこれたん》の境地

　中国は明代（一三六八～一六四四）の著作家・洪自誠《こうじせい》の『菜根譚《さいこんたん》』に、「醲肥辛甘非真味 真味只是淡」という言葉がおます。訳すと、濃厚な酒やこってりした料理、刺激の強いものには、真の味わいはない。本物の味は淡い味の中にある、となりますねん。

　料理に当てはめると、食材の持ち味を大切にし、淡味に塩梅するという解釈でよろしいですよネ。でも、これがなかなか難しいですわなぁ。味の原点は水にあり。食材の持ち味を生かすなら、次いで塩となるワケやけど、それじゃ料理にはなりまへんから、私ら板前は味噌やそこから生まれた醤油を使いまっしゃろ。お客さんが淡味こそ真味なんて至人《しじん》（道に達した人）ばかりやったら、料《はか》り手はつらいョ。はて、どないしまひょ。味付けは淡く、でも、食材の持ち味を深める工夫が必要ですわな。

　TVを見てたら、レポーターが一口食べて、「めっちゃ旨い！」って言うてますやろ。あれ、ホンマやったら味の付けすぎでっせ。料理の味わいは、六～七割ほど食べて「お、旨いねぇ」と思うくらいがちょうどええんだす。

　現代は食べ手が贅沢《ぜいたく》になったのか、皿の上の要素が多すぎるように思えてなりまへん。日本には四季があり、食材には旬があるワケやから、毎年、春なら春、秋なら秋に食べたい野菜や魚介がありますやろ。せっかく紅葉鯛を使ても、鯛を食べたと思えんような複雑な仕立てにしてしもたら台無しや。上等な食材を選んで、これでもか！と持ち味を深める塩梅が、私流と言えるかもしれまへんな。そのために、骨も皮も捨《ほ》らんと活用してますねんで。

それにネ、料理屋は五感で楽しむ場所でっさかいネ。美しい器や盛付けに、立ち上る湯気、ジュジューッという音、煙にのって届く香ばしさも、すべて御馳走《ごっつおう》ですわな。カウンター割烹では、臨場感も味のうち。お客様をあっと言わせて、喜ばせたい一心で、私ゃ様々な演出を考えたもんだす。

『菜根譚』の「真味只是淡」の後には、こう続きますねん。「神奇卓異非至人 至人只是常」。あっと言わせるような奇異なことをする人は至人には遠く、平凡で尋常なことこそ至人の境地だという意味でしてネ。私ゃ、つくづく凡人ですわい。

料理は楽しいもんだす

割烹人生の集大成として開いた小さな『天神坂 上野』の幕を閉じたのは、七十歳を目前にした平成十五年だした。この時、妻は病を患《わずら》ってましてネ。「家族の面倒に店まで手伝わせたお返しとして、これから三度の食事は作るよ」と約束してしもた。言うんじゃなかった…と思う日がないわけやおまへんが、三食を作る毎日に学ぶことは意外と多いんでっせ。

私ら板前の作る料理はハレの要素が大きいけど、家庭料理はケの食べもん。家族の健康と共に精神をも健やかに保つために欠かせないものですわな。「食は人の天なり」。吉田兼好の『徒然草《つれづれぐさ》』の中に見つけたこの言葉が私ゃ好きでね。食べることは、人にとって天のごとく重要なもの。三食をきちんと作ることを全《まっと》うしてこそ、真の料理人と言えるのではないやろか(ん、ちょっと大きく出すぎたかナ)。

栄養のことなど解からぬ私は、朝夕は4品ほど作って、多くの食材を摂《と》るようにしてますねん。「数を取り揃える」から、おかずって言いまっしゃろ。いや、全部作りたてやおまへんで。常備菜を活躍させてネ。野菜の茹で汁も逃しまへん。だしを濃くとって合わせると思わぬ美味に出合う。板前時代からやってたことやけど、家庭料理にも役に立ったワケですな。

近所を歩くと、空き地に思わぬ野草が見つかる。いつやったか、ユキノシタが我が家に通じる路地で株を増やしていたこともおましたな。田舎育ちの私ゃ、食べられるかどうかの見分けも付くし、ちょっと摘《つ》んで季節の色を添えると、家庭の一品も豊かになりまっしゃろ。

こんな時に役立ってくれるのが、自然の持ち色も持ち味も生かしてくれる淡口醤油。ヒガシマルはんの連載を17年続けた成果もあって、今や私の厨《くりや》にはタマリも濃口醤油もおまへん。淡口醤油の万能性を我が身で証明してるって言うたら、ちょっと大げさ？でも、事実でっせェ。

そんなこんなで、九十歳にならんとする今も三食を用意する日々。あれやこれやと工夫してネ。すると、「お！ええこと思い付いた」とアイデアが湧いてきますねん。やってみたら新しい一品ができたりする。楽しいですわなぁ。私ゃ、長いこと料理を仕事にしてきましたけどネ。食べ手を喜ばすには、己がまず楽しむこと。それを三度の食事から、改めて学ぶ日々でおます。

【第十四章】２０１９年

淡ゆえに真味際立つ

淡口割鮮《かっせん》

「割鮮」とは「鮮《あざ》ラケキヲ割《さ》ク」の意味で、お造りや鱠《なます》のことやけど、私ゃ、この言葉が気に入りましてネ。品書きにも長らく使《つこ》てきましたけど、三十年ほど前、季節折々の魚介を同じ造り醤油でお勧めすることに、ふと疑問を持ったんだす。以来、いろんなタレを工夫してきましてん。魚介の方も洗いにづけ、焼き霜と調理を変え、時に野菜もお造りとしてお出ししましたな。新しい割鮮を模索する中で、気が付いたのが淡口醤油の万能性。まさに、サブタイトルの「淡ゆえに真味際立つ」ってワケや。３種の造りを盛合せでお届けする本企画。まずは、私流の淡口割鮮ダレ38種をご覧いただきまひょ！

上野流・造り醤油38種

造りにする食材の煮汁や蒸し汁を活用したり、
野菜や果物のペーストを加えたり。
上野流の造り醤油は実にバリエーション豊か。
ここでは基本の3種に加え、
12カ月で様々に仕立てた計38種を一挙にご紹介します。

【基本の造り醤油】

エビやイカ、白身全般に合う
淡口割り醤油
「超特選丸大豆うすくち 吟旬芳醇《ぎんしゅんほうじゅん》」3に対して、煮切り酒1を合わせたもの。

赤身と青背の魚に向く
淡口土佐醤油
「超特選丸大豆うすくち 吟旬芳醇」と煮切り酒、煮切りみりんを3:1:0.5で合わせたところに、花ガツオを一晩漬けて漉す。

塩〆や昆布〆の鯛に、鱠《なます》の味付けに
淡口昆布醤油
「超特丸大豆うすくち 吟旬芳醇」と煮切り酒、煮切りみりんを4:3:1で合わせ、昆布を一晩漬けて漉す。

1月

【蝦和多《えびわた》醤油（右）】 ※伊勢海老用
伊勢エビのアラを昆布だしで煮出して漉しただしに、伊勢エビの身を浸して密閉し、60℃の湯煎にかける。この煮汁と淡口醤油・柚子果汁・煮切りみりんを2:6:1:1で合わせる。頭のミソを蒸し、裏漉しして加える。

【切り胡麻醤油（奥）】
淡口昆布醤油に、煎りたてのゴマを刻んで加える。

【柚子ポン酢（手前）】 → P34

2月

【柚子霙《みぞれ》酢醤油（右）】
淡口醤油・米酢・煮切り酒・煮切りみりんを2:2:2:1で合わせる。すりおろした柚子皮を大根おろしと合わせて加える。

【納豆昆布醤油（奥）】
淡口昆布醤油に叩き納豆と小口切りにしたアサツキ、和辛子を添える。

【牡蛎だし醤油（左）】
牡蛎のむき身を少量の昆布だしと合わせて密閉し、60℃で湯煎して半生に火入れする。その残り汁と淡口醤油を同割で合わせ、煮切りみりん少々で味を調える。スダチ果汁を加えても、辛味大根おろしを添えてもよい。

※「超特選丸大豆うすくち 吟旬芳醇」の詳細はP300。

5月

【鯉《こい》の真理寧《マリネ》液（奥）】

淡口醤油・太白ゴマ油・スダチ果汁・みりんを6：1：1：1で合わせ、薄切り玉ネギと花山椒漬けを加えたもの。

【胡麻酢ひしお（手前）】 → P34

【蕃茄《ばんか》醤油（右）】

トマトを湯むきしてミキサーにかけて裏漉しし、淡口土佐醤油と1：3で合わせる。

6月

【淡口蓼《たで》酢（手前）】

タデの軸を刻んで加えた昆布たて酢（昆布を2時間浸した米酢）・淡口醤油・煮切り酒・煮切りみりんを6：2：1：1で合わせる。この合わせ酢とすりつぶしたタデの葉を5：3で合わせ、ミキサーにかける。重湯を加えて濃度と甘みを調整する。※鮎の鱠《なます》に使う場合は、タデ入り昆布たて酢に、塩をして喰《く》い味になるまで水にさらした鮎を浸し、その残り酢を使う。

【淡口煎り酒（中）】

酒2合（360mℓ）を煮切って冷まし、爪昆布2枚・梅干し5個を鍋に合わせ、沸かさずゆっくりと梅の塩分と旨みを引き出し、煎り酒を作る。この煎り酒と淡口醤油を3：1で合わせる。

【昆布醤油梅肉落とし（奥）】

梅干し2個の裏漉しを、淡口昆布醤油1合（180mℓ）と合わせてミキサーにかける。

3月

【淡口八朔《はっさく》酢（手前）】 ※菱ガニ用

淡口醤油・ハッサク果汁・菱ガニの蒸し汁・昆布だしを3：2：1：1で合わせ、煮切りみりんとショウガ汁各少々で味を調える。

【煮切り梅酒醤油（右）】

淡口醤油・煮切り梅酒・煮切り酒・米酢を10：5：2：2で合わせる。

【煎り蛤《はまぐり》醤油（奥）】

ハマグリを半生に酒煎りする。その煎り汁・淡口昆布醤油を3：2で合わせ、煮切りみりん少々で味を調える。

4月

【共だし土佐醤油（手前）】 ※筍用

朝掘り筍を直煮《じかに》（※P20「筍あげ煮」本文参照）した煮汁を少し取って追いガツオして漉す。この筍の煮汁と淡口醤油を2：1で合わせる。

【漉し梅醤油（奥）】

淡口醤油・梅干しの裏漉し・煮切り酒・煮切りみりんを5：2：1：1で合わせる。

7月

【若布《わかめ》醤油（手前）】
ワカメを茹でてすりつぶす。このワカメペースト・淡口醤油・米酢を2:1:1で合わせる。

【漉し蓼《たで》酢醤油（奥）】
淡口昆布醤油と米酢を5:4で合わせる。タデをすりつぶして裏漉しし、重湯と合わせてピューレ状にしたものを適量浮かべる。※タデは色が飛ぶので、提供直前に加えること。

【辛子醤油（右）】
淡口醤油と昆布を浸けた煮切り酒を2:1で合わせ、煮切りみりんを少々加える。さっと沸かして追いガツオし、冷めたら和辛子を溶き入れる。

8月

【青唐《ししとう》醤油（手前）】
シシトウを刻んで種を取り、淡口土佐醤油に1週間漬ける。半ずりのゴマを加える。

【長芋とろみ醤油（奥）】
カツオ昆布だし30mℓ・淡口醤油15mℓを合わせ、長芋8g分を叩いて溶き入れる。

【吉野酢醤油（右）】
煮切り酒50mℓに昆布を2時間以上浸けてから漉す。淡口土佐醤油70mℓ・米酢20mℓを合わせて軽く熱し、水溶き吉野葛でとろみを付けて冷ます。

9月

【松ノ実醤油（奥）】
松の実15gを乾煎りし、すり鉢ですり、淡口昆布醤油60mℓと合わせる。

【蝦《えび》ミソ醤油（左）】※跳荒蝦《とびあら》用
トビアラの頭と殻（計10g）を焼いて淡口昆布醤油60mℓに加え、頭をつぶしてミソの風味を付けて漉す。白味噌を忍ばせてもよい。

【共だし胡麻酢（右）】※鱧《はも》用
酒と水を同割にし、鱧のアラを素焼きにして加え、煮出して漉す。この鱧だしを煮詰め、淡口醤油・みりんと同割にして合わせ、共だし醤油を作る。共だし醤油50mℓに米酢15mℓ・淡口醤油10mℓ・練りゴマ10mℓ・砂糖2gを合わせる。

10月

【柿酢醤油（手前）】

柿の果肉をすりつぶし、淡口醤油・米酢・カツオ昆布だしをすべて同割で合わせ、柚子果汁を少し加える。

【柚子胡椒醤油（奥）】※鯧《まながつお》用

淡口醤油・煮切り酒・煮切りみりんを2：3：1で合わせた幽庵《ゆうあん》地に、昆布と輪切り青柚子を加え、マナガツオを一晩漬ける。この幽庵地に柚子胡椒を適量加える。

【共わた昆布醤油（右）】※隈《くま》海老用

隈エビの頭のミソ（3尾分 3g）を蒸して漉し、淡口昆布醤油 12mℓにすり入れる。

11月

【紅蓼《べにたで》酢醤油（奥）】

淡口醤油・米酢・煮切りみりんを同割で合わせ、カツオ節を浸して一晩おいて漉す。この淡口土佐酢30mℓに、すりつぶした紅タデ 2g を合わせる。

【香母醋《かぼす》ポン酢（手前）】

カボス果汁と淡口割り醤油を同割で合わせる。もみじおろしを添えるとよい。

【胡桃《くるみ》醤油（右）】

クルミ 45 gをすり鉢ですり、淡口昆布醤油 70mℓを少しずつ加えながらすり合わせる。

12月

【淡口橙《だいだい》ぽん酢（手前）】

淡口醤油・煮切り酒・煮切りみりん・ダイダイ果汁を 10：5：3：15 で合わせ、昆布を3～4日漬けてから漉す。

【寺納豆醤油（奥）】

淡口昆布醤油に実山椒を1日漬けておく。寺納豆を煮切り酒でのばし、ペースト状にして添える。寺納豆とは、煮たり蒸したりした大豆を麹（こうじ）菌で発酵させ、塩水に浸してから天日干ししたもの。大徳寺、一休寺などの寺院で造られる。

【苺《いちご》入り酢醤油（右）】

イチゴ 3 個分のヘタを取り、ミキサーにかけて漉す。このイチゴ果汁と淡口昆布醤油・レモン果汁を 2：4：1 で合わせる。

伊勢海老はアラを煮出した昆布だしに身を浸して密閉し、60℃の湯煎にした「共湯洗い」。針イカは、焼き海苔を挟み、重ねて切り出し、青海波（せいがいは）の模様に。カワハギは肝と共に湯引きし、芹のみじん切りを混ぜた大根おろしを添え、「柚子ポン酢」をかける。

1月

伊勢海老の共湯洗い【蝦和多《えびわた》醤油】
烏賊《いか》青海造り【切り胡麻醤油】
皮剥魚《かわはぎ》湯引き【柚子ポン酢】

新年でおます。さて、本年のテーマは日本料理の主菜である「割鮮《かっせん》」。淡口醤油を主とした添えダレで、という提案だす。

割鮮は現代でいうと刺身のことやけど、この言葉が「指身」として文献に見えるのは、室町時代、文安五（一四四八）年と言われるんだす。どうやら、この頃にはたまり醤油がもうあったようでっせ。

世は下って江戸時代には兵庫県龍野《たつの》で淡口醤油が造られていたようだす。淀川を上って京の都へと運ばれ、精進料理など見た目にも美しい上方の料理には欠かせない存在となっていく。それでも刺身醤油にはならへんかったのは、魚介特有の臭みを抑えるには、昔は濃い醤油が必要やったということでしょうな。でもネ、活け締めって技が生まれ、板前の技術も向上してますよってネ。現代なら、魚介の繊細な風味を生かすには、自らの主張をせず、素材の持ち味を引き立てる淡口醤油が添えダレには適任やと、私ゃ考えましたんや。

さて、一月は宝船に見立てた伊勢海老の舟盛りで、添えダレはアラを昆布だしで煮出し、淡口醤油を合わせた「蝦和多醤油」。頭のミソも、蒸して漉して加えてネ。海苔を挟んだイカには、煮切り酒と味醂で加減した淡口醤油に昆布を一夜浸して作る昆布醤油に、切り胡麻を。カワハギは淡口仕立ての「柚子ポン酢」でおます。

どないだす！三種三様の「淡口割鮮」。本年はこれで参りまひょ！なにとぞ、よろしゅうに。

白甘鯛は紙塩をして一晩昆布〆。牡丹造りにし、白髪ウドに裏漉しした茹で玉子の黄身を重ねて花芯に見立てる。マグロは長芋と重ねた博多仕立てを焼き海苔で巻いたもの。牡蛎は半生に火入れし、冷水にとって殻に盛る。「牡蛎だし醤油」を流し入れ、辛味大根おろしを天に。

2月

白甘鯛牡丹《ぼたん》造り【柚子霙《みぞれ》酢醤油】
鮪《まぐろ》長芋博多【納豆昆布醤油】
牡蛎松前湯引き【牡蛎だし醤油】

立春とは名ばかりで、まだまだ寒いこの時期に咲く小形の牡丹を「寒牡丹」と言いますな。海の方では白甘鯛に脂がのる季節でおます。

大阪では甘鯛を略してアマと呼び、白甘鯛を貴重とするのは、漁獲量が少ないこともあるようやけど、何よりその優れた持ち味ゆえ。他にも白身魚が仰山《ぎょうさん》あるからか、生食せず、もっぱら焼いたり蒸したりやさかい、活け締めもしまへん。そこで私ゃ、昭和中期に鮮魚店を通じて、漁船の上での活け締めをお願いしましたんや。これを薄造りにし、ポン酢でお薦めしたら、お客さんにえろう喜ばれてネ。紙塩をあて、脱水シートで2時間〆て、昆布だしで加減した淡口醤油に辛味大根と柚子皮おろしで、というのも好評だしたな。

さて今回は、如月《きさらぎ》の割鮮でっさかい、囲いを研草《とくさ》の細い枝で作り、白アマは牡丹造りでネ。上品で奥深い持ち味を引き立てるのは、淡口醤油を使った「柚子霙酢醤油」。マグロ赤身は長芋を挟み、焼き海苔で巻いて、「納豆昆布醤油」でお薦めだす。淡口醤油に煮切り酒・味醂を加え、昆布を浸した淡口昆布醤油。コレ、作り置いたら重宝しまっせ。

この時季、最も脂がのる牡蛎は、少量の昆布だしと共に密閉し、60℃で湯煎して半生の火入れだす。牡蛎の持ち味は深いから、先の昆布だしを淡口醤油で加減して、そっと殻に流し入れまひょ！これは早めに作っておくと、味が染みてなお美味《おい》しゅうなる。酢橘《すだち》をきゅっと搾ると味が引き締まりまっせ。

大きな貝殻の中は、菱ガニの洗い、卵のづけと蒸した身の共だし寄せ。あしらいはツノマタという海藻。目板ガレイは洗いにし、芽ジソと桃花形のウドを添えて。ハマグリは半熟に酒煎りして菜種と共に盛り、煎り汁・淡口醤油・昆布だしを合わせた「煎り蛤醤油」を流し入れる。

3月

菱蟹《ひしがに》の淹汁《だし》洗い 蟹子寄せ【淡口八朔《はっさく》酢】
目板鰈《めいたがれい》洗い【煮切り梅酒醤油】
蛤《はまぐり》の酒煎り 菜種昆布押し【煎り蛤醤油】

弥生《やよい》は三月の別名やけど、本来は旧暦月の名称。今年は四月五日からの三十日間でっさかい、今月は春を先取りした割鮮《かっせん》でいきまひょ。

春味といえば芽吹きの物で、山菜や野菜には淡口醤油が誠によく合う。魚も大方が産卵を控えて、いわば彼達の青春ともいえますわな。カニも左様《さよう》で、この時季、腹《はら》に卵を孕んだ菱ガニなどまさに子宝でっせ。菱ガニは大阪の呼び名で、本名はガザミ。渡りガニのことですな。実は菱ガニというたら別の種もあるけれど、そっちは食べまへんな。

さて、菱ガニは甲羅を外して卵を取り出し、水に晒《さら》して洗い、しばらく酒に浸しますねん。これを、煮切り酒で加減した淡口醤油に切り昆布を加えて、づけにするんだす。胴は縦に割り、太股《ふともも》のような水掻《みずか》きの付け根の甲皮《こうひ》にだけ切り目を入れて脚肉を外してネ。残りは酒蒸しにして、身をほぐしておくれやす。

菱ガニのガラは昆布だしで煮出し、蒸し汁を足して60℃くらいに温めてネ。脚肉を洗いにするんだす。残ったカニだしにゼラチンを溶かし、胴の蒸し身と卵のづけをそれぞれに冷やし固め、重ねて盛りましてん。脚肉の洗いは、ハッサク果汁入りの生姜《しょうが》酢でお薦めしまひょ！

目板ガレイは薄切りにして洗いにする。桃花形独活《うど》の梅酢漬けを添えてネ。タレは梅酒を煮切って、淡口醤油・煮切り酒・米酢と合わせましてん。ハマグリは真水で砂を吐かせて身を取り出し、酒煎り風に霜降り。菜種の昆布漬けと殻に盛って完成だす。

朝一番で届く掘りたての筍は下茹での必要なし。カツオ昆布だし（筍の切りくずや絹皮を昆布だしで茹で、カツオ節を加えてだしをとるのが上野流）に淡口醤油、酒とみりん少々で直煮する。薄切りの鯛で巻いた白子には淡口醤油で下味を。アイナメは皮目を炙(あぶ)って薄造りに。

4月

朝掘筍と若布《わかめ》の笹造り【共だし土佐醤油】
鯛の白子挟み 花穂独活《うど》
鮎並《あいなめ》焼霜薄切り重ね【漉し梅醤油】

徳川吉宗が将軍だった頃、琉球《りゅうきゅう》から（ホンマは中国やろ、という説も）鍋島藩に渡来した孟宗竹《もうそうちく》。明治になると大阪にも届き、北部の豊能《とよの》郡で栽培されるようになった。その筍が収穫量は少ないけど誠に美味でおました。特にまだ明けやらぬうちの掘りたては生食もでき、甘みがあって旨いんでっせ。それを焚き火で焼いていただけば、野趣が伴ってこれまたよろし。けど、市中の料理屋では、それもままなりまへん。

そこで、朝掘り筍が着くやいなや鰹《かつお》昆布のだしで直煮《じかに》する。ヒガシマルの、あの琥珀《こはく》の淡口醤油に上質の味醂で塩梅したらもう充分でっせ。これをお造りに……そや、ワカメを挟んで磯の香りを添え、若竹にしたらどやろ。筍の煮汁と淡口醤油でつけダレを作ってネ。これには木の芽の香りが合いますなぁ。被《かぶ》せた新鮮な竹皮は朝掘りの証。えっ、食べずとも解《わか》るって？ 恐れ入りやした。

四月といやぁ桜鯛やさかい、見逃すわけにゃ参りまへんが、この時季の雌は我が子が大切で、ちょぃとお疲れ気味やさかい、お造りには雄がよろしいですな。有るや無しやの極薄い振り塩をして、脱水シートで2時間余り挟んだ後に、平たく二枚庖丁をする。茹でた白子を塗ってアサツキを芯に巻きまひょ！ 繊細な白身には、ネタの持ち味を引き出す「超特選丸大豆うすくち 吟旬芳醇《ぎんしゅんほうじゅん》」。漉し梅を加えたこの添えダレは、「愛魚女」「相嘗」の字を当てるアイナメの焼き霜造りによぉ合いまっせ。花穂独活の春の香りがまたよろしなぁ。

鯉は薄くそぎ切りして洗いに。薄塩をあて一夜おいた後、脱水シートで2時間締める。淡口醤油のマリネ液に一晩漬ける。サヨリは上身を紙塩した後、酢洗い。山芋を蒸して裏漉ししたものと生のすりおろしを合わせて塗り、青海苔と共に巻き込む。車エビは昆布だしで半生に茹でる。

5月

鯉《こい》の山椒真理寧《マリネ》 山女魚《やまめ》いくら
鱵《さより》の水玉造り【胡麻酢ひしお】
車海老湯引き造り【蕃茄《ばんか》醤油】

鯉の味は大河長流のものにあり、大湖の鯉が是《これ》に次ぐとされる。旬は冬で、それも寒鯉に止《とど》めを刺すというのは、他の魚より少し早い春先に産卵期を迎えるゆえ。体力が調う時季ということやろうけど、実は年中それほど食味は変わりまへん。

中国・黄河の上流にある龍門という峡谷は滝のごとく急流で、ここを登り切った鯉だけが龍となって昇天するという伝説がありましてネ。日本では男児の立身出世に準《なぞら》えた縁起食としても鯉を食した。それで、初夏の魚、特に端午《たんご》の節句の魚と考えられてきたんでしょうな。寛文元（一六六一）年の『徒然草抄《つれづれぐさしょう》』に「……鯉ばかりこそ、御前にて切らるゝものなれば、やんごとなき魚なり」とある通り、御上を崇拝し、同じ魚を食べることを尊んだのでしょうな。

そこで今回の主役は鯉。節句の食を欧風の技を借りて「真理寧《マリネ》」といきまひょ！ 鯉は洗いにして薄塩をした後、脱水シートで身を締める。酢橘《すだち》汁をまぶし、花山椒漬け入りの淡口醤油のマリネ液に一夜漬けておく。鯉型の器に盛ってネ、蓮芋と、ヤマメの魚卵を添えて完成だす。

サヨリの水玉造りは、鯉が泳ぐ静かな池の波紋を模したもの。山芋をつなぎとして塗り、青海苔をまぶして巻くと、ほら、この通り。練り胡麻を加えた「胡麻酢ひしお」でどうぞ！ 車海老は、尾と頭のヒレが開くように茹でまひょ。添えダレは、トマト入りの淡口土佐醤油。この美しい赤は、淡口醤油やから成せる業《わざ》でっせ。

青葉の上に盛ったのは、鮮やかな緑の「淡口蓼酢」をかけた鮎の鱠と色紙ウド。タコの子は昆布だしで茹で、ばらけた粒は水気を切る。身は皮をむき、蛇腹庖丁を入れて湯洗いし、梅肉をのせる。吸盤は霜降りし、タコの子をまぶす。コチは洗いにし、浜大根の実を添えて。

6月

鮎の淡口蓼《たで》酢鱠《なます》 色紙独活《うど》
洗い蛸《だこ》の共子まぶし 花胡瓜《きゅうり》【淡口煎り酒】
鯒《こち》の洗い【昆布醤油梅肉落とし】

陰暦の五月、皐月《さつき》つつじが咲く頃に鮎が釣れる。最近は養殖も出回ってますけどネ、やっぱり天然もんは味も姿も別格ですな。魚偏に占の字は、神武天皇が治国の大業成るかを川で占うと、鮎が浮き上がってきたことに由来するとか。神功《じんぐう》皇后が三韓出兵の折、勝ち戦を祈って釣り上げたのが鮎だった、なんて別説もおますな。

さて今月は、鮎の割鮮《かっせん》でおます。まず強塩《ごうじお》をあてて塩を抜き、蓼の軸を叩き入れた昆布たて酢に浸して鱠にする。そのたて酢を淡口醤油・煮切り酒と味醂で加減し、蓼葉を摺《す》り入れて召し上がれ！

お相手は旬のタコやけど、大阪人のタコ好きはなんでやねん？という話。その昔、大ダコに乗った荒法師が岸和田城を救ったという伝説がおましてネ。岸和田駅から一駅目近くにある、この法師を祀《まつ》った天性寺《てんしょうじ》は「蛸地蔵《たこじぞう》」と呼ばれ、駅名にもなってますねん。実際、この辺りで獲れるタコは旨いでっさかい、今回は湯洗いして昆布だしで茹でたタコの子をまぶし、煎り酒で勧めまひょ！当節の梅漬けは持ち味が優しいので、淡口醤油で風味を補うとよろしいな。

「鯒の顔 器量悪くして うまかりし」。草間時彦の句にもあるように、コチは重石でも載《の》せられたようなしかめっ面やけどネ。雲丹《うに》やカニが好物やそうで、釣針にかかった鱚《きす》を横取りするほどご馳走喰《ぐ》らいと言われ、深い味わいがおますねん。さっと冷水で洗いにして、梅肉を叩き入れた昆布醤油でどうぞ！

鱧は湯洗いした身、湯引きした皮と浮き袋を白子の裏漉しで和えて小鉢に盛り、「漉し蓼酢醤油」をかける。アワビは塩磨きして角切り。肝は茹でて裏漉しし、とろろを合わせてひと口大に。塩入り氷水に野菜と共に浮かべる。アジの納豆叩きは、淡口土佐醤油に和辛子を溶いていただく。

7月

鮑《あわび》の水貝造り【若布《わかめ》醤油】
鱧《はも》白子まぶし 鱧笛輪切り【漉し蓼《たで》酢醤油】
鰺《あじ》の納豆叩き【辛子醤油】

梅雨の雨水を飲んで鱧に味がのるという。雨降って海魚を肥《こ》やすと思えば、鬱陶《うっとう》しい梅雨時も何のその。明ければ、浪速の夏祭りの到来だす。「大阪の 祭つぎつぎ 鱧の味」（青木月斗《げっと》）の句の通りでおますな。

江戸っ子に「浪速の宿六《やどろく》は骨っぽい穴子のお化《ば》けを喰《く》う」と蔑《さげす》まれた鱧やけど、この淡泊でも深い持ち味を上方では求め続けてきたんだす。水揚げしてから息の長い鱧とタコは、海から離れた京都まで運べたことから、京の夏の名物にもなりましたな。

さて今回は、鱧の割鮮《かっせん》からいきまひょ！ 皮を引いて薄切りにした一枚落とし。これを湯洗いし、皮と笛（浮き袋）は湯引きにする。茹でて裏漉しした白子と和え、蓼入り酢醤油を流し掛けて完成だす。

生貝といえば鮑のことで、たっぷりの塩で揉《も》み洗いして硬く締め、角切りして海水ほどの氷水に浮かせる水貝は夏の定番。冷房のきいた部屋では必要なしと考えてか、今や忘れられた昔料理やけどネ。外国の食が流行して、濃厚な味に慣れた現代では、添えダレも必要やろな。三杯酢に生ワカメを摺《す》り入れ、磯の香りをちょいと足してね。鮑は海藻を食べるというし、己を主張しない淡口醤油とは相性よろしいでっさかいね。

この時季の美味はもう一つ。和歌山で揚がる中形の真アジ。肉厚の部分をそぎ取り、長方形に成形する。その切れ端にひとつまみの塩と納豆を合わせて叩き寄せ、長方形のアジで小袖《こそで》寿司のように巻いて切るんだす。薄切り玉ネギを天盛りして、「辛子醤油」でどうぞ！

「蒸し芋納豆」の黄と白のそうめんは、長芋と蔓なし南瓜（ズッキーニ）の細切りを昆布たて塩に浸したもの。塩味の昆布だしに浸したハス芋と。「石川子芋の石垣締め」の添えは、新レンコンの梅酢漬けと、昆布水に板海苔を漬けた崩（くず）し海苔。豆乳豆腐にはハス芋の剣山と甘長唐辛子の輪切りを。

8月

湯葉と豆乳豆腐 胡麻風味【青唐《ししとう》醤油】
石川子芋の石垣締め【長芋とろみ醤油】
蒸し芋納豆 黄白《おうびゃく》そうめん【吉野酢醤油】

割鮮とは魚介や獣肉の生食調理のことやけど、始まりは石庖丁で食材を敲《たた》き切った、なめろうのような「敲き膾《なます》」やったに違いない。味付けといえば塩と梅の酸で、ここから調味を塩梅と呼ぶようになったようだす。やがて刺身庖丁や醤油が生まれ、魚介主流となった割鮮やけど、今月は野菜が主役。え？ 割鮮やないって？ けどネ、関西は月遅れのお盆月ですよって生臭ものを避《さ》けて「精進割鮮」といきまひょ！

昔から寺院には、豆腐地で拵《こしら》えた蒲焼き、小豆餡《あん》を固めて鰹《かつお》の造りに見立てた擬《もど》き料理がありましてん。けれど今回は、「生臭ものに未練を持つとは精進が足らん！」と叱られんように擬きはやめ、野菜の自然な色と味を生かした割鮮でおます。こんな塩梅には、まろやかな「超特選丸大豆うすくち 吟旬芳醇《ぎんしゅんほうじゅん》」。野菜の繊細な持ち味を引き出してくれて、頼りになりまっせぇ。

ほな、まずは豆乳豆腐から。黒胡麻と合わせて地を作り、生湯葉と重ねて流し固める。シシトウを1週間漬け、辛味を利かせた淡口土佐醤油がよぉ合いますな。石川子芋は大和《やまと》川に流れ入る旧南河内《かわち》郡石川村に生まれた、きめ細やかな子芋だす。柔らかく蒸して皮を剥《む》き、青海苔をまぶして成形すると、石垣みたいでキレイでっしゃろ。これには長芋とろろを加えた割り醤油。黄色の蔓《つる》なし南瓜《なんきん》と長芋は、素麺状に切って昆布入りたて塩に浸す。その下には、山芋を蒸してとろろで繋ぎ、納豆と捏《こ》ねたもの。淡口土佐酢を葛引きした「吉野酢醤油」をかけて完成だす。

鯛の上身は厚さを揃えて皮のみ霜降りし、隠し庖丁。切れ端や中骨のかき身を叩き寄せ、乾煎り松ノ実を混ぜる。海苔で巻き、身と重ねて小袖巻にする。昆布〆にした鱧は一枚落としに。黄菊・紫菊・菊菜を茹でて昆布だしに浸し、黄菊は鱧と和え、残りは添える。

9月

鯛の皮霜掻《か》き身巻【松ノ実醤油】
跳荒蝦《とびあら》の洗い オクラ和え【蝦《えび》ミソ醤油】
鱧《はも》と菊の昆布〆【共だし胡麻酢】

菊月とも呼ぶ九月。東北から美味《おい》しい食用菊が入荷して、料理屋では重陽《ちょうよう》の節句にちなんだ料理を作る。とはいえ、魚介野菜共に端境期《はざかいき》で、色数が無いのもこの時季なんだす。「花は桜木、人は武士、柱は檜《ひのき》、魚は鯛」との諺《ことわざ》もあるように、ここは鯛の出番だす。産卵後の体調の回復はまだやけど、小形の鯛は武家風に云《い》うて「若衆鯛」と呼びとうなる初々しい味。皮もまだ硬《かと》うないので、さっと霜降り。切れ端と中骨の掻き身を庖丁で叩き、先の身で包んで小袖《こそで》巻としまひょ。松ノ実を摺《す》り入れた昆布醤油を添えてネ。淡口醤油なら色も淡色、キレイに仕上がりますな。味もすこぶる美味で、お勧めだす。

大阪で跳荒蝦と呼ぶ小海老は、見栄《みば》えはいまいちやけど、味はよろし。面倒でも洗いにして、ツマに剣山南瓜《けんざんなんきん》や叩き寄せオクラ、おろし生姜《しょうが》。昆布醤油に焼いた海老の頭を入れて漉したら香ばしいでっせ。

武家ならぬ商都の大阪人は、鯛に負けず劣らず鱧好きですねん。特によぉ肥《こ》えた秋鱧を好みますな。江戸時代の俳人・大江丸《おおえまる》の句にもありまっしゃろ。「鱧叩く 音や隣の 菊の花」。菊の咲く頃に秋鱧の叩き鱠《なます》を作る様を詠んだこの句にちなんで、鱧と菊の昆布〆だす。鱧は皮を引き、薄塩をあてて昆布〆。極薄く切って、一枚落としにする。昆布だしに浸した黄菊と和え、鱧の骨だしを利かせた合わせ酢に、練り胡麻を溶き入れてお薦めしまひょ！ 色淡くして、この深い味わいの淡口醤油が、旬味をぐっと際立たせてくれまっせ。

キスは酢洗いをして2時間昆布〆。岩茸とハス芋は吸い地に浸け、柿釜に盛り合わせて「柿酢醤油」を注ぎ入れる。マナガツオは幽庵漬けにして柚子輪切りの上に盛り、幽庵地を使った「柚子胡椒醤油」をかけて。隈エビは160℃の油で油通し。頭のミソ入りの「共わた昆布醤油」を添える。

10月

鱚《きす》の昆布〆柿酢醤油被《が》け
鯧《まながつお》柚《ゆ》香《こう》漬造り【柚子胡椒醤油】
隈《く》海《ま》老太白油通し【共わた昆布醤油】

「柿食えば 鐘《かね》が鳴るなり 法隆寺」。正岡子規は大層な柿好きやったらしいでっせ。私ゃ昭和歌謡、青木光一の『柿の木坂の家』を思い出しますなぁ。そこで今月は、柿の名産地・奈良は赤膚《あかはだ》焼に盛り付けてみましたんやけど、どないやろ?

柿釜の中は、鱚の昆布〆だす。果肉は擂り潰して漉し、米酢と淡口醤油で即席の「柿酢醤油」とする。茹でて吸い地に浸した岩茸と蓮芋を添えてネ。柚子は随分大きくなる頃やけど、まだ青いですわな。その果汁を淡口醤油・煮切り酒・少しの味醂と合わせ、昆布と輪切りの青柚子を加え、喰《く》い味の幽庵《ゆうあん》地を作るんだす。マナガツオの背肉の厚い部分をサク取りして一夜漬け、皮目を焼き霜にして切り重ね、輪切り青柚子に盛りまひょ。

足だけが赤いことから足赤海老で知られる隈海老やけど、この名は歌舞伎役者の顔作りの隈取りを思わせるゆえ?という説がおますけどネ。なんとクマエビ科なんやそうだす。車海老の味には少し足りないと「ル」を抜いた、なんて冗談言うたらお叱りを受けそうやけど、否々《いやいや》、美味《うま》い海老でおまっせ。頭を取って尾ビレの先を切り、天ぷらほどに熱した太白胡麻油でさっと油通し。殻を剥《む》くと、ほら、この赤色。頭のミソは蒸して漉し、昆布醤油に擂り入れて添えまひょ。

隈海老もマナガツオも瀬戸内の産物やけど、赤膚焼と柿で秋の古都を思い浮かべてもらえますやろか? それにしても淡口醤油は主役の陰にいて、どんな塩梅にも付き合《お》うてくれる忍者のようですなぁ。

1.6～1.8 kgの紅葉鯛の背身を薄切りし、重ね盛り（八重造り）。オコゼ肝和えには、みじん切りの赤ネギ・白ネギと小口切りのアサツキをまぶし、もみじおろしを添える。針イカのゲソは湯引きして刻み、もみ海苔と山芋とろろで繋ぐ。これを枕に糸造りを滝のようにかける。

11月

紅葉鯛八重《やえ》造り【紅蓼《べにたで》酢醤油】
虎魚錦山《おこぜきんざん》造り【香母酢《かぼす》ポン酢】
針烏賊《はりいか》白滝造り げそ海苔和え【胡桃《くるみ》醤油】

「松風や 軒をめぐって 秋暮れぬ」。この句は、元禄七（一六九四）年、四天王寺《してんのうじ》西の新清水寺《きよみずでら》近く、通称「清水の茶店」で句会が開かれた際、店の主人にねだられて、芭蕉が詠んだものでおます。その跡地には今も句碑がありますねん。当時、夕陽ヶ丘と美称されるこの辺りは、すぐ西まで海が迫り、白砂青松《はくしゃせいしょう》のその向こうに淡路の島影や行き交《か》う白帆が望めたようだす。その島の東西、明石と鳴門《なると》の海峡は、魚たちにとっての関所。激しい潮流を潜《くぐ》って瀬戸内海に入り、産卵を終えるんだす。その疲れを癒《いや》して越冬に向かい体力を調える秋、紅葉も散り始める頃の紅葉鯛こそ、通人たちは密かに愉しんできたのでおます。

その紅葉鯛に加え、関西で針イカと呼ばれる墨イカの新子、名残《なごり》のオコゼを盛り合わせて、今月の割鮮《かっせん》といきまひょ！ 紅葉鯛は薄引きにし、紅蓼を加えた淡口土佐酢で。オコゼは肝・胃・身皮・ヒレ皮を湯引きして刻み、肝の裏漉しと合わせる。上身の細切りと和えてネギをまぶしましてん。カボス風味の淡口ポン酢には、一味唐辛子を利かせてもよろしな。針イカは、紅葉の頃の滝川のように細造りにし、柔らかいゲソを叩いて枕にする。摺《す》ったクルミ入り淡口昆布醤油を被《か》けて、どうぞ。

瀬戸内と浪速の海を「魚庭《なにわ》」と記す浪速人の貪欲さ、私ゃ好っきやおまへんが、これも浪速の味かもねェ。その内海の魚介、特に白身の繊細な持ち味を生かす調味料といえば、淡口醤油を置いて他にはおまへん。この醤油によって畿内の味は大変よろしくなったと言えますな。

ヒラメは皮と腸（はらわた）を細かく刻み、肝は茹でて裏漉し。これを合わせて上身の薄切りに塗り、アサツキを巻く。サワラは薄塩してから皮目を炙る。赤貝は肝を茹でて裏漉しし、山芋とろろを合わせてヒモと和える。赤貝の殻に盛り、鹿ノ子造りの身をかぶせ、「苺入り酢醤油」を流す。

12月

鮃《ひらめ》の肝巻造り【淡口橙《だいだい》ぽん酢】
鰆《さわら》の雪持《ゆきもち》造り【寺納豆醤油】
赤貝肝とろ包み【苺《いちご》入り酢醤油】

一年のお終《しま》い月「師走《しわす》」は陰暦での呼称やのに、陽暦十二月の異称としても親しまれている。何かとせわしない頃でおますが、今年のテーマ、「淡口割鮮」もいよいよお仕舞いとなりにけり。

冬の割鮮素材といやぁ、「マグロだろ！ブリだろ！」と宣《のたま》う方も多いけど、関西はこれより寒鯛、寒ビラメ、フグの季節。寒鰆もよろしいな。二枚貝も最高の時季でおます。

そこで、まずはヒラメ。「平目」「比目魚」とも書いて、海底の砂地に伏せ、眼を潜望鏡よろしく突き出して保護色に変え、餌《えさ》を待ってる姿がその名の由来ですわな。幼魚の時は他の魚同様、眼は左右にあって同じ泳ぎ方をするとか？成長するとその眼は「鮃の親睨《にら》み」と悪口にされ、子どもの頃の良寛和尚《おしょう》が我が親を睨んで「ヒラメになるぞ！」と叱られ、浜に出てヒラメになるのをじっと待ってたって笑い噺《ばなし》もおますな。

ともあれ、冬のヒラメは美味でおます。今回は、薄切りにして肝とアサツキを巻いた肝巻造り。割山椒《わりざんしょう》形の橙に盛りまひょ！タレにも橙を加え、煮切り酒と味醂に淡口醤油。昆布を浸して橙ぽん酢としましてん。

鰆は軽く炙《あぶ》り、長芋とろろに粒切りも加え、寒天・ゼラチンと合わせて流しかける。氷餅粉を振ると、雪持の風情でっしゃろ。こちらは、山椒風味の昆布醤油に寺納豆でお勧めしまひょ！

赤貝はヒモを小丸にまとめて肝和えに。身を被《かぶ》せ、イチゴと共に貝殻に盛る。イチゴ果汁を加えたタレは、やっぱり淡口醤油が決め手だす。

【第十五章】２０２０年

淡口のタレに新味あり
焼《やき》肴《ざかな》盛《もり》

日本料理の焼物といえば、塩焼き、照焼き、味噌漬け焼き。近江の茶人・北村祐庵《ゆうあん》が考案したという柚庵《ゆうあん》焼きなど多彩ですな。醤油ダレは濃口やたまりを用いるのが常やったようやけど、淡口醤油を使った方が素材の肌色が映えるはずや。そこで、今回の「焼肴盛」。焼物数種の盛合せだす。〝淡口のタレに新味あり〟と冠したのは、今までにない淡口醤油のタレで焼物を仕立てまっせ！という私の決意表明ですねん。鯛の焼物なら鯛のアラでとっただしや自家製の鯛酒盗、筍なら下煮した煮汁をタレに潜ませ、持ち味を一層深めるのが私流。季節の色と風味を添える、とりどりの野菜も淡口風味でっせ。

元号が変わって初のお正月だすな。日本の国名は、日が昇る本《もと》の意で、子どもの頃は太陽を御日様《おひさま》と呼んで日の出に手を合わせるのが習慣やった。

さて、その日本の代表的な調味料といえば醤油。食材の持ち味や色を生かす技術を探求し続けた日本料理において、淡口醤油は欠かせない存在だす。令和の時代、日本料理をもっと進化させないと、誰かさんに「ボーッと生きてんじゃねーよ！」と叱られそうやから、これまでにない淡口醤油を生かした焼物に挑戦する次第でおます。

初回は旬のサザエをちょっと洋風に、でも和魂《わこん》をもって仕立てたつぼ焼だす。サザエは大根と共に柔らかく茹で、その茹で汁を淡口八方地とし、吹田慈姑《すいたくわい》・才巻海老・百合根を下煮しておく。無塩バターでカリカリに炒めたベーコン、サザエと共に殻に入れ、煮汁を注いで火にかける。そのバターを焦がしてぽとり。殻の縁には卵白で塩を付けて炙《あぶ》りまひょ！

黄鯛は連子《れんこ》鯛とも呼びますな。このアラを淡口醤油に1カ月以上漬けて自家製の魚醤を作ってネ。これを柚庵地として身を一夜漬けて焼く。残りの漬け地に卵黄を溶き入れて塗って炙り、青海苔を散らした苔生し焼でおます。天王寺蕪《てんのうじかぶら》甘酢漬けの椿の花を添えてどうぞ。淡口醤油で仕立てた「焼肴盛《やきざかなもり》」、どないだす？素材の色も味も引き立ってまっしゃろ。

1月

栄螺《さざえ》つぼ焼
黄鯛淡口柚庵《ゆうあん》漬 苔生《こけむ》し焼
椿《つばき》かぶら

「栄螺つぼ焼」の淡口八方地は、サザエの茹で汁で昆布だしをとり、鶏だし・淡口醤油・酒・みりんを加えたもの。仕上げに軸芹、焦がしバターを加えて香りを添える。黄鯛の魚醤はアラを細く切り、強塩（ごうじお）して２日、水にさらして酒に一晩、淡口醤油に１カ月以上漬けた自家製。

2月

菱蟹《ひしがに》甲羅焼
鰆《さわら》の糀《こうじ》漬炙《あぶ》り
ひろっこ淡口八方地漬　菜種辛子醤油

月初には立春といえど、まだまだ寒さ厳しいこの時季。魚介鳥獣は春の産卵を控えて身体も調い、最も脂がのる頃でおます。菱ガニも同じく雌は卵を孕《はら》み始め、雄共に味がよくなる。堅い鎧《よろい》で身を固めているけれど、実は臆病者と見えて、月の美しい秋には身を潜め、夜の長い冬になると餌《えさ》を求めて渡り歩くとて、別名は渡りガニ。大阪じゃ秋祭に食べるけど、実は身は痩《や》せてるってワケで、本当の旬は寒の時季、冬でっせ。身体が細く「狭腹《さはら》」が名の由来とも言われる鰆も、その腹が肥《こ》えて威厳が出てくるのは今頃。と、斯《か》くなる理由で二月の食材をもっての「焼肴盛《やきざかなもり》」は、菱ガニと寒鰆でお目に掛けまひょ！

菱ガニの甲羅は酢に浸して柔《や》らこうし、写真のように窪《くぼ》ませ晒《さら》して茹で、器とする。残りを蒸して捌《さば》き、ガラは鰹《かつお》昆布だしで煮出して淡口醤油・砂糖・酒で味を調える。身と子はニンジン・キクラゲ・松の実を百合根のピューレ、葛粉と合わせ、淡口醤油・砂糖・酒で調味して半練り煮にし、甲羅に入れて天火で焼く。マヨネーズ入りのメレンゲをのせて焼き目を付けたら、先のガラのだしを葛あんにして掛《か》けまひょ。

鰆は、淡口柚庵《ゆうあん》地に糀を合わせて一夜漬け。造り切りし、串を打って七分焼きにする。レモンを挟んで盛り付け、辛味大根おろしにも淡口醤油の旨みをポトリで完成だす。

焼肴に添えたひろっこは、アサツキの若芽で、1月頃から早春の野菜として出回る。カツオ昆布だしに淡口醤油・みりんの淡口八方地に浸けて。菜種は茹でて極薄く塩を振り、昆布で押す。昆布だしに淡口醤油・みりん・和辛子を合わせた地に浸し、仕上げにも少しかける。

3月

貝寄奉書舟《かいよせほうしょぶね》

帆立貝松ノ実焼、海松貝《みるがい》淡口タレ焼、平貝碓井焼《たいらぎうすいやき》、浅利《あさり》の絡み焼

蛤《はまぐり》の桃源焼

花丸胡瓜《きゅうり》

「貝寄せや 我もうれしき 難波人《なにわびと》」。大阪の松瀬青々《せいせい》の句ですけどネ。四天王寺《してんのうじ》の精霊会《しょうりょうえ》に住吉の浜に吹き寄せられた貝殻で作った造花を献じたことから、この頃に吹く風を「貝寄風《かいよせ》」と呼んだそうな。住吉大社の西は昔、洲崎《すざき》の海と呼ばれ、白砂青松《はくしゃせいしょう》の美しい浜やった。ここで獲れる〝洲蛤《すはまぐり》〟は神社詣《もうで》の土産となり、鱠《なます》にして食べたそうだす。大和《やまと》時代に景行天皇に差し上げた我が国初の料理らしきもの、「白蛤《うむき》の生《なま》酢《す》」に学んでのものやったのかな。そこで、この時代に淡口醤油があったら…と考えて仕立てたんが、今月の「焼肴盛」だす。

帆立貝はワタを酒煎りして裏漉しし、その残り汁に貝柱を漬けておく。ワタは煎った松の実入りのマヨネーズと合わせ、二枚にスライスした貝柱の間に挟んで焼きましてん。タイラギは淡口柚庵漬けにし、碓井豌豆《うすいえんどう》のペーストを塗って炙る。アサリは淡口醤油をぽとっと落として酒煎り。三割を潰して白身魚のすり身と合わせて淡口醤油で塩梅し、残りのむき身と合わせて丸く取り、殻に詰めて天火焼き。青海苔を振ってネ。ミル貝の淡口タレ焼と共に、奉書紙で作った舟に盛り合わせるんだす。脇に添えたハマグリは、木の芽醤油焼きにし、桃を思わせる淡い紅色のメレンゲを被《かぶ》せましたんや。

桃の節句にちなんだ、私流の淡口仕立て、貝尽くしでおます。

ミル貝は、淡口醤油・酒・みりんのタレを塗って焼く。タイラギのウスイエンドウペーストは、淡口甘八方煮を裏漉しし、卵黄を混ぜたもの。ハマグリのメレンゲには、白酒と食紅を少し加えて。花丸キュウリは、蛇腹（じゃばら）庖丁をして昆布で押し、淡口三杯酢漬け。

4月

筍の蝦《えび》練り焼
空豆淡垂《あわだれ》焼
鯛夫婦《めおと》焼
長芋桜漬

兵庫県高砂《たかさご》の出の俳人、相生垣瓜人《あいおいがきかじん》の句に、「春筍《しゅんじゅん》の 地下一尺に あらむとす」というのがおます。筍が育つ四月、親竹は色褪《あ》せた葉を散らす。これを俳諧《はいかい》では「竹の秋」と言い、春の季語として使いますな。

私ら料理屋の皿に上るのは、地上に顔を見せる寸前の外気に触れていない柔《や》らかい筍で、まさにこの句の通り。俗に「白子《しろこ》」という朝掘り筍を、今月の主役といたしまひょ。3cm厚の輪切りにしたら、両面から切り込みを入れる。サル海老（川津海老とも言いますナ）の頭と殻を焼いて、筍の切りくずと昆布だしで煮出し、淡口醤油・味醂で加減して、筍を漬けておく。絹皮は刻んで淡口八方煮にし、海老のすり身と合わせておく。漬けダレを淡口醤油で塩梅し直して塗りながら筍を焼き、先の海老のすり身を塗り付けて、さらにタレ焼き。空豆は、太白胡麻油を塗り焼いてから、塩梅し直した筍の漬けダレを付けて焼き上げましてん。

お相手に添えたのは、この時期の桜鯛でおます。雄雌共にはち切れんばかりの豊満な姿。そのお腹《なか》の真子と白子を別々に淡口八方煮とし、真子はほぐして卵黄を、白子は裏漉ししてて卵白を合わせ、それぞれを身に塗って串を打ち、焼いたものだす。雄雌仲良く「睦《むつ》み焼」、いや「夫婦焼」と名付けてネ。三種の「焼肴盛《やきざかなもり》」すべてに淡口醤油が生きてますやろ。

桜鯛は薄塩をしておき、ひと口大に切って串を打ち、下焼きをする。その上に、淡口八方煮にした真子と白子にそれぞれ卵黄、卵白と合わせたものを塗り分けて、天火で焼き上げる。長芋は桜形に抜いてたて塩に浸し、桜の葉と塩漬けの花と共に甘酢漬けにしたもの。

5月

目《め》板《いた》鰈《がれい》の蓼《たで》干 呆《ほ》寧《ね》煎《せん》餅《べい》
根《ね》曲《まがり》竹《だけ》の油焼
蛸《たこ》の梅垂《た》汁《れ》焼
新生姜《しょうが》さつき漬

山野は緑、五月の声を聞いたら何はともあれ初鰹《はつがつお》！とは江戸っ子やけど、浪速っ子は値の高い初物に財布の紐《ひも》は緩めまへんな。麦の実るこの頃は、大好物の鯛も産卵を終え、味が落ちて「麦藁鯛《むぎわらだい》」。代わってお出ましはカレイというわけで、今月は目板ガレイでいきまひょ！

「目板の煎り出し」ってご存知？ 唐揚げに、天つゆで煮た大根おろしを掛けた料理やけどネ。天つゆは淡口醤油仕立てやから、橙汁《だいだい》を搾って食べると、まったりした味に酸が立って旨い。何しろ淡口醤油は濃い色を付けないから、見目も麗しいでっせ。

おっと、今回のお題は焼物でしたな。五枚に卸《おろ》して、ヒレ付きの骨と皮、身に別々に薄塩をあてる。身には叩き蓼を付けて一夜干しにして炙《あぶ》る。骨皮も干してから遠火でカリカリに炙り焼き。根曲竹はサラダ油と淡口ダレを交互に塗って焼き、叩き木の芽を付ける。これを重ね盛りにするんだす。仕上げにも淡口ダレをポトポトッと掛けると、醤油の香りがプンッと立ってよろしいな。糸花鰹《かつお》を天盛りしてもええネ。淡口ダレがさらに引き立ちまっせ。

このタレは多めに作って、残りに梅肉を摺《す》り込んでネ。霜降りにしたタコの足に塗りながら、強火でさっと焼き上げる。タコは弾力が命でっさかいね、焼きすぎは禁物でっせ。

焼物三種に使った淡口ダレは、淡口醤油に煮切り酒・みりんを合わせたもの。タコは太めの足を用いて霜降りし、斜め厚切りにして細い金串を打って、梅ダレを刷毛で塗りながら、強火で焼き上げる。新ショウガは、淡口醤油入りの甘酢に赤ジソ、サツキと共に漬けたもの。

6月

合鴨菜汁漬 蒸焼き造り
粒々夏蜜柑《みかん》だれ
蝦《えび》茄子山椒焼
花丸胡瓜《きゅうり》の胡麻酢漬

昭和初期の鶏肉店には「かしわ、ひる」の看板が掛《かか》ってましたな。ひるはアヒルのことで、家鴨とも書く。鴨の旬が冬なのに対して家鴨は夏やから、修業時代、先輩に「夏鴨」とも呼ぶと聞いたけど、実は夏鴨は、軽鴨《かるがも》の別称なんでっせ。北方から渡ってきて春に帰ることはせず、夏でも留まるから「夏鴨」と辞書にもありますな。

合鴨は、家鴨の一種でネ。稲田の害虫取りとして小形の家鴨（合鴨）を放すよう民間に勧めたのは、かの太閤《たいこう》はんという話もおますな。水《み》無月《なつき》は田植え月でっさかいに、今月は合鴨を主役に、ちょっと洋風がかった和の味でいきまひょ！ 合鴨はフライパンで皮目を焼いておく。淡口醤油で塩梅した、鶏ガラ・昆布・野菜のだしに一夜漬けてから、オーブンで焼き上げるんだす。夏ミカンの粒々をほぐして、マヨネーズ・ホイップクリームを合わせ、淡口醤油で塩梅したタレをたっぷりかけてネ。

小茄子は、淡口醤油・酒・味醂のタレをまぶして少しおき、下焼き。実山椒を加えた跳《とび》荒《あら》蝦のすり身を塗って、叩き木の芽と卵黄を加えた先のタレを付けて炙るんだす。

どうだす？ 梅雨時に、目にも鮮やかな一皿でっしゃろ。料理は、舌だけでなく、目でも味わうもの。ここにおいて色を付けずに味を付ける淡口醤油の存在は大きいですなぁ。

合鴨の漬け地は、鶏ガラ・昆布に玉ネギ・ニンジン・キャベツ・セロリの葉でだしをとって煮詰め、淡口醤油・酒で塩梅したもの。抱き身に針打ちをして焼き、一晩漬けておく。花丸キュウリは、湯冷ましに淡口醤油・米酢・砂糖に切りゴマで風味を添え、昆布と共に浸ける。

七月といえば大阪は祭り月でおます。ひと昔前は夕暮れともなると、縁側にすだれや風鈴の音、宴席には花氷の柱を立て、浴衣《ゆかた》姿の旦那《だんな》はんが鱧《はも》ちりや水貝を愉しむ姿があった。

そう、水貝といやぁ鮑のこと。「とりたてを海水で洗って齧《かじ》りつくのが通じゃ！」と宣《のたま》う人もあるくらい生食が好まれる。うちは料理屋でっさかい、水貝をちょいと工夫してネ。塩味でいただく料理やけど、淡口醤油の合わせ酢でおすすめしたところ、磯香が際立つと喜ばれましたな。

さて、持ち味を生かす淡口醤油の長所を焼物にも、という「焼肴盛《やきざかなもり》」。今回は、鮑の貝焼でいきまひょ。殻から外す時に流れ出る汁は取り置いてネ。肝とヒモ、エンガワを切り分けて、玉ネギ、燻豚の粗切りと焦がし炒め、ここで肝を取り出す。煮切り酒と先の汁を加えてひと煮立ちさせたところに、淡口醤油・味醂を合わせてタレを作っておくれやす。

肝は裏漉しし、大徳寺納豆、蒸した百合根を合わせ、タレでのばしてペーストに。身を太白胡麻油で焼き、タレを煎り付けて七割ほど火を通しまひょ。刺身状に切り重ね、熱した殻に肝のペーストを敷いて盛り付けたら出来上がりだす。

海の鮑に合わせたのは、川の、それも深山《みやま》の渓谷に棲む岩魚。淡口幽庵《ゆうあん》漬の風干しにし、生姜の酢漬けを添えて、さぁおあがりやす。

7月

鮑《あわび》の貝焼 燻豚《ベーコン》風味 煎り和多《わた》添え
岩魚《いわな》朝倉干し
柄付生姜《えつきしょうが》酢取り

岩魚は腹開きにし、実山椒をすり込んだ淡口幽庵地に半日漬けて、一晩風干しにする。皮目の中央をくぼませて焼き上げ、そのくぼみに淡口幽庵地を流し入れ、醤油漬の実山椒を散らす。葉ショウガは湯通しし、米酢を水で割り、砂糖・塩で甘酢を作り、梅漬けの赤ジソと共に漬ける。

8月

鱸《すずき》の和多汁《わたじる》焼 柚子胡椒風味
白洲《しらさ》蝦《えび》鬼殻《おにがら》焼
茗荷《みょうが》芋ずし
越瓜《しろうり》博多押

関西の「盂蘭盆会《うらぼんえ》」は月遅れの八月だす。この時季、生臭ものは避《さ》けるのが習わしですけどネ。セイゴ、フッコと成長に従って名の変わる凛々《りり》しい出世魚のお噺《はなし》やさかい、ご先祖さんもお許しくださると思いまっせ。

平清盛が伊勢の安濃津《あのつ》から船を出して、熊野権現《ごんげん》に詣《もう》でる途中、船にスズキが踊り込んだという。清盛はこれを縁起がええと大いに喜んで、家臣と共に食したと伝えられるけど、どんな塩梅にしたのやろ。ともあれ清盛も、スズキのごとく出世をした御仁ですな。

スズキは夏に河川を遡《さかのぼ》り、秋には海に戻る習性があって、これを「落ちスズキ」と呼ぶ。味が落ちるわけではなく、九月頃までが食べ頃でっせ。江戸期の書物『料理物語』には、スズキの汁物は「昆布だしにして清汁《すましじる》よし、上置《うえおき》昆布、海髪《うご》(おご海苔)も入れ、雲腸《くもわた》(白子)入れてよし」とある。ここに淡口醤油があればさらによし！だすな。

そこで今回は、大阪料理らしく腸《はらわた》の旨みも加えた和多汁焼。スズキの頭、腸、骨などを油で炒め、淡口醤油に煮切り酒・味醂少々・柚子胡椒も入れて炒り汁を作る。これを付けながら身を焼き上げて、白髪ネギを天盛りにしておくれやす。

葉皿に添えたのは、大阪湾で揚がった白洲海老。白洲は私の当て字ですけどネ。正式には「ヨシエビ」と言いますな。淡口醤油の焼きダレを付けながら、殻ごと焼いた鬼殻焼。香ばしい黒七味を振りかけて、どうぞ！

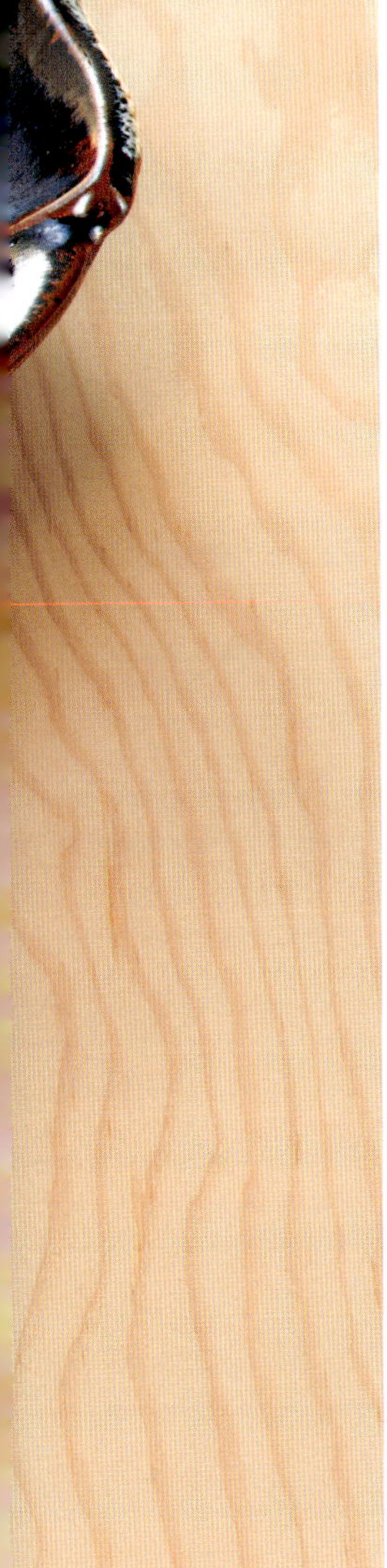

スズキは平切りし、中央がくぼむよう串を打ち、強火で炒り汁をかけながら焼く。鬼殻焼のタレの塩梅は、淡口醤油・煮切り酒・砂糖・みりん。「茗荷芋ずし」は、山芋を蒸して裏漉しし、酢・砂糖・塩で加減して、甘酢漬けミョウガに詰める。越瓜は縦３等分してたて塩、薄切りして昆布押し。青海苔を挟んで層を作り、切り出す。

9月

隈《くま》海老青豆焼
太刀魚《たちうお》重ね焼
蕪《かぶら》の菊花生酢《なます》

稲が色付き、早い地域では刈り入れが始まる長月《ながつき》。夜になると澄み渡る空に月が美しいですな。「月々に 月見る月は 多けれど…」と、つい口に出てしまう月見月。明治や大正なら、瓦屋根の上の物干し台にでも上って、子芋や枝豆をつまんで月見酒ってところやけど、今じゃそんな風流も無くなりましたな。でもネ、持ち寄りの月見宴ってのもよろしいで。こんな酒肴があればなおよし、という焼肴《やきざかな》をご紹介しまひょ。

隈海老は、今時分が旨いんでっせ。歌舞伎の化粧法の「隈取《くまどり》」が名の由来という説もおますけど、大阪では足が鮮やかな赤色なので「足赤海老」とも呼びますな。この色を生かし、月見にちなんだ枝豆を使って青豆焼といきまひょ！ 隈海老は頭を落とし、殻を外して、卵黄を加えた淡口ダレをミソに塗って留める。胴身に淡口ダレを塗って下焼きしたら、茹でた枝豆を付けて、先の卵黄入り淡口ダレを再度塗って炙《あぶ》るんだす。足もカリカリに炙り焼きにしてネ。

太刀魚は淡口幽庵《ゆうあん》漬にして、生ハムと鎧《よろい》のように重ねて上下から挟み串を打って焼き上げる。こりゃ、ご家庭の持ち寄り宴には難しいですかなぁ。それなら、太刀魚を淡口ダレでバター焼ってのはどないだす？ 隈海老の方は、卵黄入りの淡口ダレで焼き付けて、茹でた枝豆を添えてもよろしいな。

隈エビの淡口ダレは、淡口醤油・酒・みりんを合わせたもの。タチウオは、淡口醤油に酒・みりん・柚子果汁を加えた幽庵地に漬けて半日干す。卵黄を塗って生ハムと重ねて焼き、卵黄を加えた先の幽庵地を塗って炙る。薄切りにして半干ししたセロリのみじん切りと粉チーズをまぶす。カブは菊花の椀形に作り、リンゴ酢を使った淡口甘酢に漬けた食用菊を詰めて盛る。

10月

秋鱧《はも》巻繊《けんちん》焼
卵の津々美《つつみ》焼
湿地《しめじ》酢橘《すだち》浸し

「鱧叩く 音や隣の 菊の花」。江戸期、浪速で飛脚《ひきゃく》問屋を営《いとな》み、俳人でもあった大伴大江丸《おおとものおおえまる》の句でおます。大阪では、鯛と同じく鱧も秋が旨いとされていた。当時、骨切りの技術はなかったやろうけど、叩く音だけで鱧の調理と分かることが興味深いですな。

開いた鱧の身を上にし、すりこ木や出刃庖丁の峰《みね》で叩く。柔《や》らかくなったら尾から頭側に向かって掻《か》き取ると、骨は皮に残って身肉だけが取れまっさかい、お造りのようにワサビ醤油で、またはとろろと啜《すす》り鱠《なます》にして食べたようだす。淡泊ながら深い味わいの鱧を生かすなら、淡口醤油が一番。野菜全般と白身の魚には淡口醤油と、私ゃ考えてますねん。

そこで「秋鱧の巻繊焼」。まずは松茸・ニンジン・軸三ツ葉入りの巻繊豆腐を作る。鱧の骨は焼いて、酒・淡口醤油・味醂・砂糖で煮出してタレを作りまひょ！ 身は骨切りし、皮目だけ焼き霜に。その皮を内側にして巻繊豆腐を挟む。先のタレで付け焼きにしておくれやす。

脇役には、擬製玉子をもじった里芋のお遊びの料理。大きめの里芋を卵形に剥《む》き、米の研ぎ汁で茹でて淡口八方煮。縦切りにし、真ん中を刳《く》り抜いたところに温泉卵の卵黄を埋め込んで元の形に戻して焼く。先の煮汁に淡口醤油と味醂を加えてタレ焼きにし、仕上げに青海苔を振りかけてさらに炙ると、ええ香りでっせ。

巻繊豆腐は、細かく刻んだ野菜を炒め、水切りして裏漉しした豆腐を加え、淡口醤油・酒・砂糖少々で塩梅し、巻きすなどで成形したもの。鱧で挟んで付け焼きにしたら、仕上げに一味唐辛子と柚子皮を振る。シメジは焼いてからカツオ昆布だし・淡口醤油・スダチ果汁の地に浸す。

11月

鯛鎌《かま》山椒焼
鯛頭《かぶと》の延《の》べ焼
青味大根干し漬

陰暦では今月半ばまでは十月で、神無月《かんなづき》と異称するのは、世の神様がみな出雲《いずも》にお帰りになって、各地のお社《やしろ》はお留守やって理由でおます。

「神無月 風に紅葉の 散る時は そこはかとなく ものぞ悲しき」。藤原高光の歌を思い出すと、何やら心寂しゅうなるけれど、生き物たちは栄養を蓄える晩秋。鯛も身を肥《こ》やすこの時季からが旬なんでっせ。けれど昨今は、大阪人の好物であった鯛の頭も二束三文の扱い。骨が多くて食べにくいのがその理由と聞いて、私ゃ寂しくなりましたな。鯛はあら炊き、骨蒸し、塩焼きと、頭こそ美味なんだっせ。

ほな、その骨を除いて食べやすくと考えたのが、今月の「焼肴盛《やきざかなもり》」でおます。まず、鯛のアラに塩をして3日、水に晒《さら》して酒に1日。さらに昆布と共に淡口醤油と酒に3カ月漬け、鯛醤油を作るんだす。実山椒を擂《す》り入れて鯛のカマを浸し、幽庵《ゆうあん》焼に。カマは脂が少ないので、サラダ油で腸《はらわた》を炒って作る鯛ワタ脂を皮に塗りながら焼き上げると、旨みが増しまっせ。

素焼きにした頭の身肉は、鯛のアラだしを酒・淡口醤油・味醂で塩梅して、銀杏《ぎんなん》・百合根と共に煮る。溶き卵を加えて半熟にし、玉子焼き鍋に移して焼き抜いたら、卵黄入り鯛酒盗を塗り、黒胡麻をまぶして延べ焼に。鯛酒盗も淡口醤油で自家製した自信作でおます。

「鯛鎌山椒焼」は、鯛のカマに塩をして一晩おき、皮目に切り目を入れ、鯛醤油ベースの幽庵漬けにする。ヒレには化粧塩をして、鯛ワタ脂を塗り焼く。仕上げに実山椒を散らす。延べ焼の鯛酒盗は、鯛の腸に塩をして洗い、酒に一晩漬けて細かく叩き、淡口醤油・酒・みりんに3カ月漬けた自家製。青味大根は、軽く塩をして風干し。湯冷ましに淡口醤油・みりん・昆布を加えて30分 浸けたもの。

12月

帆立貝黄韮《きにら》焼
海老芋津蟹《つがに》焼
萵苣薹《ちしゃとう》淡口浸し

帆立貝は「海扇」とも書くように、あの貝殻を立てて風を扇《あお》ぎ、ヨットのごとく海面を移動する。なんて聞いたことがおますけど、ホンマかいな？　昭和五十年代後半でしたかな、板前席で1kg級の帆立貝を開いていると、一見のお客さんが「どこで獲れたもの？」とお尋ねになった。北海道やと答えると、なんとそのお人はかの地の水産会社の理事で、「地元の市場にもないものが大阪にあるとは…」と苦笑い。私やなんとも申し訳の無い気分になったものだす。

立派な天然ものの帆立貝はむろん美味やけど、近頃は養殖もんもなかなかいけまっせ。そこでちょっと持ち味を深める工夫をしてネ。貝柱は取り出す時の汁を加えて酒炒りにし、バター焼。ヒモと肝はその炒り汁を生かした淡口八方煮。肝を裏漉しして焦がしバターで練り、ヒモと黄ニラを合わせる。このタレを、貝柱の焦がしバター焼にかけるって寸法だす。

海老芋は小形を選んで舟形に刳《く》り抜き、津ガニのだしで淡口八方煮。津ガニは上海ガニの同族異種で、モクズガニとも呼びますな。これを蒸してカニミソとミキサーにかけ、さらによく擂《す》って玉味噌と合わせる。松の実・銀杏《ぎんなん》の輪切りを加え、先の海老芋の小舟に〝積み入れ〟て、上火で焼くんだす。

鮮やかな黄緑の萵苣薹漬けもヒガシマル。淡口醤油に昆布の旨みを利かせてネ。

帆立貝は椎茸と共に焦がしバターで焼き、肝を炊いた淡口八方地の煮汁で味付け。黄ニラとヒモ入り肝ダレをかける。海老芋は、舟形を米の研ぎ汁で下茹でし、津ガニのガラでとっただしに淡口醤油・酒・みりんで下煮。津ガニは蒸して身と軟骨、ミソをミキサーにかけ、白味噌・田舎味噌・卵黄などでカニ玉味噌に。煎った松の実とギンナンを加え、海老芋に詰めて焼き上げる。

【第十六章】2021・2022年

淡《たん》乃《の》菜《さい》

飽食の時代、日本料理は贅沢《ぜいたく》な食材を多用するようになりましたな。齢《よわい》八十を超えて久しい私ゃ、どうも野菜の料理が軽視されているようで寂しいんだす。日本人は長らく穀類と野菜を主として、魚介は少し、という食生活を送ってきたんでっせ。我々の身体には野菜が必要なんだす。…という説教がましいお話はここまでにして、この項では新しい精進料理の提案といきまひょ！　野菜・山菜・海藻に乾物を駆使してネ。味の決め手は、鰹《かつお》節や肉類を使わない「精進だし」と淡口醤油。前菜から和え物、煮物、揚げ物に寿司や鍋まで2年間で24品。我ながらなかなかのバリエーションでおます。

海老芋は皮をむき、米の研ぎ汁で下茹でしておく。生昆布を渦巻き状にし、昆布だしで煮る。柔らかくなったら海老芋と精進だしを加え、竹串がすっと通る程度に煮て、淡口醤油・酒・みりんで塩梅。下茹でしたウグイス菜を加えて煮上げる。針柚子を仕上げに。

1月

2021年

海老芋と巻昆布の含め煮
鶯菜《うぐいすな》 針柚子

滋味豊か、精進だしの芋昆布。淡口醤油で持ち色冴えざえ

去年は春から未曾有《みぞう》の流行り病《やまい》が長期滞在して、閉口しましたなぁ。とまれ、新春を迎えました。

今春はこの疫病神さんにどうにかお帰りの手立てをと思うのやけど、それまでは体調を整えることが肝要だす。皆様、巣ごもり太りになってまへんか？ということで、今年は淡口醤油を使った精進料理「淡乃菜《たんのさい》」とまいりまひょ！

とは言うても、「雑念を去り、仏道の修行に専念する」ために「葷酒《くんしゅ》山門に入るを許さず」…なんて堅いことを申すのやおまへん。葷（ネギ・ニンニク・ニラなど）も大いに用い、般若湯《はんにゃとう》（酒）も適度にいただいて、という提案だす。まず手始めの一月は、大阪でお馴染みのお惣菜「芋昆布」。

もとは、鰹《かつお》昆布のおだしで柔《や》らこう煮込んだ里芋におぼろ昆布をたっぷりかけた料理やけど、これをちょっと工夫してネ。昆布に椎茸・霜降り平茸・大根皮・柿の皮などを干したもんを合わせて水出し。キャベツの芯やニンジンの皮も加えて、じっくり煮出した精進だしが決め手だす。

生昆布をくるくると渦巻きにし、まずは昆布だしで柔らかく煮る。里芋ではなく、河内《かわち》は板持《いたもち》の名産、海老芋を下茹でし、先の精進だしと共に加えてしばし煮る。酒・味醂と、さぁここで塩梅の主役のお出まし。ヒガシマルの「超特選丸大豆うすくち吟旬芳醇《ぎんしゅんほうじゅん》」だす。海老芋のこの白い肌色を生かして煮上げたら、柚子の香りでお上がりやす！

フキノトウは、灰を浸した水の上澄みで茹でて水にさらしてアク抜き。硬く絞って、精進だし・淡口醤油・酒・みりんで煮る。精進だしは、昆布と煎り大豆・干し平茸・キャベツ・ニンジンでとる。生湯葉と抹茶入りの山芋とろろの博多押しは、淡口八方地に浸したまま蒸す。こちらにも精進だしを利かせて。

2月

2021年

花豆の梅形絞り 蕗《ふき》の薹《とう》煮〆 湯葉と抹茶とろろの博多押し

春の川辺にフキノトウと白梅。〃喰《く》い味〃色の淡口風味で

立春の〃立つ〃という言葉には、これまで気配もなかったのに忽然《こつぜん》と何かが現れるという神秘的な意味合いが含まれているとか。中国では〃始まる〃を意味するそうやけど、淡口醤油が龍野《たつの》で〃立った〃のは、四百年以上も前のこと。この誕生が新しい日本料理を作ったと私ゃ思てますねん。食材の持ち味を生かし、自然な色に仕上げる。後に「日本料理は目で喰《い》う」とも謂われる所以《ゆえん》だすな。昔から醤油を加えることを〃陰を差す〃、少量の場合は〃陰を落とす〃と言うけれど、これぞ影武者。いや、精進料理においては味の決め手となるのやから、影の立役者でっせ。

今月は早春らしく温《ぬる》んだ川の土手にフキノトウと白梅が香る、という趣向でおます。和菓子のような白梅は、白花豆と紫花豆。別々に水に一夜浸し、それぞれに茹で、その茹で汁に淡口醤油と砂糖・塩を加えて蜜煮にする。白花豆を裏漉ししたら、紫花豆一粒を芯にして包み、木型で梅花形に抜きまひょ！白梅とは言いながら、これは料理でっさかい、真っ白に作るより、ほのかに喰い味に見える仕上がりに。これぞ淡口醤油の成せる技でっせぇ。

フキノトウは、精進だしの淡口甘八方地で佃煮風。これを博多押しに添えるって寸法だす。生湯葉に抹茶を加えた山芋とろろ、淡口醤油と味醂の順に塗り、何層にも重ねてネ。淡口八方地で蒸し煮にしましてん。川の流れに見えますやろか？

天日干しのカンピョウをしばし水に浸してからもみ洗いし、昆布の水出しで茹でる。その茹で汁に酒・砂糖・淡口醤油を加えて、カンピョウを旨煮にする。残りの茹で汁を使って飯を炊き、酢飯に。菜種菜は塩茹でし、その茹で汁に昆布を差して、淡口醤油とみりんを加えて、お浸しにする。これを粗刻みして敷き詰める。

3月 雛《ひな》乃《の》日《ひ》ちらし寿司

2021年

精進仕立ての花ちらし。酢飯に淡口醤油を忍ばせて

桃の節句といえば雛祭りやけど、陰暦の三月初めの巳《み》の日、紙や藁《わら》の人形で身体を撫《な》でて、これを水に流し、穢《けが》れを祓《はら》うという中国の風習に始まるそうだす。これが雛人形の由来となった。江戸時代、幕府は正月七日の「人日《じんじつ》」、三月三日の「上巳《じょうし》」など五節句を式日と定めたけれど、それすべて陰暦でのことやさかい、陽暦ではねぇ。でも、地球温暖化のせいか、ここ数年は雛祭りの頃に菜の花が咲きますな。

与謝蕪村の「菜の花や月は東に日は西に」という夕景を詠んだ句がおますが、東といえばヒガシマル。お馴染みのマークは朝日が昇る様を描いたものやとか。今回は、淡色ゆえに食材の持ち色を生かして旨みを付ける淡口醤油で、寿司飯を塩梅しましてん。太陽を思わせる朱塗りの丸い御櫃《おひつ》に、朝の菜の花畑に散った桜の花びらという光景を描いた精進寿司でおます。

まずは、干し干瓢《かんぴょう》と昆布のだしで硬めの飯を炊き、米酢・砂糖・淡口醤油に塩少々で酢飯とする。干瓢の旨煮を刻んで混ぜ、青海苔と煎り胡麻をまぶす。その上に菜種菜の淡口浸しを敷き、赤紫蘇《じそ》の漬け汁で染めた花びら長芋、菜の花、木の芽を散らしてネ。

精進仕立ての花ちらし寿司とは、何やら物足りないとお思いになる？でもネ、ひと口食べたら納得でっせ。味の要は、菜種菜に、酢飯に利かせた淡口醤油。色淡くして、ええ味を醸《かも》すのは得意技ですよってねぇ。

酢水に昆布、桜の葉と花の塩漬けを加え、ウドを浸す。細切りの束はワカメ巻きにし、長芋のあられ切りとつくね芋のとろろを合わせた、ざくとろをかける。ワラビはアク抜きした後、水にさらして、淡口醤油で塩梅した昆布だしでお浸しに。一部を庖丁で叩き合わせて湯葉で巻く。

山菜づくしの生醋《なます》盛り。淡味に際立つ、春の野趣

「雪間より 薄紫の 芽独活かな」（松尾芭蕉）。

五月も後半やったけど、福井は白山の麓《ふもと》で採った独活はまさにこの句の通りでしたな。独活栽培の歴史は古く、野菜と思うお方も多いけど、れっきとした山菜。天然ものは独特のアクがおますけど、山菜は風味を食すもんやからねぇ。三月から出回るこの独活は、日に当てて緑化した山独活もどきで、香りも味もなかなかいけまっせ。太い部分は板状に切り、桜の花と葉の塩漬け入り昆布酢水で風味付け。細い部分は、吉原格子《こうし》のように細長く切る。これ、吉原独活といいますな。塩茹でしたら束にしてワカメでくるくる巻く。煮切り酒と味醂を合わせたワサビ醤油でどうぞ！ 独活の繊細な香りを生かすには、ここは淡口醤油しかおまへんで。

ワラビは、春に先駆け日当たりのええ山野に萌える。青紫色で頭部が鉤《かぎ》の手のように曲がったものを、料理屋は鉤ワラビと呼んで珍重しますな。桶か壺に入れて木灰をかけ、熱湯を注いで落とし蓋をしておくと、赤みを帯びた青紫色に仕上がりまっせ。これを淡口醤油でお浸しにし、湯葉巻に。添えのシオデは東北育ちの蔓《つる》性の山菜で、山アスパラと呼ぶお人もおますな。柔らかいうちに茹でるとアクはのうて、浸し、和え物に誠に結構。今回は茹でて三ツ葉でくるりと巻きましてん。クルミを摺《す》り練り、淡口醤油に味醂少々と昆布だし。このタレもまたオツな味でっせ。

4月
2021年

独活《うど》桜花造り 若布《わかめ》巻
蕨《わらび》の湯葉巻 湯取り牛尾菜《しおで》

5月

2021年

巻繊《けんちん》湯葉巻
根曲竹《ねまがりだけ》の山椒煮
薇《ぜんまい》の信田《しのだ》巻煮
山独活《やまうど》五月《さつき》煮
陸《おか》ひじき 白木耳《きくらげ》 荏胡麻餡《えごまあん》

初夏来たりて里山の幸。旬味とりどり淡口炊合せ

唱歌『夏は来ぬ』に、「卯《う》の花の、匂う垣根に時鳥《ほととぎす》」という歌詞がおます。我が家の庇《ひさし》の雨樋《あまどい》にも、毎年、時鳥の子が止まって歌の稽古をしてましたな。周りの木々が払われ、今はあの歌声を愛でるのも叶いまへん。その代わりに、初採りだと友人から根曲竹が届いたんだす。

　根曲竹は唯一の日本固有の竹で、孟宗竹《もうそうちく》の筍より旨いと便りにあったけど、同感だすな。山独活も残っている頃やし、河内《かわち》の従兄弟《いとこ》からもろた干しゼンマイもある。そや、今月は山菜を主に炊合せといきまひょ。

　干し椎茸に干し霜降り平茸・昆布・天日干しの干瓢《かんぴょう》・煎り大豆にキャベツを煮出してとったのが、今月の精進だし。巻繊は、木綿豆腐を粗く潰し、淡口八方煮にした笹がきゴボウなどと胡麻油で炒めて葛粉でつなぐ。生湯葉で巻いて素揚げし、熱湯にて油抜き。先の煮汁に精進だし・酒・淡口醤油・砂糖で甘八方地とし、これに浸して蒸し煮にしましてん。

　根曲竹は精進だしで直煮《じかに》し、淡口醤油・酒・味醂で塩梅。花山椒を煮上がりに加えるとええ香りでっせ。干しゼンマイは水で戻してから茹で、薄揚げで巻いて干瓢で縛り、甘八方煮。その煮汁をあんにしてかけまひょ。山独活は淡口八方煮にし、紫蘇《しそ》入り甘酢に漬けたサツキの花と。白キクラゲの八方煮に荏胡麻あんをかけ、陸ヒジキの浸しを添えて完成だす。

　淡口醤油で仕立てた炊合せ。初夏の旬味がいきいきしてまっしゃろ。

巻繊の具は他にニンジン・インゲン・精進だしの残りの干し椎茸。天に和辛子。山ウドはひと口大に切って昆布だしで茹でる。その茹で汁半量に精進だし・淡口醤油・酒・砂糖で甘八方煮。オカヒジキの浸しも、白キクラゲの淡口八方煮も、共に精進だしに淡口醤油と塩・みりんで塩梅。その煮汁にすりつぶしたエゴマを加え、葛で止めてあんにする。

清《すが》しき大輪の〃鮮の菜〃。淡口酢油で香味まろやか

鬱陶《うっとう》しい梅雨時も、米農家には有難い恵みの雨。陰暦ではおおむね五月に当たるので、この雨を五月雨《さみだれ》といいますな。梅雨は、中国から伝わった言葉やそうで、この時季に梅が熟すことに由来するとか。梅といえば、調味のことを塩梅といって、調味料のなかった時代には塩と梅酢（塩漬けした梅の汁）をもって料《はか》っていたっちゅうことだすな。

さて今月は、泉州玉葱を主役にしたサラダだす。厳格な精進料理には、独特の臭気とエネルギーが修行の妨げになるとして、五葷《ごくん》と呼ばれるネギ・ニラ・ラッキョウ・ノビル・ニンニクは使わない。玉ネギもそのお仲間やけど、こちらは般若湯《はんにゃとう》（酒）もいただける塩梅を…ということで、ご勘弁を。

「佐良妥」という当て字は私の勝手なもんでしてネ。西洋のサラダと差別化を、と考えましてん。主役の新玉ネギは芯の甘みの多い部分を薄く輪切りにして、軽く晒《さら》す。これを器の端に盛って、蓮芋の薄切りを重ねる。中心には、独活《うど》と姫キュウリを剣山《けんざん》のように立てて、その周りに玉ネギの笹打ち、二十日大根（ラディッシュ）の縒《よ》り。切り方をいろいろ変えて、野菜の食感を愉しませるって趣向だす。甘長唐辛子（青唐）のみじん切りで青さを添えて、漬け梅のちぎりを散らしてネ。

落花生のドレッシングは、煎った落花生をあたり鉢で摺《す》り、淡口醤油に米酢・味醂を少々と太白胡麻油。まったりええ味、和の風味だす。

6月

2021年

泉州玉葱《せんしゅうたまねぎ》の佐良妥《サラダ》

ちぎり梅 青唐《あおとう》風味 落花生酢油《らっかせいすゆ》だれ

新玉ネギは外側をへぎ切りにして薄切り、内側を薄い輪切りにして、水にさらしておく。ハス芋も薄切りして水にさらす。姫キュウリは塩ずりして熱湯に通し、ウドと共に剣先形にして、昆布入りの極薄いたて塩に浸す。ラディッシュは桂むきにしてから斜めに切り、水に放って、竹串などに巻き付けて縒りにする。

麺つゆに使う精進だしは、カンピョウ・煎り大豆・昆布・干し椎茸・干し霜降り平茸を煮出したもの。淡口醤油・煮切りみりんと酒で味を決める。黄パプリカは星形に抜いて茹で、精進だし・淡口醤油・みりんを合わせた地に浸す。

淡味つゆで、つるりひと口。海山の菜、五色の素麺

梅雨で天空の水桶も空っぽになったというわけか、陰暦ではおおむね六月に当たる今月は水無月《みなづき》ともいう。カンカン照りの続く中で、大阪は夏祭りに七夕もあり、くたくたに疲れて食欲も無くなる季節だす。そこで、今月は素麺づくし。毎年、贈り贈られる素麺やけど、大阪では江戸期から奈良の三輪素麺の流れを汲《く》んだ「河内素麺《かわち》」が作られてましてネ。夏祭りや盂蘭盆《うらぼん》の御馳走《ごっつおう》やったけど、なんせ農閑期の手仕事だったことから次第に廃《すた》れて、今や幻の素麺になってしまいましてん。

お祭りの御馳走を割烹仕立てで、と考えたのが、五種盛りで一人前の「ひと口冷や麺」でおます。小玉蕃茄はミニトマトのことだすな。これを湯剥《む》きして裏漉しし、太白胡麻油・淡口醤油・塩で味付けして、素麺と和えますねん。黄色の星形はパプリカ。切れ端を淡口醤油と酢・塩で加減してピューレにしてかけ、煎り胡麻で風味を添えまひょ。

残りの三つは、精進だしで吸い地くらいに塩梅した真ん中の麺つゆでお勧めする趣向だす。干し椎茸は淡口甘八方地で旨煮にして、三ツ葉の結びとワサビを添える。大粒の納豆は、半分を叩いて辛子、もみ海苔と合わせ、糸ネギと共に盛る。もちっとした硬めの山芋とろろには、青海苔とワサビ。どうだす？　淡口醤油があれば、鰹《かつお》だしを使わずとも、野菜の持ち色・持ち味を引き立てた、こんな御馳走もできるんでっせ。

7月

2021年

ひと口冷や麺

小玉蕃茄《ばんか》輪切り／青海苔とろろ／星形黄甘唐辛子
干椎茸旨煮切り重ね／叩き納豆海苔

天つゆは、精進だしに淡口醤油とみりん。精進だしは、天日干しのカンピョウ・干し椎茸・干し霜降り平茸・昆布を煮出したもの。河内蓮根は塩茹でにし、糸切りのニンジンを巻き付けて白染揚げ。甘長唐辛子と穂ジソにも同じ衣を付けて揚げる。

衣軽やか、淡し天つゆ。精進揚げに夏の装《よそお》い

月初に立秋があるというのに、炎暑の日が続いていまだ夏でおます。それでも朝早《はよ》うに芋畑に出ると、里芋の葉に溜まった露が大きな水玉となってそよ風に転《まろ》ぶ様子に、やはり秋を感じますな。

太古の昔、日本人の主食は山の芋やった。里芋は南国から渡来したもので、山の芋が山にできるのに対しての命名やそう。親芋・子芋・孫芋が寄り添って育つ姿が大家族を思わせ、子孫繁栄の願いを込めて食されてきたんだすな。その里芋の変種に、河内《かわち》の大和《やまと》川の支流、石川の流域で作られた「石川子芋」がおます。八月には出回る早生《わせ》種で、ふくよかな風味が持ち味でっせ。この子芋の中でもさらに小さな落子と、まだ若《わこ》うて細い河内蓮根を主役に、今月は「精進揚げ」といきまひょ。

河内蓮根には、細く麺状に切ったニンジンを軽い風干しにして巻き付け、小麦粉とコーンスターチの衣を薄く付けて白染揚げに。石川子芋は蒸して皮を剥《む》き、一部を裏漉しして山芋おろしを繋ぎに合わせ、残りの子芋と合わせてまとめる。味の要に、浜納豆と枝豆のみじん切りもお忘れなく。山芋とろろを塗り付けて、三色のみじん粉をまぶして揚げまひょ。

どちらの衣も歯触りよし。彩りも夏らしいでっしゃろ。暑い盛りの頃の揚げ物やさかいネ、天つゆは精進だしと淡口醤油であっさりと。大根おろしに花茗荷を添えたら、さらに香りもよろしいな。

8月

2021年

落子《おちこ》の共寄せ　微塵粉《みじんこ》揚げ
糸巻蓮根と穂じその白染《はくせん》揚げ
甘長唐辛子素揚げ　茗荷《みょうが》おろし入り天露《てんつゆ》

9月

2021年

菊花百合根梅蜜煮 菱菊南瓜《なんきん》 赤菊の葛煮 菊の葉揚煮

百合根の切れ端は蜜煮にし、クチナシで染めて菊花に見立てた芯に詰める。菱菊南瓜の煮汁は、カボチャの茹で汁に昆布だしを合わせ、淡口醤油・酒・みりんと砂糖で塩梅。赤菊は塩茹でして淡口八方地に浸し、その地を葛あんに。菊葉は、片栗粉を打って素揚げし、濃いめの淡口八方地に潜らせる。

四彩の菊、淡く笑《え》む。重陽《ちょうよう》らしき炊合せ

秋桜《こすもす》が風に揺れて秋めきを感じるけど、上旬はなおも厳しい暑さが残る。台風の季節でもあって、厄介な月だすなぁ。そんな中に菊の節句がおます。元は第四十代の天武天皇の御代《みよ》、九月九日に菊花の宴が催され、これが平安期に入って重陽の儀となったそうだすな。当時は菊花の咲き始める頃で「菊月」という呼び名も相応《ふさわ》しかったやろうけど、今は陽暦でっさかい、ちと早過ぎますけどネ。とはいえ、菊は桜と共に日本を象徴する花。皿の上でも愛でていただこうと考えましたんや。

そこで今回は、菊尽くしの炊合せでおます。新百合根は真ん中を少し刳《く》り抜いて軽く開き、外側には切り目を入れて菊形にする。花びらが外れないよう、花先に当たる部分を下にしてさらしで包み、やや硬めに茹でてそのまま冷ます。切り込みを入れたさらしを鍋底に敷き、今度は花先を上にして隙間なく並べ、紙蓋をして蜜煮にするんだす。煮汁は、先の茹で汁を煮詰めて昆布だしを合わせ、塩・砂糖に淡口醤油。炊き上がりに梅漬けの紫蘇《しそ》をのせ、ほんのり赤く染めまひょ。

栗南瓜は菱形に切って菊を象《かたど》り、この時に出た切りくずも一緒に淡口甘八方煮。切りくずは裏漉しして柚子皮おろしで風味を付け、菱菊南瓜の裏に忍ばせるんだす。淡口八方地に浸して葛煮にした赤菊、菊葉の揚煮と共に盛り合わせたら、蓋付き鉢の中に菊が咲き誇ったようですな。

10月

2021年

山ノ幸鍋
自然薯《じねんじょ》の親子飛竜頭《ひろうす》
銀杏《ぎんなん》寄せ餅／松茸
霜降り平茸／舞茸／冬菇《どんこ》椎茸

山からいただく秋の恵み。淡口しみじみ馥郁《ふくいく》として

山の幸の鍋、それも十月となれば、主役は松茸？ 昔は、大阪の能勢《のせ》でも河内《かわち》長野でも上物が仰山《ぎょうさん》採れたんやけどネ。戦後、柴木拾いも不要となって、山の手入れが行き届かず、幻のごとき存在となってしまいましたな。今や、海の向こうから松茸がやって来る時代だす。

茸類《きのこ》は菌床栽培が主流やから、持ち味も弱くなってしもたけど、原木の椎茸や天然舞茸もまだあるし、今回は国産の松茸と共に秋の鍋といきまひょ。山の幸の鍋といえば、雉《きじ》や鶉《うずら》など野鳥のだしを使いたいところやけどネ。精進だしでも充分、滋味深い味わいに仕立てられるんでっせ。

まず、昆布・干した霜降り平茸と椎茸を一夜水に浸し、そのまま火にかける。干し柿皮にキャベツの芯や外葉、ニンジンの皮などを加えて煮出したら、塩梅は酒と味醂に淡口醤油。松茸・舞茸・冬菇椎茸など茸をふんだんに入れて炊くんだす。

それだけで充分ご馳走やけどネ、割烹の一品としてはもうひと手間。自然薯を摺《す》りおろし、素揚げして淡口八方地で炊いた零余子《むかご》を包み、親子飛竜頭に。銀杏は渋皮付きで白米と共にお粥のように柔らかく炊くと、もちもちの「餅銀杏」になる。これを湯で練った餅粉と合わせて平たく熨斗餅《のしもち》状にした寄せ餅は、焼き目を付けて香ばしく。先にこの二つを煮始めて、味が染みる頃に茸類を入れ、煮えばなを取り分けたら、振り柚子とその果汁で召し上がれ！

自然薯はおろして片栗粉を加え、淡口醤油とみりんで下味を付けておく。ムカゴを素揚げし、淡口醤油・酒・みりんで濃いめに炊いて、先の自然薯で包む。これを丸めて揚げ、熱湯をかけて油抜きし、飛竜頭とする。「銀杏寄せ餅」は塩のみで味付け。精進だしの鍋汁で先に炊き、4種のキノコとホウレン草を加えて煮上げる。

「霜被け鰐梨」は、アボカドを反り橋形に作り、氷餅をまぶして霜に見立てる。その残りと切れ端を裏漉しし、山芋とろろを合わせて生湯葉に塗る。これを何層にも重ねて軽く押し、ひと口大に切る。剣は、青首大根・紅芯大根・勝間南瓜（こつまなんきん）・洋ニンジンを極細のせん切りにし、茹でたオカヒジキと合わせた5種。昆布だしに淡口醤油でさっと煮た岩茸を添えて。

二様の鰐梨に、五色の剣。菜も華やぐ淡口の香《かざ》

どこまでも透ける碧《あお》い空、菊花の薫る爽涼の日々。そんな秋晴れが続くのは全国的に見ても霜月《しもつき》やそうな。三日の文化の日は明治節《めいじせつ》というて、日本を近代国家に導いた名君・明治天皇のお誕生日でおます。

これまで薬喰《ぐ》いとして人目を憚《はばか》った肉食を推進させはったのもこの方やけど、これほど我が国民が肉好きになるとは思いもよらなかったんと違うかな。その結果、現代人は野菜不足になってしもた。そこで、こんな提案がおますのや。造りといえば魚介のところを、野菜や湯葉で仕立てた「精進造り」。造りというのは、舞台に立つ役者が化粧することを「顔を作る」といったことから生まれた呼称で、美しく盛るって意味が含まれているとか。ならば、精進に使っても許されますよねえ。

さて晩秋、お造りに向く精進素材は？と考えたら、季節感のあるものは山芋や長芋ぐらい。そこで、大正時代に渡来して、鰐梨なる和名をもらい、すっかり家庭にも馴染んだアボカドにご登場願いましたんや。アボカドは初霜の降りた反《そ》り橋に見立てるだけでなく、裏漉しして湯葉と博多に重ねる。二種の大根・南瓜《なんきん》・ニンジン・陸《おか》ヒジキの五色の剣で、見た目も華やぎまっしゃろ。添えダレは、淡口醤油に味醂と酒を加えて、切り昆布を二日ほど浸したもの。柚子胡椒の風味を添えてネ。野菜や湯葉の持ち味を最大限に生かすなら、やっぱり淡口醤油でっせ。

11月

2021年

精進造り

重ね湯葉／霜被《か》け鰐梨《わになし》／五色立剣《ごしきたてけん》

岩茸／淡口造り醤油

蛇篭とあられ切りのレンコンは塩茹でに。「蓮根の胡麻豆腐」は、おろしレンコンと黒すりゴマ・精進だしを合わせて煉り、あられ切りと塩茹でした百合根を加える。丸い抜き型の内側に蛇篭レンコンを張り付け、胡麻豆腐の生地を流して茶巾に絞り、冷やし固めてから蒸す。お椀に下煮した粟麩、軟白芹の八方地浸しと共に盛り、薄葛を引いた精進だしを流し、香りに松の実、柚子七味を。

もっちり蓮根《はすね》餅のごとし。淡口葛あんを纏《まと》わせて

鳴呼《ああ》せわしない、せわしない。冬《とう》至《じ》もあって一年中で最も陽が短くなる月やし、ジングルベルも早々に鳴り響いて気忙《きぜわ》しさに拍車をかけるってこともおますな。いつもはおっとりしている師(僧侶)まで走るとて師走《しわす》と言われる十二月は、年の極まる月として極月《ごくげつ》とも呼ぶ。あくせくせず、なんぞ熱《あ》っついお椀物でも召し上がって、年忘れといきまひょ！

まずは、精進だしのご用意を。昆布と干し霜降り平茸・干し椎茸を水出しして、キャベツに蓮根の切りくず・煎り米を加えてじっくり煮出す。この滋味深い野菜のおだしを引き立てる名脇役といやぁヒガシマル。

雪輪のような椀種は蓮根の胡麻豆腐だす。蓮根は縦向きの桂剝《む》きにして蛇篭に見立て、切れ端は霰《あられ》切り。残りは細目のおろし金にて摺《す》りおろし、黒胡麻と精進だしを合わせ、吉野葛で煉《ね》り上げる。食感に先の霰切りを加え、蛇篭蓮根で巻いて冷やし固めまひょ。粟麩はひと口大を素揚げして、油抜きしてから精進だしと酒・淡口醤油・味醂にて下煮。軟白作りの長芹は、根と茎葉に分けて茹で、精進だしの八方地浸しでおます。

椀に盛り合わせたら、精進だしに煮切った酒と味醂、ここは香り豊かな「超特選丸大豆うすくち 吟旬芳醇《ぎんしゅんほうじゅん》」を使《つこ》うて、吸い地よりちょっと濃いめ、ほんのり甘口に塩梅しまひょ。薄葛を引いて、とろ～っとかけてネ。芳《かんば》しい柚子七味と香ばしい煎り松の実を散らして、さぁお上がりやす！

12月

2021年

蓮根の胡麻豆腐 蛇篭《じゃかご》仕立て
粟麩和蘭陀《オランダ》煮
軟白芹《なんぱくせり》 松の実 柚子風味

レンコンをすりおろし、水引野菜に使ったニンジンや淡口旨煮にした亀甲形の椎茸の切れ端を粒切りにして加える。熱い昆布だし・餅粉を加えて練り、塩で加減して蒸し、「蓮根餅」に。亀甲形の椎茸をのせ、大根のクチバシを重ね、薄葛を引いた淡口精進だしの吸い地をかける。水引野菜を盛り、天に松の実、柚子皮を。

1月

2022年

精進葛汁
加薬蓮根餅《かやくはすね》 亀甲鶴《きっこうづる》椎茸 水引野菜

淡口風味の菜を重ねた、雑煮代わりの目出度《めでた》い椀

苦難の続いた一年だしたが、新たな年を迎えました。さて、本年も引き続いて「淡乃菜《たんのさい》」。私流の精進料理でおます。

正月風景も随分と変わってしもたけど、雑煮やお節などの御馳走《ごっつぉう》はどこの家も守ってはるようだすな。お重詰《じゅうづめ》というたら、煮〆に黒豆、田作り、きずし…と、昔は何やら暗い色合いでしてネ。それが、私が修業を始めた昭和半ば頃から少しずつ彩り豊かに、華やかになっていった。これは正《まさ》しく、素材の持ち色を生かす淡口醤油のおかげやと私ゃ思ってますねん。

本年の最初は、雑煮代わりの羹《あつもの》でおます。まず、昆布・干し椎茸・キャベツ・蓮根の切りくずと煎り米で精進だしをとりまひょ！干し椎茸は大きなものを選んで椀種に。亀甲形に切って、精進だしをちょっと濃いめに塩梅して淡口八方地とし、下煮しますねん。大根は鶴のクチバシ形に切って下茹でし、淡口醤油控えめの八方地浸しに。水引野菜は、大根とニンジンの細切り、三ツ葉を下茹でし、精進だしの淡口八方地に浸しておくって寸法だす。

蓮根餅は、摺《す》りおろした蓮根に餅粉と昆布だしを加えて練り、丸めて蒸しておくれやす。この中に、先のニンジンや椎茸の切れ端を加えると美味《うま》いでっせ。精進だしを淡口醤油と塩・味醂で加減して葛を引き、とろっとかけてネ。柚子の香りで勧めまひょ！

長芋は、昆布入りたて塩に酢を一滴落とした中に浸けてはむく、を繰り返して桂むきをすると割れにくい。生湯葉に重ね、青海苔と青寄せ入りの山芋とろろを厚めに塗り広げて、端から巻いて切り出す。「淡口つけ垂汁」は、淡口醤油に昆布だし・みりんを合わせたもの。叩き納豆、ワサビと共にいただく。

2月

2022年

生湯葉山芋の観世《かんぜ》造り
束ね長芋／梅花独活《うど》／てぃれぎ
叩き納豆／淡口つけ垂汁《だれ》

水は温《ぬる》み、梅ほころぶ。淡口に映える向春の割鮮《かっせん》

節分は立春の前日。一年の変わり目で「年越し」とも呼びますな。鬱《うつ》陶《とう》しい冬が終わり、一年の始まりに入るってことやけど、本来、節分は立夏、立秋、立冬の前日でもあって、季節の変わり目やから「節越し」とも言うんですな。

この節目に今一度、肉食に偏《かたよ》ってしまった現代の食を考え直してみまへんか？ 野菜、山菜、海藻だけでも、御馳走はできまっせ。私なりの精進料理を提案する今月の「淡乃菜」は、立春が過ぎると次第に水も温くなり、梅もほころび始める様を表現した割鮮でおます。とはいえ、ちょうど野菜の端境期《はざかいき》。根菜だけでは…と、生湯葉や納豆も合わせて仕立ててみたけど、どないだす？ 野菜の料理は食材の色と持ち味を生かすことが肝要だすが、ここで頼りになるのがヒガシマルの淡口醤油。なかでも、このお造りには香り豊かな「超特選丸大豆うすくち 吟旬芳醇《ぎんしゅんほうじゅん》」がよぉ合いまっせ！

生湯葉に桂剥《む》きした長芋を重ね、青海苔と青寄せで色と香りを付けた山芋とろろを合わせ、くるりと巻く。軽く押して冷やすと切りやすく、切り口が観世水の文様になるんだす。長芋せん切りとてぃれぎ（大葉種付花）、叩き納豆におろしワサビを添えてネ。梅花独活は太い独活に切り込みを入れて梅形の棒を作り、雨傘状に斜めに回し剥きまひょ！ 柚子皮のみじん切りを花粉に見立ててもよろしいな。

精進だしは、干し椎茸・大豆・干し柿皮・キャベツ・昆布を煮出したもの。淡口醤油と酒・みりん（または砂糖）を加えた淡口甘八方地で、白花豆とエンドウを別々に炊く。小豆は渋切りしたら淡口醤油と砂糖・塩で煮て、昆布を差して一晩おく。その煮汁で道明寺糒を戻して蒸す。

淡口天つゆで香《かぐわ》しく、桃の節句に三色揚げを

思えば、大阪産の野菜の勉強会を始めて以来、仰山《ぎょうさん》の畑を巡ってきました。府下には持ち味がしっかりした良質な野菜を作る篤《とく》農家がたくさんいてはるし、隣県にはその持ち味や色を生かす淡口醤油がありまっしゃろ。「淡乃菜《たんのさい》」を始めて、大阪は地の利に恵まれているなぁと、改めて思うんだす。そんな感謝の気持ちを込めて、今月も私流の精進料理をご紹介しまひょ。

陽暦の現代では、桃の節句とはいえ、その蕾《つぼみ》もまだ硬い雛の月やけどネ。行事ごとでっさかい、三色の菱餅を連想させるみじん粉揚げでいきまひょ！ 白色は、白花豆を一晩水で戻し、精進だしに淡口醤油と酒・砂糖少々で、煮汁が残らぬように煮たもの。半量を裏漉しし、つくね芋のとろろを繋ぎにして白花豆5～6粒と合わせ、みじん粉をまぶして揚げるんだす。緑の碓井豌豆《えんどう》も塩茹でしてから淡口甘八方煮にして、半分を裏漉し。残りの粒と合わせて共寄せに。桃色は小豆の蒸飯だす。小豆は一晩水に浸けて戻し、茹でて渋抜きしてから、淡口醤油で下煮。この煮汁で戻した道明寺糒《どうみょうじほしいい》を蒸す。小豆は半分を裏漉し、残りは粒のまま合わせて形取り、桃色と白のみじん粉を付けて揚げとくれやす。

精進だしは、淡口醤油と味醂で塩梅して天つゆに。こんな精進料理やったら、今どきのお人の口にも合いまっしゃろ。肉食ばかりせず、現代人はもっと野菜を摂《と》るべきでっせ。

3月

2022年

三色雛揚げ《さんしきひな》 淡口天露《てんつゆ》
白花豆共寄せ／碓井《うすい》の共寄せ
小豆蒸飯

木積産朝掘り筍は昆布だしで茹で、根元をくし形に切る。茹で汁を淡口醤油で加減し、ワカメを煮て裏漉し。筍の穂先の粒切りを合わせて寒天を加え、冷やし固める。ウドは麺状、花びら形の棒状にそれぞれ切り、塩漬け桜葉と昆布だし・淡口醤油・みりん・米酢・塩を合わせた八方酢に漬ける。花びらウドは、梅酢に漬けて色付けしてから薄切りに。淡口昆布醤油は、煮切った酒とみりんに淡口醤油を合わせ、昆布を浸けたもの。

4月

2022年

櫛《くし》形筍と若布《わかめ》寄せ 淡口昆布醤油

桜川独活《うど》 桜香《おうか》酢醤油

春爛漫《らんまん》、筍・独活の割鮮《かっせん》を、桜が香る淡口酢醤油で

桜前線が北上して、春もたけなわ。お釈迦《しゃか》様が生まれた四月八日は、花祭（灌仏会《かんぶつえ》）が毎年行われますな。海では大阪人の大好物・桜鯛が大海から瀬戸内へ乗っ込んできて、陸では山菜が芽吹く。まさに〝芽出〟〝たい〟月でおます。

そんな卯月《うづき》の山菜の代表格といえば、筍だす。世界に千種以上の竹がおますけど、その子が食べられるのは十数種で、主となるのはご存知、孟宗竹《もうそうちく》。中国・江南《こうなん》地方が原産なので江南竹とも言いますな。これが琉球《りゅうきゅう》に渡り、元文年間（一七三六～一七四一）に薩摩《さつま》、続いて近畿にやって来た。大阪は豊能《とよの》地域や三島郡、南部の河内《かわち》や和泉《いずみ》に広まったけど、私のお気に入りは貝塚市木積《こつみ》産の朝掘り。筍は鮮度が命やからネ。外気に触れないよう届けてもらい、山の湧き水で洗って皮を剥《は》いだらすぐ昆布だしで茹でまひょ！ 生でも旨いけど、下茹ですると風味が増してさらによろしな。根元は櫛形に切り、叩き木の芽を天盛りに。穂先は刻んでワカメと合わせ、寒天で固めまひょ。

桜葉入り八方酢に漬けた独活のせん切りに、緑を梅酢で染めた花びら独活を散らして、桜川。銀地の扇面形、桜の色絵に盛り付けて、春爛漫の景に仕立ててみたんやけど、どないかな。先の八方酢を淡口醤油で加減し、桜の花の塩漬けを叩き入れた桜香酢醤油と淡口昆布醤油でいただく、桜づくしの精進割鮮でおます。

5月

2022年

水蕗《みずふき》煮浸し 紫蘇香煎《しそこうせん》 蚕豆《そらまめ》共寄せ 和蘭陀《オランダ》煮 粟麩うま煮 青海苔粉

緑燃ゆる皐月《さつき》の煮合わせ。淡口八方地でひときわ青々

「卯《う》の花の、匂う垣根に時鳥《ほととぎす》、早も来鳴きて、忍音《しのびね》もらす、夏は来ぬ」。

佐佐木信綱が詩を書いた唱歌『夏は来ぬ』の一節だす。満目《まんもく》の青葉の中、瓦屋根には鯉のぼりが風に泳ぐ。そんな風景が今も見られる南大阪は、昔から蚕豆の産地でおます。莢《さや》が一斉に天に向かって生《な》ることから空豆という字も当てる蚕豆を、ここでは一寸《いっすん》（3.3㎝）ほどの大粒に育てる。この一寸豆を「お多福」とも呼ぶのは、「お多福《たやん》こけても鼻打たん」なんて俗謡にちなんでのことですわなぁ。鼻が低くて頬の豊かな女性の愛称やけど、それって空豆だけに、そらぁ空似やないの？

なんて冗談はさておき、今月は「河内《かわち》一寸」と「泉州《せんしゅう》水蕗」に加えて、粟麩の煮合わせ。俵形の共寄せは、河内一寸を淡口甘八方煮にし、半量を潰して裏漉しし、山芋とろろを加えて粒と合わせたもの。これに片栗粉をまぶして揚げ、煮汁の葛あんをかける。泉州水蕗は硬めの塩茹でにして皮を剥《む》き、淡口醤油・塩・味醂で塩梅した精進だしでひと煮立ち。ザルに上げて扇《あお》ぎ、冷ましてからお浸しにし、紫蘇香煎をまぶしておくれやす。粟麩の淡口甘八方煮には青海苔をかけ、盛り合わせたら糸切り大葉を添えてネ。青々とした皐月に相応《ふさわ》しい煮合わせでっしゃろ。それもこれも、持ち味を深めて色を付けない淡口醤油のおかげだす。

精進だしは昆布・煎り空豆・河内一寸の皮・干した霜降り平茸を煮出してとる。河内一寸は、このだしに淡口醤油・酒・砂糖を合わせて淡口甘八方煮。「紫蘇香煎」は、塩抜きした梅漬けのシソを粗く叩いて干し、湯煎しながら煎ってすり鉢で粉にしたもの。泉州水蕗は、淡口八方地でさっと煮て、色止めのため、あおいで急冷。煮汁を冷ましてから合わせ、半日ほど浸けて淡口八方地浸しとする。粟麩は、精進だしに淡口醤油・砂糖・酒を加えて旨煮に。

淡し天つゆで旬味際《きわ》やか。初夏の菜を揚げだしで

六月も半ばになると入梅で、雨、雨、雨。田植え時とあって農家には大切な梅雨も、町家暮らしには鬱陶《うっとう》しいですわなぁ。そんな今月を水無《みな》月《づき》と呼ぶのは、水の月という意味やそうだす。

ところで、二度芋ってご存知？これ、ジャガイモのことですねん。一年に二度収穫できることからの別名やけど、日本に渡来したのは、インドネシアの首都ジャカルタから。その古名・咬嚠吧《ジャガタラ》の芋が略されてジャガイモとなったようだす。馬鈴薯《ばれいしょ》は江戸末期の学者・小野蘭山が何かと間違えて命名したと聞きますな。

さて、今回はメークインの新ジャガの揚げ物をご覧いただきまひょ。まずは、昆布・干し椎茸・煎り大豆・キャベツで精進だしをとる。新ジャガは固茹でし、精進だしで淡口八方煮。縦に割って舟形に刳《く》り抜くんだす。その抜き身を裏漉しし、とろろと合わせてネ。甘長唐辛子を刻んで精進だし・淡口醤油・味醂で油炒めして加え、先の舟形に詰める。小麦粉を煮汁で溶き、とろろ少々を合わせてかけ、刻み松の実を付けて揚げますねん。甘長唐辛子（青唐）、ハジカミ（矢生姜《しょうが》）梅酢漬けの白染揚と盛り合わせ、先の精進だしを使った淡口仕立ての天つゆで、どうぞ。

ジャガイモの白さを淡口醤油が生かして、彩りよく仕上がってますやろ。ご飯の菜によし、アテによし。梅雨の夜も、これで一杯やったら、鬱々《うつうつ》とした気分が晴れまっせ！

6月

2022年

新じゃが青唐《あおとう》の松の実揚
甘長唐辛子 松の実詰め白染《はくせん》揚
梅酢薑《はじかみ》白染揚

ハジカミをさっと茹で、梅酢入りの甘酢に漬ける。甘長唐辛子は縦に切り込みを入れて種を除く。淡口八方煮にしたジャガイモの抜き身にとろろ、刻んだ煎り松の実を加え、甘長唐辛子に詰めて白染揚に。酢取りハジカミも同様に揚げる。天つゆは、精進だしに淡口醤油・煮切りみりんを合わせたもの。器に盛り合わせ、この天つゆを流し入れる。

淡口喰いだしのベースは、干し椎茸・干し霜降り平茸・カンピョウ・昆布を煮出してとった精進だし。淡口醤油・酒・みりんで塩梅し、冷やしておく。新百合根豆腐は、百合根ペーストに精進だし・酒・葛粉を合わせて加熱しながら練り上げ、冷やし固めたもの。蛇ノ目越瓜は、服部越瓜の種の部分を抜き型で抜き、輪切りにして塩をし、葛を打って茹でる。

7月

2022年

新百合根豆腐 蓴菜《じゅんさい》と蛇《じゃ》ノ《の》目《め》越瓜《しろうり》

星のごとき百合根の冷菜。淡口喰《く》いだし、香り柚子

夜空に無数の星が集まってできた天の川を、牽牛星《けんぎゅう》と織姫星が一年に一度渡って再会を果たす。七月といえば、七夕ですわな。

実は、大阪にも同名の河川がおましてネ。枚方《ひらかた》市と交野《かたの》市を分けて流れ、淀川へと繋がる天野川。その淀川を少し山へ入ると高槻《たかつき》市塚脇地区で、昔は服部《はっとり》村と呼ばれたそうだす。日本で初めて機織《はたお》りの技術が伝わり、機織りが訛《なま》って服部になったという話やけど、この地に中国の越《えつ》から渡来した瓜があるんでっせ。今回は、その服部越瓜で彩りを添えた百合根豆腐をご紹介しまひょ！

新百合根は一枚ずつ剥《は》がし、淡い塩味の昆布だしで茹でる。内側の小片を取っておき、残りを茹で汁ごと攪拌して裏漉し。葛粉や精進だしと合わせて胡麻豆腐のように練り上げて、ガラス鉢に流し込む。先の新百合根の小片と塩茹でした枝豆をのせ、冷やし固めるって寸法だす。

ここに涼を添えるのが、蓴菜と蛇ノ目形にした服部越瓜。余談やけどネ、掴みどころのないことを大阪で「じゅんさい」と言いますねん。コレ、蓴菜が語源なんでっせ。

さて、仕上げに流し入れたのは、精進だしに淡口醤油を合わせた、琥《こ》珀《はく》色の淡口喰いだしだす。きりっと冷やして、柚子の香りでお薦めしまひょ！ どうだす？ 楓《かえで》形のガラス鉢が七夕の夜に輝く星のようでっしゃろ…とは、ちょいと言いすぎ？ 〝じゅんさい〟な話でごめんやす！

8月

2022年

水茄子茗荷《みょうが》飯
湯葉青海苔飯
芋茎《ずいき》紫蘇《しそ》飯
越瓜《しろうり》昆布押切胡麻飯
干芋茎旨煮柚子飯
大徳寺麩三ツ葉飯
胡瓜《きゅうり》蓮根巻き茗荷飯

お盆のご馳走に精進にぎり。淡口加減で楚々《そそ》として

関西は月遅れの盆月でおます。私や山村育ちで、夏休みに川で遊ぶと「河太郎《がたろ》に引っ込まれるぞ！」なんて脅かされましたな。河太郎は河童《かっぱ》の異称でしてネ。十代で出てきたミナミでは、道頓堀《どうとんぼり》川にトンボが飛ぶ夕景を時折眺めたもんだす。南岸は芝居茶屋が並ぶ櫓町《やぐらまち》。そこから法善寺へ抜ける細道に「笹巻ずし」を謳《うた》う寿司屋があって、主は七代目・団十郎やったと聞いたけど、ホンマかな？

芝居寿司の主流は、助六や筥《はこ》寿司でおましたけど、今では寿司といえばにぎりだすな。そこで今月は、御《み》仏《ほとけ》をお迎えするご馳走としての精進にぎり。まずは、白芋茎を淡口甘八方煮にし、青紫蘇風味のシャリと合わせ、漬け梅をちぎってあしらう。干芋茎は水で戻し、酢を落として下茹で。赤く色付いたら梅酢を加えて淡口旨煮にし、シャリは振り柚子で香り付けしておくれやす。玉造黒門越瓜《たまつくりくろもんしろうり》は喰《く》い塩をあてて一晩おいてから、半日昆布〆にし、シャリに切り胡麻。酢取り蓮根とキュウリ、水茄子糠《ぬか》漬には甘酢漬けの茗荷を刻み入れたシャリが相性よろしな。湯葉は淡口八方煮にして、青海苔入りのシャリとの間に焼き海苔とつくね芋とろろを挟みまひょ。大徳寺麩の淡口旨煮には葉三ツ葉を合わせたシャリ。いずれも茹でた三ツ葉で結ぶと涼し気だすな。

八方煮や旨煮には精進だしを使い、シャリには淡口醤油を利かせた、精進にぎりの盛合せだす。

精進だしは昆布と干し椎茸・煎り大豆でとったもの。白ズイキは、この精進だしに淡口醤油・みりん・砂糖・塩少しで淡口甘八方煮。干しズイキは梅酢を加えて淡口旨煮。湯葉は精進だし・淡口醤油・酒・みりんで煮る。大徳寺麩は二度茹でこぼし、ぬるま湯でよくもみ洗いして、精進だし・酒・淡口醤油・砂糖で煮含める。シャリは、米酢・塩・砂糖・淡口醤油に昆布を加えた寿司酢で塩梅する。

菊蕪松前漬は、菊花形にむいた小カブを、塩控えめの昆布入りたて塩に淡口醤油を加えて一晩漬けておく。この漬け地に、砂糖・米酢・淡口醤油・タカノツメを加え、さらに一晩漬ける。「菊菜ごはん」は、うるち米ともち米を8：2で合わせたもの。菊花をのせ、芯に煎りゴマを。

9月
2022年

重陽物相飯《ちょうようもっそう》
菊菜ごはん二色菊被《かぶ》せ　菊蕪《かぶら》松前漬

そこここに淡口利かせ、重陽の節句に菊尽くし

彼岸が明けたら旧暦の九月。夜が長いと長月《ながつき》、菊が咲き始めるとして菊月との異称もおますな。陽の数字が重なる九月九日は吉日とされ、宮中では重陽の節句が行われてきた。ちょうど菊が見頃を迎える時季やから、菊の香りを移した「菊酒」を飲んで邪気を祓《はら》ったそうだす。

そこで今月は、菊の節句と呼ばれた重陽にちなんで、長寿を願った菊尽くしでおます。え？物相飯は囚人が食べる飯やないかって？いやいや、元は物相という曲げ物に盛った飯のことで、神仏にお供えするものなんでっせ。

まずは、黄・紫の菊花はガクを付けたまま、菊菜とそれぞれ茹でる。この茹で汁を合わせ、昆布、うるち米ともち米を加え、淡口醤油と酒で塩梅して炊きまひょ。刻んだ菊菜を混ぜ合わせて丸く握ったら、ここでひと手間。昆布だしに淡口醤油で味を付け、網杓子《あみじゃくし》に先の二色の菊花をうつ伏せにしてのせ、そっと浸ける。引き上げたら、さらしを被せて網杓子に押し付けるようにして水気を取り、ガクの部分を切り落とす。これを菊菜のご飯に被せるって寸法だす。物相型で押すと、きれいに仕上がりますな。

味の要となるのは淡口醤油。龍《たつ》野《の》で創業した「ヒガシマル醤油」は、文禄年間（一五九二～一五九六）、宮中より「菊屋」の屋号を賜《たまわ》ったという歴史がおますから、これでホントの菊尽くしだす。

10月

2022年

木ノ子美味《うま》だし蒸

干椎茸含め煮／薄切り松茸／舞茸
霜降り平茸／束ね生湯葉／木ノ葉人参《にんじん》

仕上げに淡口薫らせて、芭蕉好みの茸《きのこ》蒸し

「この道や 行く人なしに 秋の暮」(松尾芭蕉)。

しみじみとした感慨と共に、何やら寂しさの漂う晩秋の句でおます。これは元禄七(一六九四)年の秋、芭蕉が人生最後の句会で詠んだものやそうだす。

舞台となったのは、当時、現天王《てんのう》寺《じ》区の清水寺《きよみずでら》下にあった茶店。後の料理茶屋『浮瀬《うかむせ》』。実は、その句会の食事にどんな料理が出されたのかずっと気になってましてネ。芭蕉は茸が好物やったと物の本で読んだ覚えがあるので、おそらく茶屋の主人に茸料理を所望したのと違うかな？ そんな推測から、今月はこの一品。当時はまだ鰹《かつお》昆布だしは定着していなかったやろうけど、当時、すでに龍野で造られていた淡口醤油を浪速の料理人が見逃すはずもない。そんな想いを馳せての「美味だし蒸」でおます。

まずは、干し椎茸を昆布水で戻す。その戻し汁で干した霜降り平茸や柿の皮・キャベツなどを煮出し、精進だしをとる。淡口醤油と酒少々・味醂をぽとりで、濃いめに塩梅してネ。下味を付けて銀杏《いちょう》形に切った干し椎茸と木ノ葉人参に、松茸・舞茸・霜降り平茸・束ねた生湯葉などを鉢に盛り、七分通り蒸したら、先の精進だしを温めて注ぎ入れておくれやす。さっと蒸し上げたら、軸三ツ葉、針柚子をあしらい、ハイ、完成。熱々に黄柚子をぎゅっと搾って、さぁ召し上がれ！

干し椎茸を昆布水で戻し、その戻し汁を少し取って淡口醤油・みりんで塩梅し、含め煮にする。残りの戻し汁を使った精進だしを濃いめの吸い地程度に味付けし、美味だしとする。松茸は薄切り、霜降り平茸や舞茸は小房に分け、生湯葉は束ねて三ツ葉で結ぶ。ニンジンは木の葉形に切り、美味だしで軽く煮る。すべての具材を小鍋に入れて蒸し、七割程度火が通ったら美味だしを注いで蒸し上げる。

「山芋親子寄せ揚」は、ムカゴと山芋の組合せ。ムカゴは煎って精進だし・淡口醤油・酒・みりん・砂糖で旨煮。山芋は水から煮て精進だしを加え、淡口醤油・酒・砂糖で煮上げる。熱いうちに裏漉しし、青海苔・ムカゴと合わせて棒状に。ケシの実を付けて揚げ、ひと口大に切る。「紅葉人参」は金時ニンジンで紅葉、洋ニンジンで木の葉を作り、梅酢入り蜜煮。精進だしは、昆布・干し椎茸・干し大根・煎り大豆を2時間煮出したもの。

浪速の恩人に想い馳せ、淡口風味の吹き寄せで一献

大阪の地下鉄大国町《だいこくちょう》駅のすぐそばに、大国さんの愛称で知られる敷津松之宮・大国主《おおくにぬし》神社がおます。その境内に、木津勘助の銅像が建っているのをご存知？　この御人は、豊臣秀吉に仕えて淀川の河口に堤防を築いたり、木津川の水運を開発したりと、大阪に仰山《ぎょうさん》の貢献をした恩人でっせ。寛永十六（一六三九）年の大《だい》飢饉《ききん》の際、村民たちに食料をと〝お蔵破り〟をやってのけたけど、島流しという軽い刑で済まされた。しかも、その島というのが、勘助が以前に開墾した葦島《あしじま》で…という何とも粋なお裁《さば》きやったとか。

食べ物の豊かな当世では想像さえつきまへんが、季節は同じく秋の暮れ、この時季ならではの吹き寄せで一献やりつつ、時代の変遷を考えるのも有意義やおまへんか。

さて、その塩梅を列記いたしますと…。シメジは薄塩焼きにして柚子ポン酢に浸し、柚子釜に盛る。小蕪は菊花形にし、淡口醤油を利かせた甘酢漬。同じく甘酢漬にした菊花を芯にするって寸法だす。枯れ枝に見立てたのは、昆布の素揚げ。子芋は皮を生かして茸形に剥《む》き、淡口八方煮にして唐揚げに。渋皮付きの銀杏は米と共に柔らかく茹で、胡麻油を薄く塗って熱したフライパンに押し付けて潰しまひょ。これを淡口醤油・砂糖を絡めて焼き上げた、餅銀杏崩し焼。山芋の親子寄せ揚と紅葉人参を盛り合わせて、秋の精進吹き寄せの完成だす。

11月

2022年

秋の精進吹き寄せ

湿地《しめじ》柚子酢浸し／白菊蕪《かぶら》酢／茸《きのこ》子芋から揚
餅銀杏崩《ぎんなんくず》し焼／山芋親子寄せ揚／枯れ枝昆布／紅葉人参《にんじん》

12月

2022年

天王寺蕪《てんのうじかぶら》釜 絹揚げ豆腐
小葉百合根 椎茸 糸人参 針柚子 緑あん

天王寺蕪の煮汁で絹揚げ豆腐・百合根・生椎茸を炊き、釜に盛る。金時ニンジンの淡口八方地浸しと柚子皮、蕪の葉の芯の芽を添える。残りの天王寺蕪の茎は塩茹でし、くり抜いた実の裏漉しとすり合わせる。先の煮汁でのばして味を調え、水溶き吉野葛を溶いて緑あんとする。

淡口八方地で秀でる、天王寺蕪の白さも緑も

天王寺蕪は、推古《すいこ》天皇の御代《みよ》、聖徳太子が建立した四天王寺に伝わったと聞きますな。江戸時代から明治期までは、天王寺村の名物として全国に知られた存在だした。「うちの母ちゃん天王寺蕪《てんのじかぶら》 色が白うて背が低い」なんて俗謡もおましてネ。ところが、大正末期には幻の野菜となり、声はすれど姿は見えず。それを、ある漬物屋はん、農学博士、「浪速魚菜《ぎょさい》の会」、篤《とく》農家のご尽力で蘇《よみがえ》らせたのは平成の世。いち早く、なにわの伝統野菜に認定もされましたな。「淡乃菜《たんのさい》」最終回は、その天王寺蕪が主役だす。なんせ持ち味の濃い蕪でっさかいね、捨てるとこ無しで、皮まですべて食べられる。それで考えたんが、「根も葉もある」この一鉢。

天王寺蕪の皮は捨てずに、霜降り平茸と2~3日、寒風か扇風機にあてて干しておく。昆布を一晩水に浸けた中に煎り大豆と共に加えて煮出し、精進だしをとっておくれやす。

皮を剝いた蕪は椀形に刳《く》り抜き、抜き身と共に昆布だしで茹でる。精進だしを淡口醤油・酒・味醂で塩梅し、淡口八方煮にしまひょ! その煮汁で、絹揚げ豆腐・百合根・椎茸を煮て、蕪の釜に盛り合わせておくれやす。緑あんは、蕪の葉の青寄せに、先の抜き身を裏漉しして合わせたもの。葛でとろみを付けて完成だす。柚子の香りで、さぁ召し上がれ! 蕪の持ち味だけでなく、白さまで生かしてくれる淡口醤油ならではの逸品でっせ。

「ヒガシマル醤油」の淡口醤油

淡口醤油は、兵庫県の龍野《たつの》で、誕生しました。天正年間に創業し、この地を代表する淡口醤油メーカーとなった「ヒガシマル醤油」。その淡口醤油の美味しさの理由をご紹介します。

「播磨《はりま》の名水」と「厳選した原料」

龍野には、播磨灘に注ぐ、揖保《いぼ》川が流れています。その伏流水は、鉄分が少ない軟水で、「播磨の名水」と呼ばれています。この水が、大豆・小麦・米・塩を原料にした発酵による旨みを引き出し、醤油の色を淡く仕上げるのに最適なのです。

「ヒガシマル醤油」が多くの和食の料理人に選ばれ、最も流通する淡口醤油である背景には、「原料を厳選し、高品質な商品を安定的に供給していること」が挙げられます。

赤みのある上品な琥珀《こはく》色

醤油は温度が高すぎると色が濃くなるという特性があります。特に淡い色が特長の淡口醤油は、温度を上げずに、じっくりと熟成させることが大切です。そこで「ヒガシマル醤油」では、独自の温度管理方法を確立しました。

酸素や光もまた、醤油の色を濃くする要因です。生産段階でできるだけ酸素に触れないよう配慮し、淡口醤油のための「ヒガシマル麹菌」を用いることで、赤みのある品のよい琥珀色に仕上げているのです。

だしの旨みを引き立てる、やさしい風味

淡口醤油の長所は、素材の「そのままのおいしさと色」を生かすこと。やさしい風味で、醤油の存在感を主張することなく、まさに、縁の下の力持ちとなります。とりわけ、だしの味をしっかりと引き立てます。

淡口醤油は、濃口醤油より塩分が少し高いのですが、そのため、少量でもしっかりと味が付きます。また、だしの風味を増強し、感じやすくさせる効果があるので、結果的にできあがった料理の塩分は抑えることができます。

（右から）

うすくちしょうゆ

おだやかで、軽快な芳香を持つ、「ヒガシマル醤油」のスタンダード商品。少量でも、しっかりと味が付きます。500㎖。

特選丸大豆うすくちしょうゆ

国産原料を100%使用。淡く上品な色合いと、おだやかな香りで素材を生かします。500㎖。

超特選丸大豆うすくち 吟旬芳醇《ぎんしゅんほうじゅん》

国産原料を100%使用。丸大豆しょうゆと米糀の二段熟成で、まろやかな味わいに。400㎖。

国産丸大豆うすくち

国産原料を100%使用。煮物がおいしい、「ヒガシマル醤油」の定番商品。400㎖。

龍野乃刻《たつののとき》

原料はすべて播磨産にこだわり、春に仕込んで秋に搾る伝統製法で醸しています。「これまでにない淡口醤油」を目指して2002年に誕生した究極の味です。限定醸造のため、HPなどで要予約。310㎖。

■ 商品に関する問合せ／ヒガシマル醤油（株）お客様相談室 ☎ 0791-63-4635
（受付時間／9：00 ～ 17：00、土・日曜・祝日・年末年始・夏期休暇を除く）https://www.higashimaru.co.jp

おわりに

本書は淡口醤油を使った料理と、その随筆集でおます。全２０４品の中に昔ながらの「おかず」も加えたのは、家庭でもちょっと頑張ってもらえたら…という想いと、プロの方にもコース料理の中に取り入れてほしいとの考えもありましてネ。お客さんが何やらホッとする一品があってもええと思いまへんか？　淡口醤油を使ってまっさかい、見映えもええでしょ！

この17年にわたる仕事の中で、新しい料理にも随分と挑戦させてもらいました。その結果、今までにない割烹法が多く生まれたことは、私の最大の喜びでおます。

今回もまた、多くの方々にお力添えをいただきました。まずは、ヒガシマル醤油の皆様。実に素晴らしい写真を撮ってくださった宮本　進氏と、そのスタッフ。そして、「あまから手帖」連載時から本書の編集まで長いお付き合いの中本由美子氏。清水　肇氏には美しいデザインをしていただきました。皆さんのお力でできあがった一冊でおます。ホンマ、お世話になりました。ここに感謝とお礼を申し上げます。

上野修三の仕事

うすくち醤油で仕立てる
浪速割烹204品

2024年11月26日 発行

著者 上野修三

撮影 宮本 進
竹中稔彦（P301）

デザイン 清水 肇（bowhaus）
校正 野尻浩一
編集 中本由美子

協力 ヒガシマル醤油株式会社

発行人 東 昌宏
発行・販売 株式会社クリエテ関西
〒531-0071 大阪府大阪市北区中津1-18-6　富士アネックス3F
編集部 ☎06-6375-2330
販売部・広告部 ☎06-6375-2363
https://www.amakaratecho.jp/
印刷 株式会社シナノ パブリッシング プレス

ISBN 978-4-906632-61-9